西南联大名师

国家出版基金项目
NATIONAL PUBLICATION FOUNDATION

史学大家的风范

尚小明 杨 琥 ◎ 主编

云南出版集团公司
云南教育出版社

图书在版编目（CIP）数据

史学大家的风范 / 尚小明,杨琥主编. -- 昆明：云南教育出版社,2011.10
（西南联大名师）
ISBN 978-7-5415-5787-3

Ⅰ.①史… Ⅱ.①尚…②杨… Ⅲ.①史学家-生平事迹-中国-现代 Ⅳ.①K825.81

中国版本图书馆CIP数据核字（2011）第206417号

西南联大名师

史学大家的风范

尚小明　杨琥◎主编

出 版 人　李安泰
组 稿 人　杨云宝
顾　　问　沈克琦
　　　　　马建钧
责任编辑　李　旭
整体设计　高　伟
责任印制　张　旸
　　　　　赵宏斌

出版　云南出版集团公司 云南教育出版社
发行　云南教育出版社
社址　昆明市环城西路609号
网站　www.yneph.com
印刷　云南新华印刷实业总公司一厂
开本　787毫米×1092毫米 1/16
印张　16
字数　286 000
版次　2012年5月第1版
印次　2012年5月第1次印刷
书号　ISBN 978-7-5415-5787-3
定价　30.00元

总 序

　　历史赋予大学的任务是：传承人类千百年来积累的优秀文化遗产，创造新思想、新成果，培养出一代又一代能为国家乃至世界物质文明和精神文明的发展作贡献的人才。就国家范围看，各个高等学校的定位不同，类型、层次各异，承担的任务也不同，但在各自的领域中都能培养人才，推出成果。研究性大学承担着产生新思想、引领社会发展的重任，要做到这一点，必奉独立的精神、自由的思想为圭臬。

　　一所好的大学应拥有一批学术造诣深厚、富于创新和奉献精神的大师，通过他们的言传身教，形成学校优良的学术传统与学风。这种传统与学风的形成不但需要经过几代人的努力，同时还需要有一个良好的外部环境。这些外部环境包括：一套有利于学校自主发展的规章制度，一个宽松的学术环境。除此而外，学校主管领导服膺教育和科学发展的规律，按规律办事，不搞瞎指挥、追政绩、胡批判。只有如此，才能产生活跃的思想，才能聚拢一批敬业求真、严谨求实、相互尊重、和谐共事的同仁，为着一个共同的目标努力工作。由此可见，办好一所大学，外部环境与内部因素缺一不可。

　　国立西南联合大学是我国高等教育史上一颗璀璨的明珠。她的成就为我国学术界所公认，国际学术界也不乏赞誉之声。虽然西南联大仅存在了九个学年，且处于十分艰苦的战时条件下，能取得出色的成绩实有赖于北京大学、清华大学、南开大学三校的优良传统与学风，以及一批优良学风的传承者——优秀的教育家和大师。

　　西南联大在培育人才和科学研究方面成绩十分突出。据统计，西南联大的本科生、研究生和教师中，后来获得诺贝尔物理奖者有2人（杨振宁、李政道）；获得国家最高科技奖者有4人（黄昆、刘东生、叶笃正、吴征镒）；获得"两弹一星"功勋奖章者有8人（郭永怀、陈芳允、屠守锷、朱光亚、王希季、邓稼先，以及赵九章教授、杨嘉墀助教）；被评为中国科学院、中国工程院院士者有107人，另有4人被迁台的中央研究院评为院士（王宪钟、朱汝瑾、王瑞骁、刘广京）。1955年以后中国科学院停止了哲学、社会科学部学部委员的评选，否则出自西南联大文学院、法商学院的许多优秀人才也会进入这个行列。在科学研究方面，虽然受战时条件的限制，但文、理、法、工各科研究未曾中断，发表、出版论文著作数百篇（种），华罗庚、周培源、吴大猷、陈寅恪、汤用彤、冯友兰等人的研究曾在教育部学术评议活动中获一等奖。科学研究既包括传统学科的基础理论研究，也包括应用研究。工科的研究能结合战时的需要，生物、地质、社会等学科还就地开展资源和人文的调查研究，对云南省的开发与建设作出了重要贡献。

优良传统与学风的形成与三校的历史息息相关。北京大学的前身是1898年戊戌变法时成立的京师大学堂，这是我国第一所现代教育意义上的大学。我国文、理、法三方面的大部分学科是北京大学首先建立的。1917年蔡元培接任校长后，扫除旧风旧习，创新风、新制、新学，提倡学术自由，兼容并包，使学风丕变，引领全国。蔡元培到校后组织教授会、评议会，实行民主办学、教授治校，始终不辍。哥伦比亚大学博士蒋梦麟先生襄助蔡校长，后又接任校长，"蔡规蒋随"使北大的优良传统和校风得以赓续。

清华大学的前身是1911年成立的清华学堂，源于美国减赔退回部分庚子赔款之举。1907年清政府与美国达成协议，减少赔款，本利合计减赔款额2792万美元。双方商定此款项自1908年起按计划逐年（至1939年为止）由中方先付给美方，再由美方签退，专款专用，由共设的委员会管理，用于派学生赴美留学。1908年、1909年派送两批后，为使学生赴美能顺利就学，于1911年设立清华学堂（1912年更名为清华学校），对拟派出的学生先培训，再派出。毕业生抵美后经审查甄别可直接插班入大学学习。清华学校的性质决定了其教学应与美国大学衔接。1925年清华学校设大学部，培养四年制本科生。后清华留美预备教育逐步取消，庚款留美学生在全国范围内举行考试选拔。大学部成立后，不少留学生学成归来任教清华，使得清华很快就位于国内高校前列。梅贻琦两度赴美，先后获学士、硕士学位。他曾任清华大学教务长（1926年）、清华留美学生监督（1928年），1931年任校长。他洞悉美国教育及留学生情况，延聘良师，亦取教授治校的方针，组织评议会、教授会。清华有专项经费的保证，有派遣留学生之便利，优秀中学生争相报考，蒸蒸日上之势为国内所少见。

南开大学是教育家张伯苓创办的一所私立大学。他首先创办敬业中学堂（南开中学前身），梅贻琦就是敬业中学堂首届毕业生。张伯苓创办南开中学十分成功。创办前访日考察教育,后又为办大学两次赴美考察。1919年南开大学成立,张伯苓任校长。1928年张伯苓第三次访美考察高等教育并募款。他为办好南开大学殚精竭虑,成绩斐然。1937年南开大学已成为拥有文、理、商、经4个学院,15个系,学生500余人的一所具有特色的私立大学。

1937年7月7日"卢沟桥事变"后,7月底平、津先后陷落。8月28日教育部决定由三校联合组成长沙临时大学,并指定三位校长任长沙临大筹委会常务委员。梅贻琦立即赴湘落实建校任务,11月1日即开学上课。由于战火逼近武汉,1938年2月长沙临时大学决定西迁昆明。4月教育部电令,长沙临大更名为国立西南联合大学。因昆明校舍不敷应用,文学院、法商学院在蒙自分校上课一学期。1938年8月增设师范学院。1940年因日寇占安南(现越南),昆明吃紧,为防万一,于四川叙永设分校,一年级新生和先修班学生在叙永上课两学期。1941年后全校师生始稳居昆明。1946年西南联大宣布结束,三校北返。自1937年起学校几度播迁,师生艰辛备尝,均赖"刚毅坚卓"(校训)的精神顺利克服。

联大迁昆后全校校务主要由梅贻琦常委主持,蒋梦麟、张伯苓两位常委因在渝另有任务,遂派代表参加常委会。当时学校的一切重大事项均由常委会决定,遇有需向当局请示之事,蒋、张二人在渝折冲。

三校原来就有密切的合作关系,有共同的教育理念,三校校长都是深谙高等教育规律的教育家,在本校均有很高的威望。因此,三校的联合可谓珠联璧合,相得益彰。三位常委相互信任,合作无间,与联大师生一起继承和发扬三校的优良传统和学风,共同谱写了我国高等教育史上的光辉篇章。

西南联大全校共设5个学院,26个系。

文学院:中国文学系、外国语文学系、历史学系、哲学心理学系。

理学院:算学系、物理学系、化学系、生物学系、地质地理气象学系。

法商学院:政治学系、经济学系、法律学系、商学系、社会学系。

工学院:土木工程学系、机械工程学系、电机工程学系、航空工程学系、化学工程学系。

师范学院:国文学系、英语学系、数学系、理化学系、史地学系、公民训育系、教育学系。

西南联大继续秉承"民主办学、教授治校"的方针,《教务会议致常委会文》和《训导处工作大纲》充分体现了教授们的办学思想。

1939年教育部连下训令三件,对大学应设课程、成绩考核均作详细规定,并要求教材呈部核示。联大教授对此颇不以为然，给常委会发文，请转呈教育部。大意摘录如下：第一，"夫大学为最高学府，包罗万象，要当同归而殊途，一致而百虑，岂可以刻板文章，勒令从同。世界各著名大学之课程表，未有千篇一律者，即同一课程各大学所授之内容亦未有一成不变者。惟其如是，所以能推陈出新，而学术乃可日臻进步也。如牛津、剑桥大学，在同一大学之中，其各学院之内容亦各不相同，彼岂不能令其整齐划一，知其不可亦不必也"。第二，"教育部为最高教育行政机关，大学为最高教育学术机关，教育部可视大学教学研究之成绩，以为赏罚殿最，但如何研究教学，则宜予大学以回旋之自由"。文中认为，教育部有权，大学有能，"权能分治，事乃以治"，"权能不分，责任不明"。第三，"当局时有进退，大学百年树人，政策宜常不宜变"。不能因部中当局之进退，朝令夕改。第四，"教育部今日之员司，多为昨日之教授，在学校则一筹不准其自展，在部中则忽然智周于万物，人非至圣，何能如此"。第五，全国公私立大学程度不齐，教育部欲树一标准，亦可共谅，但西南联大承三校之旧，均有成规，行之多年，"纵不敢谓极有成绩，亦可谓当无流弊，似不必轻易更张"。呈文送上后，教育部未下文批评，只表示收到此文，默认西南联大可照旧行事。实际上西南联大一门课程可由几位教授讲授，内容不一，百家争鸣，优点十分突出。

在育人方面，西南联大亦有独特之处，抵制党化教育，采取教书育人、启发引导之法。1939年11月7日《训导处工作大纲》中规定："本校训导方法，注重积极的引导，行动的实践；对于学生之训练与管理，注重自治的启发与同情的处理，以期实现严整的生活，造成纯朴的风气。""目标是：其一，力求北大、清华、南开三校校风之优点在联大有表现机会；其二，就学生日常团体生活，培养互助为公之团体精神；其三，促进学生对于时代的觉悟，与对于青年责任之认识，以增强其参加抗战建国工作之志向与努力。"大纲还强调"注重学校事务之教育价值"，大学教务、训育、总务等各个部门都应担负育人之责。基于以上原则，学校对学生的管理侧重引导、培养，而不是"管"和"罚"，提倡自治，提倡开展社团活动（学生组织学术性、政论性、文艺性的壁报社，组织体育会、歌咏队、剧艺社、诗社等等，只要学生提出事情，且聘请一位教授任导师，训导处一律予以批准）。因此，校园气氛十分活跃，学生的德、智、体、群各方面得到全面的培养。

传承和发扬三校优良传统和学风的主体是教授。曾在西南联大各系担任过教授职务的有269人。三校教授汇聚一堂，加上抗战时期从国外学成归来的青年学者，形成了一个老中青结合、人才济济的群体。在他们之中有学富五车的国学大师，有在国外留学多年、学术造诣深厚的学者，有我国近代科学和高等教育的奠基人及各学科的带头人，有掌握国外科学前沿知识、学成归国的青年教授。这样一批人登上西南联大的讲坛，联大学子在他们的言传身教下耳濡目染，加上本人的勤奋努力，人才辈出是顺理成章之事。

云南教育出版社组织出版"西南联大名师"，以学科为单位扼要介绍各位教授的生平、学术成就、育人贡献及道德风范，我认为是一项很有意义的事。近年来，社会上赞扬西南联大，倡导学习西南联大者甚众，这一书系为此提供了具体生动的教材。鉴于西南联大的教授在校时间差异很大，成就大小亦不相同，有些原始资料收集难度很大，因此，书系中未能收录所有教授。在入选的教授中，各篇文章的篇幅并未强求一致，只要言之有物、符合史实即可，这也是秉承西南联大的一贯作风。

沈克琦

西南联大北京校友会会长

原北京大学副校长

西南联大物理系1943届毕业生

2011年1月6日

毛子水　姚从吾　钱　穆　郑天挺　向　达
雷海宗　张荫麟　吴　晗　邵循正　孙毓棠

目　录

前言 / 1

史学系的"百科全书"：毛子水先生的生平与志业 / 6
一、生平述略 / 6
二、贡献管窥 / 13
三、"北大精神"与"老北大的故事" / 17
四、羁鸟恋旧林 / 22

蒙元史坛多骁将，曾有"老农"是"海归"：姚从吾教授学行述略 / 24
一、生平志略 / 24
二、教研成就 / 27
三、姚从吾在西南联大 / 30
四、狐狸、刺猬在台岛：李敖与姚从吾 / 35

"守旧开新"的国学大师：钱穆传略 / 42
一、少年时代的良好教育 / 42
二、中小学教涯与国学研究的起步 / 46
三、执教北大和步入中国现代学术界 / 51
四、在西南联大与撰著《国史大纲》/ 55
五、执教齐鲁、华西、五华与江南大学 / 57
六、创办新亚书院，在南国传播中国文化之一脉 / 61
七、民族文化生命史学体系的完善和发展 / 64
八、寓居台湾和矻矻弘扬传统学术文化

明清史大家：郑天挺传略 / 78
一、抗战前生平述略 / 78
二、西南联大的岁月 / 79
三、重建北大时的郑天挺 / 88
四、郑天挺的晚年 / 91

沉酣经史探鸣沙，学究敦煌自大家：向达教授传略 / 93
一、出身及学历 / 93
二、学术之路：上海、北平、伦敦、巴黎 / 94
三、联大教书和敦煌考察 / 97
四、向达教授的后半生 / 100

一个史家的浪漫与现实：雷海宗传略 / 104
一、负笈留洋　心忧家国 / 105
二、中西贯通　声誉鹊起 / 106
三、知识报国　婉拒赴美 / 110
四、"战国"一派　自成体系 / 117
五、投身政治　书生精神 / 120
六、为师重教　恪守职责 / 127
七、主持《周论》　忐忑未来 / 132
八、移砚南开　忧郁而终 / 135

才如江海冠流辈，命比纸薄志未酬：张荫麟传略 / 140
一、少年出盛名，勤学成通才 / 140
二、痴心治国史，著书牍三千 / 142
三、杏园善耕耘，桃李满芬芳 / 145
四、性格多耿直，世事成凄凉 / 147
五、奇才虽早逝，学界留余香 / 149

从学者到市长：吴晗传略 / 151
一、少年时代 / 151

毛子水 姚从吾 钱 穆 郑天挺 向 达
雷海宗 张荫麟 吴 晗 邵循正 孙毓棠

  二、初入史门 / 152

  三、进入清华 半工半读 / 153

  四、读书与救国的矛盾 / 154

  五、刻苦、勤奋 渐露头角 / 156

  六、任教清华 钻研明史 / 157

  七、走出书斋 进入社会 / 158

  八、加入民主政团同盟 / 160

  九、民主战士 / 162

  十、迎来抗战胜利 / 165

  十一、抗议特务暴行 / 166

  十二、在"一二·一"运动中 / 168

  十三、踏着烈士的血迹前进 / 169

  十四、重返清华园 / 172

  十五、新的起点 / 173

  十六、从不愿"当官"，到认真工作 / 175

  十七、加入中国共产党 / 175

  十八、研究海瑞 / 176

  十九、"三家村"的一家 / 178

  二十、遭到恶毒诬陷 / 179

  二一、家破人亡 / 180

  二二、沉冤昭雪 永垂青史 / 181

学贯中西的史学专家：邵循正传略 / 183

  一、家世与童年少年时代——在家乡福州十七年的岁月（1909~1926）/ 184

  二、清华园里的七年学习生活与赴欧留学深造后返国任教（1926~1937）/ 187

  三、随清华南迁在西南联大的教学科研生活与赴英、比等国讲学访问（1937~1946）/ 193

  四、访欧归来在清华北大教书育人、科研工作与社会活动（1946~1965）/ 204

  五、在"文化大革命"冲击下与疾病斗争，标点《二十四史》坚持工作到最后赍志而没（1966~1973）/ 216

  六、结束语 / 222

安静是一卷读不尽的书：经济史及中外交通史家孙毓棠传略 / 224

  一、"我们要写这新时代的诗"——孙毓棠的前半生 / 224

二、"别忘掉把锄头锄进大地的，是我们"——孙毓棠的学术关怀与研究 / 234

  三、"控弦抗戈，觇望风尘"——1949后的孙毓棠及其研究 / 238

  四、"上帝许可你发这末一次的狂"——尾声：最后几年 / 243

毛子水　姚从吾　钱穆　郑天挺　向达
雷海宗　张荫麟　吴晗　邵循正　孙毓棠

前　言

一、概况

西南联合大学的历史学系，由北京大学史学系和清华大学历史学系合并而成。抗战以前的南开大学只开设部分历史课程供学生选读，原拟在1937年增设历史系，因抗战爆发而未能实现。因此，联大的历史系，事实上是由北大历史系和清华历史系组成。

长沙临大成立时，曾把清华大学社会学系与两校历史系合并，称历史社会学系。1940年5月，社会学系独立设置，一年后又从文学院改隶法商学院。限于体例，这里主要介绍历史系的情况，1937～1940年间历史社会学系中有关社会学系部分的简况，此处从略。

从长沙临大时开始，历史社会学系教授会主席由刘崇鋐担任，刘崇鋐辞职后，改由雷海宗担任。第二年雷海宗辞职，仍由刘崇鋐担任。1939年后两人轮流担任，以雷海宗任职的届次较多。

北大史学系和清华历史学系在史学研究方面各有自己的传统和特色。北大早在1913年即有历史学科的本科毕业生，当时文科中国史学门有毕业生29人；1917年重建中国史学门；1919年改称史学系。北大历史系，先后在康宝忠、朱希祖、陈受颐等学者的主持下，到抗战爆发时，已经发展成为国内史学研究的重镇。北大史学系侧重传统中国史学，学风以实证、考据为主。清华史学研究开始于国学研究院，起步较晚，但国学研究院创办伊始，即聘请梁启超、王国维、陈寅恪等史学大家任教。其历史系成立后，又有不少留学生回校任教，尤其是在系主任蒋廷黻、雷海宗的先后主持下，在教学和研究中，倡导中西历史并重、综合与考据并重、历史学与社会科学并重的学风，因而迅速崛起。尽管学风不尽相同，两校教师在学术上相互尊重，各具卓识，不同的传统并存不悖，形成优良的学风，学生也得以广开眼界，兼收各家之长，受益匪浅。

联大历史学系每年招收学生二三十人，1939年最多，新生31人，全系学生158人，1938~1946年共毕业207人，在文学院中仅次于外文系。

联大历史学系教师在科学研究方面也取得了丰硕成果：当时在教育部举办的学术评奖中，郑天挺的《发羌之地望与对音》等三篇论文颇获好评；钱穆撰成《国史大纲》，由商务印书馆出版（该书对中国历史持有温情的同情与理解，在抗战时期的学术界产生了广泛的影响）；雷海宗的历史论文集《中国文化与中国的兵》在1940年出版；吴晗写出《从僧钵到皇权》(初版名为《明太祖》，增订本改名《朱元璋传》)；邵循正于1943年发表的《语言与历史——附论〈马可博罗游记〉的史料价值》，根据原文及元代汉语读音的对音，指出了《马可博罗游记》中某些人为的错误，甚得好评……

联大历史学系教师参加历史学会组织的时事座谈会以及"五四"、"七七"、护国纪念等集会，结合当时的国内、国际形势发表切中时弊的发言或讲演，对当时学生的爱国民主运动也有很大的推动和促进作用。

二、课程设置

根据当时的资料，联大历史学系学生在一、二年级时必须学习文学院学生共同必修课(64学分)，其中有本系专业基础课两门(中国通史和西洋通史)，以后还须学习的专业必修课有中国近代史、西洋近代史、中国史学史、史学方法(共20学分)，此外，还必须选习断代史(含中国史2门、西洋史1~2门，约20学分)、国别史、专门史(各1门，约8~12学分)。必修课共112~116学分，四年共需取得132学分，体育和毕业论文及格，即可毕业。断代史、专门史等门类甚多，学生可以根据本人志趣和主要研究方向，有计划地选习有关课程，以获得完善的知识结构，对于培养史学人才有很积极的作用。

(一)必修课程

中国通史(6学分)为文法学院一年级学生共同必修课。初期分甲、乙两组，由钱穆、雷海宗分任。钱穆离校后，由吴晗接替。1941年以后，分甲、乙、丙三组，由吴晗、孙毓棠、雷海宗分别讲授。这门课程没有统一教材，最能展示任课者的特殊风格与治学特色。钱穆对中国民族文化有精辟的认识和深厚感情，因而主张民族文化决定历史的进程——他在联大任课时所著的《国史大纲》反映了他对中国历史的研究成果。雷海宗的史学观受德国史学家施本格勒的影响，倡言历史循环论，因之按历史编年顺序讲授，以突出其"周期"的学说。吴晗则把秦统一以后的中国作为封建大帝国看待，着重讲述各种制度在各个朝代的演变。

西洋通史(6学分)初期由皮名举讲授，后开甲、乙两组，由皮名举、蔡维藩分别讲授。皮名举离校后，由蔡维藩讲授(仍分甲、乙组)。

中国近代(世)史(6学分)由邵循正讲授，1945～1946学年由雷海宗讲授。

西洋近代(世)史(6学分)先后由皮名举、刘崇鋐讲授。

中国史学史(4学分)由姚从吾讲授。

史学方法(4学分)也称"史学研究法"、"历史研究法"，由姚从吾讲授。

以上6门课程，联大历史学系学生均必须修习。

(二)选修课(其中有些属必选课程)可分以下几类，主要有：

甲. 国别史(必选一门)

希腊罗马史(6学分)由噶邦福讲授。

英国史(6学分)由白约翰(J. Gilbert Baker)、刘崇鋐讲授。

美国史(4～6学分)由刘崇鋐、钟道铭讲授。

印度史(印度通史)(4～6学分)由钟道铭、向达讲授。

日本通史(6学分)由王信忠讲授。

现代日本(4学分)由王信忠讲授。

乙. 断代史(必选中国史2门，西洋史1～2门)

秦汉史(6学分)由钱穆、张政烺、雷海宗讲授。

魏晋南北朝史(2学分)由孙毓棠讲授。

隋唐史（4学分）由陈寅恪、郑天挺讲授。

隋唐五代史（6学分）由郑天挺讲授。

辽金元史（6学分）由姚从吾讲授。

宋史（4～6学分）由张荫麟、姚从吾讲授。

元史（6学分）由邵循正讲授。

明史（6学分）、清史（6学分）由郑天挺讲授。

西洋上古史（6学分）由噶邦福讲授。

西洋中古史（6学分）由雷海宗讲授。

西洋近古史（16～18世纪）（6学分）由钟道铭、雷海宗讲授。

欧洲十九世纪史（6学分）由皮名举、刘崇鋐讲授。

西洋现代史（6学分）由皮名举讲授。

俄国近代史（4～6学分）由噶邦福讲授。

英国近世史（6学分）由刘崇鋐讲授。

此外，尚有专门史（汉魏六朝风俗史、中国近三百年学术史、中国社会史、中国经济史、中西交通史、欧洲经济史、西洋文化史）、史籍名著选读（《左传》、《史记》、《汉书》、《资治通鉴》、《史通》、波斯文西域史料选读）、专史研究（晋南北朝隋唐史研究、清史研究、蒙古史研究）、其他（年代学、金石学、历史哲学）等四类课程。这些选修课程跨度较大，多为知名教授讲授，不仅扩展了学生的学术视野，而且提高了学生的精神境界，为他们早日成才打下了良好的基础。

三、教师

据1938～1945年度资料，联大历史学系聘任的教授大约有15人，他们是：姚从吾、毛准、郑天挺、钱穆、向达(以上属北大)、雷海宗、刘崇鋐、噶邦福(俄国人，Ivan I. Gapanovich)、王信忠、邵循正(以上属清华)、皮名举、蔡维藩(南开)，还有吴晗、张荫麟(联大聘任)。后来，刘崇鋐于1940年赴北平探亲，皮名举于1942年赴湖南大学任教。孙毓棠是师范学院史地系聘请的教授。

除以上15人外，在联大历史系任课的教授还有国文系教授陈寅恪a，经济学系教授张德昌、陈岱孙，地质地理气象学系教授钟道铭。此外，尚有讲师白约翰，教员杨志玖、何炳棣、何鹏毓、宋泽生、王永兴，助教鲁光枢、杨翼骧等。教员与助教中不少是本系毕业生。

四、学生

1938～1946年，西南联大历史学系共毕业学生209人，其中北大学籍32人，清华学籍33人，南开学籍（自他系转入）5人，在联大入学毕业者137人；毕业研究生7人，其中北大3人，清华4人。联大结束后，志愿入北大史学系学习之本科生有70人、研究生有4人，入清华历史学系学习本科生有25人、研究生有4人。根据《国立西南联合大学校史》记载，历史系毕业生大多从事历史研究和教学工作，也有部分

---

① 联大时期，著名史学家陈寅恪为国文系所聘教授，因本丛书以系为单位撰写，故本书未收录有关陈先生的传记。至于刘崇鋐、皮名举诸位，限于材料和时间，未能找到合适的作者，亦暂时从略。

致力于文化出版事业或从事党政工作，其中不少人成为知名学者，如丁则良、丁则民、丁名楠、王玉哲、王永兴、阎文儒、程应镠、吕荧、杨翼骧、方龄贵、陈庆华、金宝祥、何兆武、何炳棣、李希泌、李定一、李埏、余绳武、孙思白、漆侠、刘广京、田余庆、罗荣渠等①。

---

① 本文主要参考《国立西南联合大学校史》中有关历史系的论述完成，该部分原执笔人为萧荻，在此向萧荻先生谨致谢忱。西南联合大学北京校友会编：《国立西南联合大学校史》，北京大学出版社2006年版。

史学系的"百科全书":毛子水先生的生平与志业

刘 超

毛子水(1893~1988),名准,字子水,浙江衢州人。1917年由北京大学预科升上本科,专修数学。"五四"前后,参与创办《新潮》杂志,宣传新文化思想,是新文化运动的一员大将。1922年,赴德国柏林大学留学,专修科学史,1930年归国后任教于北京大学史学系,其后担任北京大学图书馆馆长,在抗战期间为保存馆藏善本有很大的贡献。1949年赴台,任教于台湾大学中国文学系,讲授国学课程,并任中国语文协会常任理事。其涉猎自数学、物理至科学史、文化史,十分广泛,有"百科全书式学者"之称。有《毛子水全集》出版。

毛子水

"五四"时期的北大,文风极盛,人才辈出,颇有周秦之盛况。其中有一人虽非大红大紫,却也崭头露角,日后更蜚声遐迩。此公就是被称为"五四"时代"百科全书式学者"的毛子水。

一、生平述略

毛子水,名准,字子水,以字行,1893年4月11日出生于浙江衢州江山县农村。毛子水从小好学、聪颖,读书成癖,6岁时即入村塾,学习《三字经》、《千字文》,诵读《四书》、《左传》等,8岁时其父辞石门塾馆教职,返回本村教书,毛子水遂从父学,诵习《四书》、《诗经》、《尚书》、《左传》等,奠定了坚实的国学基础。1906年,毛子水考取衢郡中学堂,5年后以最优等成绩毕业。期间,毛

毛子水 姚从吾 钱 穆 郑天挺 向 达
雷海宗 张荫麟 吴 晗 邵循正 孙毓棠

子水通过学习学校颁发的张之洞《輶轩语》，获治国学门径，熟习其父藏书江藩的《经解入门》，增进对国学的兴趣，并喜读梁启超、章太炎等大师之作，后乃潜心于国学。1911年冬，毛子水毕业后，旋返乡居家自修一年。中学时，毛子水便渐渐养成购书、藏书的爱好，一有钱便买书，藏书成为毛子水的终生嗜好。

1913年毛子水考入北京大学理预科，四年后升入本科攻读数学。当时，北大预科分文、理两部，毛子水之所以选择理预科，主要因为在衢郡读书时，受章太炎"学术万端，不如说经之乐"的影响，想进大学的经学门，而北大本科无经学门，他只好填写了"天算科"。此外，毛子水在上中学时，于所习功课中最爱几何一科。升入本科时，密友傅斯年曾力劝毛子水改学文科，并以毛非专治国文难有成就之言相劝，希望毛在国学方面有所贡献。毛子水婉拒，坚持入理科数学系，惟性喜文史，常以章太炎先生为宗师，广交文科志同道合之学友。

是时，北大在蔡元培治下盛极一时。在北大求学期间，毛子水虽然在理预科学习，但由于国学根基颇厚，与同住译学馆的北大文预科同学傅斯年、顾颉刚、茅盾、罗家伦等友善，尤与傅斯年为甚，皆以章太炎、胡适为宗师。他们时常相携去听章太炎在北京化石桥共和党本部开设的国学讲堂，且不论天气多么恶劣，总是按时到。毛子水自谓："傅（孟真）、顾（颉刚）二位是我在北大预科时最为志同道合的学友。我们在那时，于国学同以章太炎先生为宗师。"同属浙江人的茅盾也对毛子水印象不浅，数十年后他还记得："当时北大预科第一类新生约二百多人，分四个课堂上课。至于宿舍(译学馆)，楼上楼下各两大间，每间约有床位十来个……现在记得，一个是毛子水，浙江江山人……我回到宿舍，却见毛子水不曾走，照常读《段注许氏说文解字》。"①

"五四"运动时期毛子水便是个活跃分子。"五四"运动前夕，他与傅斯年、罗家伦、徐彦之、杨振声等人发起组织"新潮社"，出版《新潮》杂志，后期他成为由五人组成的编辑部成员之一。此刊刊名为蔡元培所题，创办过程中得到过李大钊、陈独秀、鲁迅等新文化运动领袖的大力支持。该社在当时颇富影响，中国现代史上的文化名人如何思源、谭平山、孙福熙、孙伏园、周作人、顾颉刚、叶圣陶、俞平伯、朱自清、冯友兰等均为新潮社社员。《新潮》与《新青年》相呼应，举起伦理革命和文学革命的旗帜，宣扬新文学，提倡新思潮，倡扬个性解放，鞭挞专制因循，反对封建道德。

毛子水先后在《新潮》一卷5号、二卷1号发表了《国故和科学的精神》、《驳

---

① 可参茅盾：《在北京大学预科第一类的三年》。茅盾：《我走过的路》（上），人民文学出版社1981年版，第93页、97～98页。

新潮〈国故和科学的精神〉篇订误》，率先提出了"整理国故"口号。之后，胡适在《新青年》第七卷第1号发表了《新思潮的意义》，正式打出"整理国故"的旗帜，掀起了轰动一时的"整理国故"运动，一度成为新文化运动的主题。毛子水也由此得到胡适激赏，与傅斯年、顾颉刚成为胡适门下的"三剑客"（亦有人将其与傅斯年、顾颉刚、杨振声并称为"胡门四大弟子"）。之后，毛子水和胡适一生相识相知：毛尊称胡为导师，执礼至重；胡对毛亦赞赏有加。两人师生之谊特厚，人所共知。1933年胡适为毛子水老家清漾毛氏祖宅题写的"清漾祖宅"额匾，至今仍悬门楣。胡适辞世后，毛子水亲撰碑文和10多篇纪念文章，赞其"于新文化、新思想之倡导始终不懈，贡献极大"。

1920年夏，毛子水自北大数学系毕业，因傅斯年推荐，留校任北大理预科国文教员（毛子水将此认为是自己从事国学研究、教育事业的端绪）。同时，他还在孔德学校、北京女子高等师范学校兼授"中国语法"课。1922年秋，北大开设史学门，急需培养史地类教授，朱希祖等决定从北大毕业生中考选两人，公费留学德国。毛子水与姚从吾中榜，毛子水学地理学，姚从吾学蒙古史及史学方法。是年冬，二人同赴德国留学。毛子水于1923年2月抵德国柏林，入柏林大学学习地理学，1924年入柏林大学理科研究院研修数学、物理，继而专攻科学史。在德期间，毛子水与傅斯年、姚从吾、陈寅恪、罗家伦、俞大维、赵元任等交往密切，时常相聚切磋学问、相互砥砺。1922年至1924年，在柏林的中国学子人才荟萃，济济一堂。这个时候云集柏林的中国留学生，除陈寅恪和他的表弟俞大维等较有名气者外，还有赵元任、金岳霖、段锡朋、周炳琳、宗白华、曾慕韩等青年学子。傅斯年北大的同学罗家伦、何思源等也先后从欧美各地转到柏林求学。另有一位为了爱情与自由婚姻，在欧美大洋中来回游移、兴风作浪的徐志摩也赶到柏林就读。柏林形成了一个颇为壮观的中国留学生部落。后来这个群体回国后成为中国近代学术史上耀眼的人物，所释放的能量，对中国近现代学术的发展产生了巨大而深远的影响[①]。毛子水曾说："寅恪、元任、大维、孟真都是我生平在学问上最心服的朋友，在国外能晤言一室，自是至乐"；"许多关于西方语言的见解，则有从寅恪得来的"。

当毛子水抵达柏林时，傅斯年从英国伦敦来到柏林。傅说，陈寅恪、俞大维也在此间，他俩是中国留学生中成绩最优秀的人。陈自来特立独行，不修边幅而才学过人，在圈内已小有名气。俞大维是由美国哈佛大学毕业后来德深造的，第二年进

---

① 可参岳南：《国学大师的世纪人生：周恩来与陈寅恪的一段往事》，京华论坛，http://bbs.qianlong.com/thread_1396931_1_1.html。

入柏林大学理科研究所研修数学、物理，继而专攻科学史。毛即与之交往，并同时与赵元任夫妇来往熟识。

当时德国的大学是世界学术的领导者，柏林则是世界学术的中心。1923年秋季，傅斯年因慕德国的学术环境和氛围决定离开伦敦大学，转到柏林大学。到德国后，他干脆又从人文学院本科一年级读起，不定专业。他参加过东方学家傅兰克的西藏学课，而且依然旁听物理、概率论数学，还到爱因斯坦的研究生讲习班听相对论。这批中国学生，都以欧洲启蒙大师莱布尼兹的通才为治学榜样，兼治多门，形成了一个"中国百科全书派"。傅斯年之求博，甚至在这批人中也成为奇谈。他誓要"整体治西学"。有一次吃饭，傅斯年书包奇重，原来是装着三大卷《地质学》。毛子水本人也主攻地理，兼学希腊、罗马经典，但看到傅斯年如此，都说他如此读书将"劳而无功"[①]。大家时常相聚一堂，畅所欲言，切磋学问，毛子水功力日益精进。在此优越的学习环境里，知识之树根深叶茂，日渐茁长。

1924年4月，北大校长蔡元培赴德国出席纪念康德诞生200周年学术会议。毛子水偕姚从吾等陪同其参观柏林大学、美术学院等地。

1925年，因国内政局动荡，公费就读的经费中断。为维持生活继续求学，毛子水经俞大维介绍，任驻德公使商务部书记一职，以薪水维持读书生活。德国留学七年期间，毛子水好书之癖日渐浓重。他平时最爱逛旧书店，甚至假期外出旅游时，还专门到维也纳的书店购买Blume所选注的歌德诗篇，到米兰购买Peano著的算术游戏书籍。

毛子水在柏林大学时，爱因斯坦正在柏林大学讲授"科学原理"。毛子水为一睹科学大师风采，先后三次去旁听爱因斯坦讲课。他日后在回忆文章中写道："他的课的确精彩极了，他的话比书本还要浅近，学生容易接受，他是一个能言善道又能舞文弄墨的天才。"此外，毛子水在柏林大学还旁听了爱因斯坦的老师潘克及璞朗克劳霭等科学家的讲演。在德国留学期间，毛子水曾翻译了《几何原本》前九卷。1929年，北平各国立学校恢复秩序，北大也终于渡过亡校风波，恢复旧观，北大史学系要求毛子水回校任教。鉴于自己当初系北大母校公派留学，毛子水便决定回国。1930年春，毛子水回到北大，任史学系教授。尽管他翻译了《几何原本》，但北京大学仍聘请他到史学系任教，讲授科学史、文化史、地理学引论、科学发达史等课程[②]。

---

① 可参赵毅衡：《五四英才怎样留学》，《文汇报》2004年2月24日。
② 萧超然、沙健孙等编著：《北京大学校史（1898~1949）》（增订本），北京大学出版社1988年版，第289页。

1931年春，由时任史学系教授兼中央研究院历史语言研究所所长的傅斯年推荐，毛子水开始兼任北大图书馆馆长，迄于1935年5月①。毛子水回到北大后，先住在傅斯年家里，后移住欧美同学会，仍与傅斯年、陈寅恪、罗家伦等交往密切，常在陈寅恪家吃饭，晤谈国学。在北大任教八年期间，他除了与学术界同仁研磨国学之外，业余时间大都花在逛书店、书摊上。以此日后他感叹道："我在二十世纪三十年代在北大任教授期间，最最痛快的事，就是找古书，买古书，我生平最喜欢北平，原因就在这里。"②毛子水一直与文史打交道，在国学堆里打滚。他读书认真，用顾颉刚的话说是"处处依了秩序而读书"，每读一书都要圈圈点点。顾颉刚在《古史辨》第一册《自序》中称道："毛子水先生是我最敬爱的。"③胡适是毛子水的老师，在学术上，胡适称赞毛子水为"东南图书馆"，极言其读书之博。

1937年，"七七"事变爆发，北国烽烟四起。国民政府令北大、清华、南开南迁移至长沙合组一所临时大学。11月3日，毛子水随陈寅恪、袁复礼教授离开北平，辗转天津、郑州、汉口等地，11月20日抵长沙临时大学。后因战事恶化，复迁校至云南昆明，改称国立西南联合大学。毛子水为护送北大图书馆的珍善本免受损失，亲自由长沙往桂林，经虎门、过香港，1938年春经安南（今越南）海防，再由滇越铁路抵昆明，平安到达学校，安然达到黉舍。任教于西南联合大学史学系间，毛子水依然讲授科学史与《左传》等课程，并著有《〈汤誓〉讲义》、《"喷有烦言"解》等。在西南联大任教期间，毛子水与姚从吾、吴大猷、江泽涵、钱思亮等共事，与吴大猷、江泽涵教授在北仓坡共租房、同住两年多。毛子水常在吴大猷家用餐，与吴大猷一家友谊甚厚、相知无间。吴大猷常以毛子水房间墙壁上挂的"浮生看物变，乱世想贤才"联与毛子水开玩笑，说下联应为"乱世想丫头"。

毛子水是吴宓留学美国时的同学，但更是最终和胡适共生死的"胡党"。吴宓开始也认为毛子水和自己非同道，而在同处云南蒙自乡间的患难岁月里，他们朝夕相处，吴宓渐与毛子水即为相得，竟张罗着为毛子水找老婆。其1938年10月12日至16日日记中写道："子水之最可取者，为其贾宝玉式之性情，在此世中实不多见。"④吴宓狂追毛子水的妹妹毛彦文而不得，陈岱孙的妹妹陈绚狂爱吴宓也不得。"绚已知宓不能爱绚婚绚之意，不以此望之宓，故甚能客观的了解而同情宓。"后

---

① 《北大图书馆长毛准辞职由严文郁继任》，《北平晨报》1935年5月27日。
② 胡汉民：《国学大师毛子水传》，中国人民政治协商会议衢州市委员会网站，http://www.quzhouzx.gov.cn/display_new.asp?id=1551。
③ 顾颉刚：《走在历史的路上——顾颉刚自述》，江苏教育出版社、凤凰出版传媒集团2005年版，第24～25页。
④ 吴宓著、吴学昭整理：《吴宓日记（1936~1938）》，北京三联书店1998年版，第363页。

来陈绚和姚从吾教授结了婚①。

抗战胜利后，毛子水随校回北平任北大史学系教授，仍任北大教授兼图书馆馆长。1946年起，他应邀兼任《大公报·文史周刊》主编。1946年至1947年间，胡适接手北大，两人朝夕相处关系密切。1948年，北平解放前夕，蒋介石着手制订与共产党争夺人才的"抢救大陆学人计划"，胡适、毛子水等列入其中。蒋介石用飞机把傅斯年、毛子水等人接到南京去台湾。季羡林说："飞机一到，名单上有的，一个也没有去，名单上没有的，毛子水倒去了。"②此说恐与实情不合。傅斯年认为重点抢救对象有四类，其中第二类"因政治关系必离者"中就有毛子水其人③。1949年1月，毛子水偕女儿毛季订（玲之）与钱思亮一家飞抵南京，又专程返回江山清漾老家。2月，蒋介石用专机将胡适、钱思亮、毛子水等送往台湾，毛子水女儿毛季订同行，毛妻及儿子毛仲渺留在清漾老家。

1949年，蒋介石政权撤退到台湾，2月，应同窗好友、时任台湾大学校长的傅孟真之邀，毛子水赴台大中国文学系教授国文、《论语》、翻译文学与中国科学史等课程，同时在台湾大学中文研究所讲授中文修辞讨论、中国语法、《说文解字》、《说文》研究、《尔雅》、国学专题讨论、论孟荀新解讨、孟荀训诂讨论等课程。他在台湾大学从教达37年之久，还任教于辅仁大学。1960年7月，毛子水与胡适、钱思亮等一行36人赴美国西雅图华盛顿大学，参加"中美学术合作会议"。会上毛子水发表了英文版论文《人文概说》。

1973年8月，81岁高龄的毛子水从台大中国文学系退休，但他退而不休，任台大中文研究所兼任教授。同月，他被台湾辅仁大学中文研究所聘为讲座教授，讲授文学专题、国学专题讨论、中国修辞学讨论、《左传》专题讨论等课程，给博士研究生开设国学专题讨论等课程。直到1986年8月，94岁高龄的毛子水才辞去台大中文研究所兼任教授和辅仁大学中文研究所讲座教授，完全退休在家。当年11月，台湾大学授予毛子水名誉教授。

1987年4月11日，毛子水九十五岁华诞，其台大中文系学生编辑《毛子水论文集》为寿礼。是年，毛子水、黄君璧、郎静山三位艺术文化耆宿荣获台湾最高学术奖——"行政院"文化奖（第七届）。12月21日在"行政院"礼堂举行的颁奖仪式

---

① 可参吴宓1936年7月6日、12月12日日记，吴宓著、吴学昭整理：《吴宓日记（1936~1938）》，北京三联书店1998年版，第6~7页、62~63页。
② 季羡林口述、蔡德贵整理：《大国学——季羡林口述史》，陕西师范大学出版社2010年版，第103页。
③ 傅斯年：《致石树德（电）》[1948年12月17日]，原件存北京大学档案馆，全宗号（七），目录第一号，案卷号1231，转引自欧阳哲生主编《傅斯年全集》第七卷，湖南教育出版社2003年版，第355页。

上,"行政院"院长俞国华为三人分别颁发金质"文化奖章"一枚和40万元新台币奖金,吴大猷、连战等台湾学者、政要参加了颁奖典礼。"行政院"文化奖系台湾当局的最高学术奖,前六届获此殊荣的只有钱穆、蒋复璁、杨亮功、台静农等14人。

毛子水除任教外,还兼任了不少学术界职务和社会职务,先后担任了台湾"中国历史学会"常务监事、监事,台湾"教育部学术审议委员会"常务委员、委员,台湾"国史馆"史料审查委员,台湾"中国语言学会"常务理事,台湾"国家长期发展科学委员会"咨议会主席,台湾"中央研究院"评议员,台湾"中国语文学会"评议委员,胡适纪念讲座主讲等要职。1954年11月,蒋介石召见毛子水,询以治术,毛子水对以"安全第一",得蒋介石首肯,遂被聘为"光复大陆设计委员会教育文化组委员"。毛子水生前被台湾学术界尊称为"通人"、"通儒"。

1988年5月10日夜11时40分,毛子水病逝于台大医院,享年96岁。毛子水病逝后,台湾当局组成了以薛岳为首,孔德成、毛彦文、吴大猷、俞大维、孙震为副的治丧委员会,公祭后,安葬于台北花园公墓。

毛子水逝世后,原台湾"中央研究院"院长吴大猷、原台湾故宫博物馆馆长蒋复璁等台湾学界知名人士及同乡纷纷发表悼念文章,褒扬毛子水的学术成就和为人品行。吴大猷在《怀念子水毛公》中说:"有人称他为我国国学家中的知科学最深者、科学家中的国学造诣最深者,毛公毫不以为忤。我以为毛公乃罕有的读书读'通'了的人,有广博的视野,有深邃而公允的见解……毛公的国学,非我所能窥,但他晚年所编《〈论语〉今注今译》,则我常参阅的……毛公博学,每多新见,但慎于执笔。"蒋复璁在《敬悼毛子水先生》中写道,"凡是认识毛子水先生的都尊称他为毛公,为的他是通人,而毛公并不以通人自居",还说"他一面治国学,一面治科学,一直到晚年,空暇的时候,以做算学习题来作消遣",并以联相挽——"博学通儒,一部论语前席献;耆年硕德,终身算经后生惊"。

毛子水原配周德意,育有一子一女:儿子毛仲滲,为江山中学英语教师,曾任江山市人大常委会副主任;女儿毛孟肃,抗战时期去世。如夫人姜金祺,育有一女毛玲之(毛季订)。此外,毛子水在留学德国时曾与一德国女子相爱,并生育有两个儿子,该德国女子曾到台湾找过毛子水,具体情况不详。

毛子水为人通达,不屑名利,与人无争,读书成癖,一生致力于学术。毛子水教授生前十分关心青年一代的成长,在他的浩瀚论著中有相当的篇幅论述青年的理想、修养、学风、立志、做人、爱国心、人才外流问题等等,字里行间流溢着一代通儒对青年的希望和对祖国的挚爱。毛子水多次大声疾呼，青年学生"除了勤求学问以外，须注意培养真正的爱国心"，称自己最大的希望就是"我们的优秀青年，多能埋头苦干，修养自己的真才实学"，"为我们民族和国家争取荣誉"。毛子水不仅这样说，还身体力行，从多方面帮助青年，提携后进①，并在两岸都培养了许多人物。

二、贡献管窥

毛子水长寿，其教学、治学生涯也颇为漫长。此漫长生涯，可以1949年为界，前后各约四十年。相对而言，由于积累的比较成熟和个人小环境的相对安定，他在台湾时期的成绩更为丰富，在台湾学术界的地位也更为突出。

1946至1948年与毛子水同在北京大学的季羡林，曾评价毛子水说："那个人也不能说是学者，也没有什么著作。"②据现有文献看，此说不为无因，因当时毛子水论著尚寡。但若以此统指毛氏一生，或与实情有出入。事实上，毛子水不仅育人无数，而且著述斐然。他无书不读，学识渊博。尽管其在大陆时著述相对较寡，但移居台湾后，踔厉风发，著述甚丰，给后人留下了丰富的精神遗产。其遗著包括学术论文、学术著作、社论、杂文与传记等近400篇，论著涵盖理论、修养、科学、教育、儒学、时评、图书等等方面。毛子水一生建树甚多，主要体现在三方面。

（一）教学：传道授业育英才

毛子水一生春风化雨，育英才无数。自从1920年初登讲坛后，他就开始传道授业、为人师表，直迄1986年，前后长达60余年。这与老寿星钱穆堪可比肩。当然，由于毛氏心性散淡，功业心不强，人脉网络方面相对淡薄，真正的嫡传弟子也并不多。平心而论，在北大、联大任教时的毛子水并不突出，但及至晚年，毛子水在台湾教育界、学术界的地位日益煊赫。据载，1962年5月20日，台湾"教育部"指定毛子水为国学博士候选人王忠林口试召集人。因王忠林的博士论文《中国文字之声律研究》参考大陆学者王力教授的著作《汉语诗律学》而成，有评委认为王力的书是禁书，有疑虑。毛子水以学术不涉政治为由，支持通过王忠林的论文答辩。1966年5

---

① 严敏杰、杨虎编著：《北大新语》，中国广播电视出版社2007年版，第140页。
② 参季羡林口述，蔡德贵整理：《大国学——季羡林口述史》，第十六次口述，陕西师范大学出版社2010年版，第103页。

月，毛子水与台静农、戴君仁联名提议增设台大中文研究所博士班，后获准成立，于次年9月正式招生。

（二）治学：国学研究及其他

如果说乃师胡适在少年得志的话，那么毛子水则是大器晚成了。其早年虽锋芒初露，但远不及同辈人傅斯年、顾颉刚、俞平伯等人的大红大紫，直到中年以后，他的成就才日益彰显。

"五四"时期，毛子水因发表《国故和科学的精神》而成为当时思想启蒙的新文化运动的先驱之一。可是历史开了个大玩笑，就像当年提出"打倒孔家店"的人晚年后悔一样，毛子水批着批着国故，后来自己倒喜欢起国故来了，且沉溺其中而不能自拔。据考证，首次揭橥"国故学"概念之人即是毛子水。

毛子水一生写了七十余部专著，其代表作《〈论语〉今注今译》是当今海峡两岸最权威的《论语》诠释本。毛子水去台后著作甚多，并兼任社会、教育、文史界学术团体的要职，长期致力于中国古典文学的教学研究，造诣很深。晚年他致力于《〈论语〉今注今译》一书，终于在1975年定稿出版，此外，另著有《毛子水文存》、《〈汤誓〉新说》、《十三经集注》、《"啧有烦言"解》等。毛子水生前被台湾学术界尊称为"通人"、"通儒"。其代表作还有《中国科学思想》、《胡适传》、《傅孟真先生传略》、《〈荀子〉训解补正》等。毛子水去世后，夫人张菊英女士请吴大猷教授据此编纂出版了五大部的《毛子水全集》，分为《学术论文》、《学术著作》、《社论》、《杂文》、《传记》（在北大和西南联大时期的著述收集不多）。此外，毛子水还有大量关于师友的传记或回忆文集以及孔孟之道类经典著作解说与讲稿等。

约略言之，毛子水的著述体系主要涵盖三大领域，一是对国学经典的研究，二是政论杂文，三是散文、随笔和回忆录。其中，对传统的大经大典的研究居于核心地位。其学术论文主要有《孔子和六经》、《孔子道德哲学的根源》、《孔子的政治思想》、《〈论语〉朱注补正》等，学术著作主要有《〈荀子〉训解补正》、《〈论语〉今注今译》、《〈论语〉校注》等。

在1919年4月撰写的《国故和科学的精神》一文中，他就提出："古人的学术思想，是国故；我们现在研究古人的学术思想……这个学问，应该叫做'国故学'。他（它）自己并不是国故，他（它）的材料是国故。"他倡导用科学的精神研究国学。在这篇文章里，毛子水首先给国故下定义，认为国故不一定是"三纲五常"，也不一定是"四书五经","国故就是中国古代的学术思想和中国民族过去的历史"。他以"五四"启蒙知识分子大都持有的"现代"和"古代"不相容的观点强调:"我们须记着,我们是我们——是现在时候的人,古人是古人——古代的人。""古人的学术思想,是国故。"以此,毛子水特别指出国故的性质和功用:即"国故的一部分是中国一段学术思想史的材料","国故的大部分是中国民族过去的历史的材料"。他一再提醒我们:国故是过去的,是历史材料,好比是一具得了奇病而死的"尸体"。用科学精神研究国故,毛子水称之为"国新学"。在这里,毛子水批评章太炎国学研究因情绪化"好古"而缺乏科学的毛病,他把胡适的《中国上古哲学史大纲》作为用科学精神研究国故的典范。毛子水的核心观点是:古代和现代绝对不相容,"国故"与"国新学"的对立。此说被胡适所认可。胡不仅随即在《论国故学——答毛子水》一函中加以运用,而且还在后来的《〈国学季刊〉发刊宣言》中对此重新做了一番诠释。他解释说:"'国学'在我们的心眼里,只是'国故学'的缩写。中国的一切过去的文化历史,都是我们的'国故';研究这一切过去的历史文化的学问,就是'国故学',省称为'国学'。"①毛子水、胡适言论甫出,立即在当时知识界激起了很大反响,其中不乏反对者。但较之胡适显赫的学界地位及其所掌握的话语霸权,这些不同的意见毕竟显得相当微弱。于是在1920年代知识界,"国故学"一词仍然基本如胡适所诠释与演绎,纳入了"整理国故"运动的轨道并风行一时。

毛子水绝非徒知"坐而论道"的"批评家",而是一个能"起而实行"的研究者。

早年的毛子水致力于对传统文化的批评,而晚年的他却转而弘扬传统文化了。毛子水曾说:"我生平得益于'一部半'书。一部是欧几里得的《几何原理》启发了我的逻辑思考能力和高度的分析能力;半部《论语》教我如何做人处事。"

毛子水在国学研究上涉及的范围广,建树也是多方面的。尤其是对《论语》的研究,他倾注了大量的心血,发前人所未发。世界上文明民族的先哲都称赞恕道,毛子水指出,不论是柏拉图,还是亚里士多德,都不及孔子说得早,如要凭早这一点,《论语》是现代世界上人文范围中的第一书。《论语》中记述了孔子的一句话:"朝闻道,夕死可矣!"后人一般都把这个"道"诠释成道理之类。毛子水认为它含有"天下有道"之"道",全句的意义,极近于"天下太平"的意思。他说,孔子一生栖栖,心中所期望的只是"天下太平",世界各民族古代圣哲中有这样的忧世忧

---

① 傅斯年:《毛子水〈国故和科学的精神〉附识》,《新潮》,1卷5号(1919年5月1日),上海书店1986年影印本,第745页。胡适:《〈国学季刊〉发刊宣言》,《胡适文存》二集,黄山书社1996年版,第6页。相关涵义可参罗志田:《民国趋新学者区分国学与国故学的努力》,《社会科学研究》2001年4期。

民的志怀流露出来的,以孔子这句话为最显著。由此,92岁的毛子水毫不含糊地说:"《论语》确是世界上宣扬仁爱的首部经典,从人文的立场讲,自应为第一书。"

蒋介石素重儒学,认为"中国的经书实为民族精神、民族德艺和民族哲理所寄托",乃于1959年订正了《科学的学庸》,对《大学》、《中庸》进行解读。十年后,他再次把挽救中国危亡求助于传统文化,发起了中华文化复兴运动①。1975年由台湾中华文化复兴运动推行委员会审定,毛子水的《〈论语〉今注今译》由台湾商务印书馆出版,出版之后,一时轰动岛内,求之者络绎不绝,连续六次重印再版,影响甚大。

《〈论语〉今注今译》是毛子水晚年的重要作品之一。自从到台大讲授《论语》始,他就惊讶地发现前人的误解颇多,乃有重新校注《论语》的志虑。在此过程中,胡适等曾给他许多帮助。曾有一度,吴大猷每次从美回台湾时,一见面必问起其《论语》。1965年,毛子水接受"中华教育文化基金董事会"所设置的"胡适纪念讲座",目的之一也是为了此《〈论语〉今注今译》。也正是此书,促成了他的婚事。张菊英(1923年生)是毛子水任教台大时的学生,相貌清丽,对毛子水极是崇拜,自愿照顾毛子水晚年生活。在这部书的孕育过程中,师生二人终于走在一起。婚前,毛子水向在大陆的儿子毛仲滲征求意见,悉原配已亡故,遂与张菊英缔结婚姻。1975年3月21日,年届83岁的毛子水与张菊英结婚,证人为沈伯刚、蒋复璁。证人在他们结婚证书上写道:"我们相信理性的善用,必能维持终身的和谐;我们相信从今后,能有十年安宁的读书岁月。"婚后,张女士于烦劳的家务外,又帮其阅读校样,使该书得以免去好几处严重的错误。几经斟酌损益,张女士终于校缮了清样。是年,书乃出版。毛子水晚年老夫少妻式的婚姻,与他的同人蒋梦麟、钱穆颇为相似。

毛子水的《中国科学思想》产生了重要影响。毛子水从外在的社会结构来说明中国科学之所以落后的原因,包括政治、社会、教育、经济等四方面。这些多属外在因素,毛子水从中国思想文化内部因素方面的探讨着力上不多。这与梁漱溟、林语堂、张君劢、余英时、谢幼伟、李约瑟的论点相映成趣。

(三)论政:政论写作及其他

毛子水书斋气颇重,却也不乏"人间情怀"。他亦曾一度参与过实际的论政活动,藉以资政育人。《自由中国》创刊初期,胡适任名义上的"发行人",雷震任

---

① 周为筠:《蒋介石与"中华文化复兴运动"》,《新华澳报》2008年12月6日。

社长，毛子水任总编辑，编委包括毛子水、杭立武、胡适、殷海光、许冠三、崔书琴、张佛泉、雷震、戴杜衡等17人。当时编委们大致可分成三种思想路线："第一是由胡适为首的'自由主义'的思路；第二是以雷震为首的'三民主义'的思路；第三是所谓少壮派的'唯我主义'的思路。"其中以"少壮派"最为壮怀激烈，他们认定国民党之所以沦落到今天这个样子，完全是由于贪污、腐化、独裁的结果。而毛子水则和张佛泉等一样，都属于胡适圈子内的人①。在《宽容与民主》这篇短文中，毛子水开门见山地说："民主政治的基本条件是宽容。这所谓宽容，亦即忍耐；但并不是世俗所谓忍耐。世俗所谓忍耐，往往是'勉强而行之'的。处于勉强的忍耐，有时虽然可以称作人类智慧的表现，但有时也有极不合理的地方。我们所谓宽容，乃是根据人性而规定的一种做人的态度。这种态度，在消极方面，便是古人所谓'恕'；在积极方面，便是古人所谓'从善服义的公心'。在一个文明的社会里，一个人保持这种态度，与其说是一种道德，毋宁说是一种义务。"他通过重新解读世俗上"忍耐"的概念，将宽容界定为一种"根据人性而规定的一种做人的态度"。这种宽容观显然既不同于中国传统文化中"与礼貌同一层次的世故德性"的宽容观，也不同于近现代自由主义"坚持真理不确定性的观念"的政治宽容观。那么，这种宽容观是否有助于在中国这样一个有着悠久的儒家礼教文化传统的国家实现民主制度呢？②

毛子水写作了大量的政论、社论。其社论主要有《理想和现实》、《教育问题引端》、《胡适之先生给我们的遗产》、《我们应该养成悦学风气》、《论中国医药研究所的设立》、《怎样打好我们科学的基础》、《怎样培养我们的民族精神》、《人生哲学试探》、《人才问题》、《怎样提高学术水准》、《怎样振兴我们的人文科学》、《民族精神的教育》等，主要涉及学术、教育、道德方面，亦偶有政治性社论。

三、"北大精神"与"老北大的故事"

长寿的学者，势必要见证很多故事，其本人就是一幅山水长卷，更何况是百

---

① 范泓：《雷震与〈自由中国〉》，载《老照片》第二十七辑，2003年2月。
② 毛子水：《宽容与民主》，载《自由中国》4卷12期，第408页。

科全书式的学者。毛子水本人写过很多掌故，关于他本人的掌故亦所在多有。其散文、杂文亦涉猎甚广，主要有《买书余记》、《我对于传记文学的一些意见》、《齐如山先生和国剧的研究》、《中西文化问题》、《科学的分类和治学的途径》、《孔子不姓孔吗？》、《科学家与政治常识》、《论古书新印》、《谈青年的苦闷》、《中国文字的构造》、《文章的通不通》等。至若传记作品，则主要有《国立北京大学简史》、《梁启超》、《傅孟真先生传略》、《记陈寅恪先生》、《蔡孑民先生传》、《回忆赵元任先生二三事》、《忆念姚从吾先生二三事》、《崔书琴先生哀辞》等，大都在台湾《传记文学》上发表。这些作品，往往再现了旧时文人的风神，尤其是将老北大的精、气、神勾画得跃然纸上。他的《胡适传》与胡不归、吴相湘的同类作品合为《胡适传记三种》，颇受推重。

毛子水在《对于蔡元培的一些回忆》中讲到一件趣事[①]：

> 某次，北大名流雅集，钱玄同冒失地问道："蔡先生，前清考翰林，都要字写得很好的才能考中，先生的字写得这样蹩脚，怎样能够考得翰林？"蔡先生不慌不忙，笑嘻嘻地回答说："我也不知道，大概那时正风行黄山谷字体的缘故吧！"黄山谷即北宋文学家和书法家黄庭坚，他的字体不循常轨，张扬个性，如铁干铜枝，似高峰奇石，以刚劲奇崛著称。蔡元培的急中生智既见出他的涵养，也见出他的幽默，满座闻之，皆忍俊不禁。

相传毛子水回国后，受傅斯年之聘，在北大历史系讲授科学方法论等课程，平时上课穿一件旧长衫，衣着不整，很有名士派头。他讲课时，常引用很多数学公式，口才又不佳，选课者寥寥无几。但毛为人厚道，判分比较松，各系高年级同学临毕业时为了凑足学分，往往慕名来选毛的课，因此每年来上课的学生总能维持在三五个[②]。毛子水精于古籍鉴定，且和胡适一样有考据癖，好收藏古书。任北大图书馆馆长时，他每年都把绝大部分购书经费用于购买善本古籍，因而无法满足青年学生订阅新报刊的要求。一次，一些同学在图书馆内的大厅遇到了毛，就订阅新报刊问题向毛提出质问，同学越聚越多，质问发展成了斥责。毛异常生气，但又理屈词穷，只得倔强地说了一句："就是不订！"个别同学一时激动，大喊一声"打"，学生并未动手，但毛子水已闻声飞跑[③]。

---

① 王开林：《蔡元培：是大师，是完人，也是一头真虎》，载《同舟共进》2010年第4期。
② 严敏杰、杨虎编著：《北大新语》，中国广播电视出版社2007年版，第9页。
③ 严敏杰、杨虎编著：《北大新语》，中国广播电视出版社2007年版，第70～71页。

史学大家的风范

毛子水 姚从吾 钱 穆 郑天挺 向 达
雷海宗 张荫麟 吴 晗 邵循正 孙毓棠

毛子水与胡适以及顾颉刚、姚从吾等关系极为密切。顾颉刚平时很佩服毛子水的治学与为人，毛子水又竭力向他介绍自己的老师章太炎，于是顾颉刚便对章太炎十分倾慕。1913年冬，听说章太炎在化石桥共和党本部讲学，顾颉刚便和毛子水一起冒着大雪去听讲座。章的讲座内容涉及小学、文学、史学和玄学。顾颉刚一向自视甚高，自称从蒙学到大学，接触教师无数，没有一个令他佩服，这次听了章太炎的课却大为折服，"觉得他的话既是渊博，又有系统，又有宗旨和批评，我从来没有碰见过这样的教师，我佩服极了"①。毛子水却说，这是章先生对初入门者讲的最浅的学问。这一来顾颉刚对章太炎更是佩服得五体投地。然而好景不长，由于章太炎反对孔教会，讲学不到一个月，就被袁世凯关进了监狱。虽然师从章太炎的时间很短，但顾颉刚的收获却异常深钜。他在《北京岁月》中说道："从此以后，我在学问上已经认清了几条大路，知道我要走哪一条路时是应当怎样走去了。""这一个觉悟，真是我生命中最可纪念的，我将来如能在学问上有所建树，这一个觉悟绝是成功的根源。""从此以后，我敢于大胆作无用的研究，不为一班人的势利观念所笼罩了。"

毛子水是胡适麾下的一员干将。早在"五四"时期，他已是胡适的得意弟子。及至1931年起，蒋梦麟、胡适联手中兴北大，就重用了一批名教授，如哲学系的汤用彤、贺麟、陈受颐，而史学系则有傅斯年、顾颉刚、姚从吾等，当然还有毛子水。胡适从1917年初任北大教授起至晚年，总是一再表彰和宣扬包括顾颉刚、傅斯年、毛子水等等在内的北大优异学子。胡适的这种宣扬一直留驻在他学术生命的全程当中②。而在战火中的毛子水也不曾忘却远在异邦的胡适。1943年2月8日，江泽涵致函胡适时也称，"子水兄住在对门，在我们处包饭"，还说毛子水让其代为问候③。3日后，毛子水也告胡适说："我和泽涵在昆明望门而居，两人甚平安。泽涵在艰苦中尚能静心用功，至可欣喜。我近来亦做些文章，但没有十分合意的。将来等先生回国时，或有一二篇'呈博一粲'也。"他表示深切希望胡适在闭门著书之暇，"以我中华民族当今所最需要之事，内告同胞，外示友邦"④。

1948年11月，南京岌岌可危。手忙脚乱的朱家骅又让傅斯年临危受命，负责抢

---

① 顾颉刚：《走在历史的路上——顾颉刚自述》，江苏教育出版社、凤凰出版传媒集团2005年版，第27~28页。
② 相关背景，可参乌尔沁：《顾颉刚的痛——写在顾颉刚先生创立"古史辨"八十周年》，《苏州杂志》2004年第6期；傅国涌：《"归骨于田横之岛"——傅斯年与台湾大学》，收入傅国涌著：《1949：中国知识分子的私人记录》，长江文艺出版社2005年版；夏明亮：《傅斯年与台湾大学》，《文史月刊》2004年1期。
③ 中国社科院近代史研究所中华民国史研究室编：《胡适往来书信选》中册，中华书局香港分局1983年版（以下简称《书信选》），第557~558页。
④ 《毛子水致胡适》，《胡适往来书信选》中册，中华书局香港分局1983年版，第558~559页。

运平津的一批学人,主要是四类:各院校馆所的行政负责人;因政治关系必须离开者;中研院院士;在学术上有贡献者。蒋介石于14日第二次派专机飞北平,实施紧急"抢救"计划,"抢救"对象首先便是胡适、梅贻琦,其次是平津的知名教授如陈寅恪、陈垣、毛子水、钱思亮等。12月15日,陈寅恪、毛子水、钱思亮、英千里等人分乘两架飞机抵南京明故宫机场,王世杰、蒋经国、朱家骅、傅斯年、杭立武等在机场迎接。转天中午,蒋介石便在官邸设午宴为胡适一行接风。12月17日,在南京的中研院礼堂,从北平仓皇出逃的胡适出席了北大同学会五十周年校庆大会。胡适在会上痛哭致辞。1949年元旦之夜,南京城中一派死寂,胡适与傅斯年共度岁末,置酒对饮,瞻念前途,潸然垂泪①。

日后,胡、毛联系更密。1951年1月7日,胡适闻知傅斯年的噩耗后,立即致函毛子水:"廿一晨五点半(纽约时间)接到你的电报,我那时早已得到孟真的噩耗了,是廿日下午四点应谊小姐看见A.P.的电视,打电话来告(诉)我的。""孟真真是稀有的天才。记忆力最强,而判断力又最高,一不可及。是第一流做学问好手,而又最能组织,能治事,二不可及。能做领袖人物,而又能悉心办所示,三不可及。近日国内领袖人才缺乏,世界领袖人才也缺乏;像孟真的大胆小心,真是眼中人物谁与比数的感叹!"②1959年3月30日,胡适回台后致毛子水曰:"我盼望你们决定来,我十分高兴的欢迎你们来,千万不可叫我失望。"③1959年5月31日,胡适又致函毛子水:"你的'测议',我大致都很赞成。'民信之矣',我特别赞成。"④1960年6月7日,胡适又致函毛子水:"先人的《台湾日记与禀启》改编本,毛子水兄一手校勘整理,并作小序,今此本印行,我敬赠一部,并记我最深刻的谢意。"⑤

1960年11月19日,为了"教育部四十九年文艺奖金候选人推荐书"一事,胡适特地致函毛子水、姚从吾:"前晚偶说及小说《旋风》的事,我现在买了两本送给你们两位玩玩。""很盼望你们两位能这一天或两天里看完这本书,如果你们觉得此书值得推荐为今年文艺奖金的候选人,我盼望你们看看此函上的两三分资料。""我与作者'姜贵'……仅有近年……匆匆一面之缘。"⑥胡适前一日已致函

---

① 详情可参李扬编著:《国立中央研究院史》,中国社会科学院图书情报工作杂志社1998年内部资料;"中央研究院"八十年史纂委员会编:《追求卓越——中央研究院八十年》,(台北)中央研究院2008年版;岱峻:《再见辉煌:国民政府的1949年中央研究院迁台始末》,《时代周报》2010年5月13日。
② 胡适:《胡适致毛子水》,载耿云志、欧阳哲生编:《胡适书信集》下册,北京大学出版社1996年版,第1201~1202页。
③ 胡适:《胡适致毛子水》,载耿云志、欧阳哲生编:《胡适书信集》下册,北京大学出版社1996年版,第1387~1888页。
④ 胡适:《胡适致毛子水》,载耿云志、欧阳哲生编:《胡适书信集》下册,北京大学出版社1996年版,第1407~1408页。
⑤ 胡适:《胡适致毛子水》,载耿云志、欧阳哲生编:《胡适书信集》下册,北京大学出版社1996年版,第1929页。
⑥ 胡适:《致毛子水、姚从吾》,载耿云志、欧阳哲生编:《胡适书信集》下册,北京大学出版社1996年版。详情可参胡颂平编著:《胡适之先生年谱长编初稿》,(台北)联经出版事业公司1990年版。

史学大家的风范

毛子水　姚从吾　钱　穆　郑天挺　向　达
雷海宗　张荫麟　吴　晗　邵循正　孙毓棠

梁实秋：“昨天看见毛子水、姚从吾，他们都没有读过此书！”对毛子水偏重于学院，而不关注文艺界的情况，胡适似有不满之意。相对胡适统摄万象的眼界而言，毛子水的书斋气确实要重一些。

是时，二人境遇已非昔日。曾长期大红大紫的胡适，已寂寞寥落路人皆知，而大器晚成的毛子水则却声名日隆。1961年2月1日的《联合报》刊发了于衡《胡博士的寂寞》特写。徐复观则形象地说：“胡先生在五四运动时代，有兵有将，即是有青年，有朋友。民国十四五年以后，却有将无兵，即是有朋友而无青年。今日在台湾，则既无兵，又无将，即是既无青年，又无真正的朋友。自由民主，是要面对现实的；因此，这便削弱了他对现实发言的力量，更增加他内心的苦闷乃至痛苦。”

巧的是，1957年，胡适在纽约立下"遗嘱"，指定了"遗嘱"执行人，第二个是杨联陞，而第一个则是毛子水。1962年胡适逝世后，其碑文即出自毛子水之手。"这是胡适先生的墓。生于中华民国纪元前二十一年，卒于中华民国五十一年。这个为学术和文化的进步，为思想和言论的自由，为民族的尊荣，为人类的幸福而苦心焦思，敝精劳神以致身死的人，现在在这里安息了！我们相信，形骸终要化灭，陵谷也会变易，但现在墓中这位哲人给予世界的光明，将永远存在。"[1]此后，毛子水还写过十余篇纪念文章，其中有一篇《胡适之先生给我们的遗产》也非常感人。文章开头即说：

> 胡先生留给家族的遗产，前几天一家报纸有一个报告，说是美金一百三十五元一角。这不见得是一个可靠的消息。据我所知道的而言，胡先生固然不是一个积钱以遗子孙的人，但亦不是一个不顾虑到身后家计的人。他生平正直、廉洁，明若丹青；所以这个遗产有多少，我们尽可不必讨论。

紧接着，毛子水笔锋一转，谈到胡适为后人留下的另一种遗产——"对中国文化的贡献"。他说，如果说富翁捐款办一所大学可以帮助许多贫困学生的话，那么胡适对中国文化的贡献，则可以惠及国家、民族和整个社会，具体说来，这种贡献可以分为以下几个方面：胡适提倡的白话文运动，新的科学的研究方法，提倡"社会不朽论"；胡适提倡的理性和民主，增进人民幸福。他举例说，比如胡适倡导民主和自由，是因为在他心目中，民主和自由不但是政治的最高成就，也是统治者和

---

[1] 智效民：《胡适的朋友毛子水：撰写感人至深的墓志铭》，网易新闻中心，http://news.163.com/10/0607/11/68IQ2KJL000146BD.html。

被统治者知识道德的最佳表现。所以,尽管民主和自由是胡适的最大理想,但如果一时不能实现,他也从来不灰心失望,"因为他知道凡是人世间好的东西,都不是一朝一夕可以得到的",这就需要大家以不懈的努力去争取,当然,这种争取,只能依靠和平的、说服的方法,而决不能凭借各种各样的暴力。毛子水强调说,他希望不仅是爱好自由民主的人士要懂得这个意思,更希望掌握政治权力的人也能够懂得这个意思。显而易见,毛子水强调的这个意思,也是胡适的希望。1970年,《胡适演讲集》出版,毛子水又为之写序①。

四、羁鸟恋旧林

自1949年告别大陆之后,毛子水再未履足故土一步,但他始终未曾忘怀故土,更未忘怀北大精神。自从1949年2月离开家乡经上海去台湾后,毛子水潜心研究,著书立说,培育后人,并在著述中寄托对家乡、对祖国大陆的眷念之情。针对猖獗一时的"台独"言论,1961年4月毛子水在其主编的《新时代》中撰写社论《两个世界和两个中国》,严厉驳斥"台独"言论:"和'两个中国'有点关系的事情,是所谓'台湾独立'的问题……我们固不论台湾成为中国人的居住地已有千年的历史;即郑成功赶走荷兰人而使台湾复归于华夏的版图,亦已有三百年的历史了。这是不可争辩的事实……稍能思想的人,都知道台湾是决没有脱离祖国而独立的理由的。"尽管在毛子水的有生之年,两岸仍处于分裂状态中,但他同许多爱国人士对"台独"势力的抨击是不遗余力的,亦是令人钦佩的。1997年,祖籍宁波的张菊英遵照毛子水生前遗愿,将变卖家产所得的12万美元悉数捐赠给宁波大学,设立"毛子水先生清寒优秀奖学金"。此外,张菊英女士还向宁波大学图书馆赠送《毛子水全集》。毛子水教授夫妇不求名利,倾囊帮助家乡青年学子的高尚品德,一时在海内外浙江籍人士中传为美谈。

毛氏定居清漾,已有1400多年。石门镇清漾村地灵人杰,名人辈出,先后出过240多名进士。毛泽东在湖南韶山的祖先从毛太华因战乱由江西吉水迁至湖南,至毛泽东已有20代。1993年初,恰逢毛泽东诞辰100周年,有关专家将《清漾毛氏族谱》与《韶山毛氏族谱》比照研究后,确证江山、韶山毛氏一脉相承,韶山毛氏原也与

---

① 毛子水:《〈胡适演讲集〉序》,载台北胡适纪念馆编:《胡适演讲集》,台北胡适纪念馆1970年印行。

毛子水 姚从吾 钱 穆 郑天挺 向 达
雷海宗 张荫麟 吴 晗 邵循正 孙毓棠

清漾毛氏同宗。

　　在毛子水的府宅内，正堂上有一幅毛子水先生的晚年照。房子不大，中间设一小天井，把堂屋分上堂和下堂。上堂摆香案与八仙桌，剩下空隙部分，仅容客人转身。下堂更小，仅三四步之宽。当年毛子水用过的书橱上，有他亲题的"实事求是"四字。字很小，是隶书，说来至少有70余年了。而胡适为毛氏祖宅题写的"清漾祖宅"额匾悬在门楣上，也快八十年了。

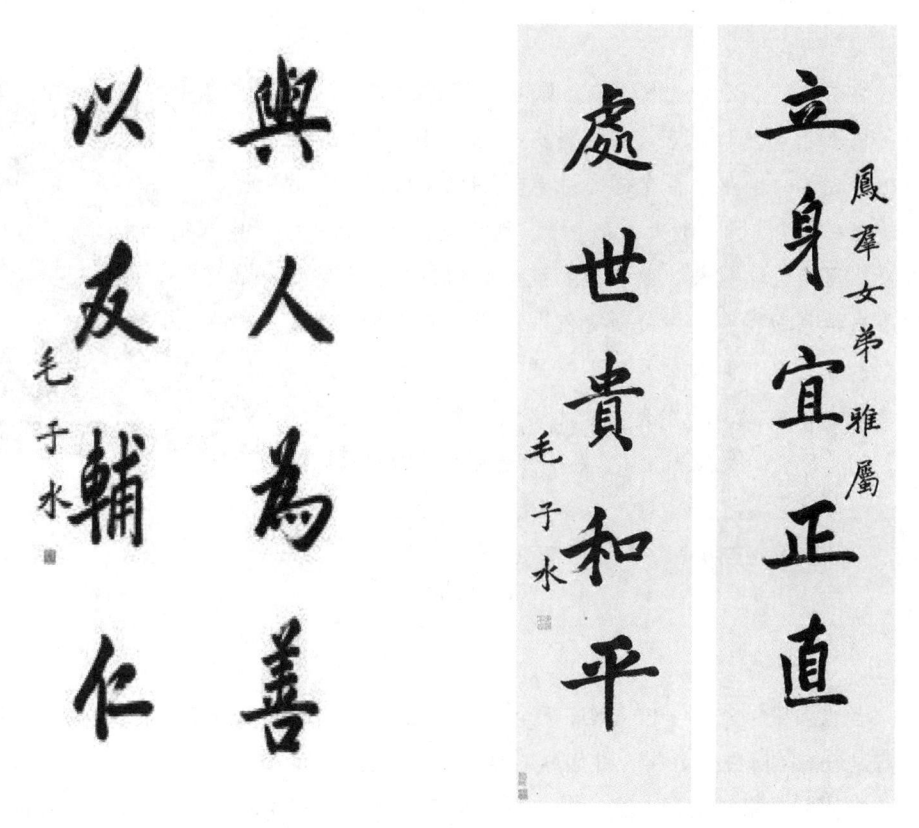

毛子水先生手迹

蒙元史坛多骁将，曾有"老农"是"海归"：
姚从吾教授学行述略

刘 超

姚从吾（1894~1970），原名士鳌，河南襄城县人。1920年毕业于北京大学文科史学门，1922年留学德国柏林大学，毕业后留在德国讲学。1934年归国后先后担任北京大学史学系教授、系主任，西南联合大学历史系教授，河南大学校长，故宫博物院文献馆馆长，台湾大学历史学系教授，"中央研究院"院士。研究领域为匈奴史、金元史、蒙古史及中西交通史。其学术成果有翻译《蒙古秘史》，著作有《东北史论丛》、《邱处机年谱》、《余玠评传》等，有《姚从吾先生全集》出版。

一、生平志略[①]

老北大史学系有一位人物，放洋经年而土得掉渣，土得掉渣而学问深湛。他研究的是最富国际性的显学，他显露的是最土气的行头。此公便是姚从吾。

姚从吾，原名士鳌，字占卿，别号从吾、存吾（中年以后以号行，晚年自署善因），河南省襄城县人。姚从吾生于1894年10月7日，1914年夏中学毕业，入北京中华大学预科，1917年考入北京大学文科史学门，1920年毕业，获文学士学位。他原在1919年考取第一届高等文官，分发教育部社会教育司见习，于是就留部工作。又

---

① 参方龄贵：《忆姚从吾先生》，《学林春秋》第4卷，上海远东出版社1995年，第318~324页；方龄贵：《姚从吾传略》，《蒙古史研究》1985年第1期；另参徐有春主编：《民国人物大辞典》第1081页内有"姚从吾"专条，河北人民出版社1991年版。目前关于姚从吾的文字，在大陆主要有：（1）关于老北大的史料，尤其是西南联大时的史料；（2）李敖的有关回忆性文字；但最集中的可能是（3）相关人物的回忆录，尤其是吴相湘著《三生有幸》，中华书局2007年版。就管见所及，吴氏是姚氏毕生最亲近的学人之一，二人相交三十余年，其所言或多可参阅。但总体而言，关于姚氏的真正的研究性作品仍极为罕见。

应中国地理学会主持人张相文之聘,编辑《地学杂志》。1920年,姚从吾考入北京大学国学门研究所,同时从张相文游,初有志于地理学;1922年毕业,旋由北大选送德国柏林大学研究深造,从佛朗克(Otto Franke)教授、海尼士(Erich Haenisch)教授治历史学方法及蒙古史,专攻历史方法论、匈奴史、蒙古史及中西交通史。1929年任德国莱茵省波恩大学东方学研究所汉文讲师。1931年,姚从吾回柏林大学,任汉学研究所讲师。在留德十三年间,姚从吾多数时间在柏林大学度过,而柏林大学在当时被认为是国际首屈一指的老牌大学,其毕生的学问体系,也在此打下了坚实的根基。1934年,姚从吾回国,任北京大学史学系教授[①],讲授历史学方法、匈奴史研究、辽金元史及蒙古史择题研究等课程。

执教北大后,姚从吾声名渐起。姚从吾开蒙古史课后,政治系学生札奇斯钦始终是这一课的忠实旁听生,并从此由攻读政治学转向攻读政治史,日后成为蜚声海内外的蒙古史高手[②]。而另一位才俊邓广铭亦是姚从吾这一时期的弟子。是时,北大史学系名手云集,人才辈出。除前述二位外,全汉昇、孙思白、何兹全、杨向奎、张政烺、傅乐焕、高亚伟、吴廷璆等人亦曾在不同程度上受益于姚从吾[③]。1936年,姚从吾开始兼任历史系主任。当然,作为胡适的弟子与傅斯年的同侪,在担任史学系主任时,他也不可避免地"夹在适之先生与孟真兄之间,一喜兼容博通,一则冲动易怒;动辄得咎,无所适从"[④]。这一时期,蒋梦麟、胡适联手治北大,低迷有年的北大东山再起。胡适等重用姚从吾及汤用彤、贺麟、陈受颐、叶公超、傅斯年、陶希圣等新派人物(主要是受过优等教育的"海归"派),而相对淡化了原旧派学人(特别是曾经一度盘踞北大的太炎门生)的影响[⑤]。这使北大不仅在理科、法科方面大有起色,在文科方面也日益国际化,达到国际水平。在此过程中,姚从吾也发挥过一定作用;其对史学系的近代化不乏贡献。

1937年抗战全面爆发后,姚从吾辗转至长沙、昆明,任西南联大史学系教授兼系主任。在长沙临时大学期间他发起组织"中日战事史料征辑会"。抗战胜利后,随北大同仁复员北平。

[①] 《北大法学院院长仍未定人》,《北平晨报》1934年6月10日。
[②] 田野《一部重要的蒙古史研究著作——介绍札奇斯钦的〈蒙古史论丛〉》,《蒙古学信息》1985年2期。
[③] 参五十周年筹备委员会编《国立北京大学历届同学录》,国立北京大学出版部,1948年版;《国立北京大学毕业同学录(中华民国二十五年)》,国立北京大学出版部,1936年印行,等。亦可参北京大学历史学系网站主页》"北京大学历史学系历届本科学生名录"(1910-2000)(http://www.hist.pku.edu.cn/Article_Show.asp?ArticleID=274)和"北京大学历史学系历届研究生名录"(http://www.hist.pku.edu.cn/Article_Show.asp?ArticleID=275)。
[④] 朱家骅档案,宗号95,册号1,转引自王晴佳:《学潮与教授:抗战前后学术与政治互动的一个考察》,《历史研究》2005年4期。
[⑤] 其中代表人物有沈尹默、陈汉章、朱希祖、沈兼士、蒙文通、林损、许之衡等。另可参刘超:《民国知识界的"南北问题"——以东大和清华为例》,《社会科学论坛》2011年3期。

1946年11月，原河南大学校长田培林升为教育部次长，姚从吾接任河南大学校长①。身为校长，姚从吾虽然工作繁忙，但他仍坚守在教学工作第一线，且很少缺课。他虚心访贤，遍求贤才。该校名师云集，同时聘北平研究院史学研究所所长徐炳旭、北京大学图书馆馆长毛子水担任顾问，并请他们代为收购中外文书籍。姚从吾亲自给文史系历史组讲授历史方法论。他还健全了河南大学民主治校的机制，要求教师们保持"严格考试，教学认真"的优良传统，学生要清洁自持，培养良好的读书风气。在他的指导下，各个院系亦聘请学识卓越、教学认真的教授任教，教坛出现了勃勃生机。姚从吾重视科学研究，提高人才培养质量。他常对学生说："学生的学问最后应该超过老师才对，不然国家的学术界怎能一代比一代进步呢？"他还鼓励与校外科研院所合作进行研究；他与中央研究院历史语言研究所合作，选拔高才生，参加发掘工作。姚从吾还请史学名家董作宾等来河大讲演，亦带领文学院历史组学生在开封城外调查古迹。在姚从吾治下，该校成为华北地区院系最多、校园最大的学校之一，校内名家甚多，颇富活力。是时，南京当局兵败如山倒。1948年6月，解放开封的战役一开始，南京政府教育部即命河大南迁苏州。姚率校南下。该校于是年10月在苏州复校。1948年12月，姚从吾获准辞去校长职务，1949年1月任故宫博物院文献馆馆长。1949年起，他还任台湾大学历史系教授，并创办辽金元研究室，直至去世。

当年，北京大学民国九年毕业同学在台者计有十人，为罗家伦、姚从吾、毛子水、田培林、吴敬轩、邹湘乔、张候生、陈梓屏、陆奉初和杨亮功诸人。姚从吾发起每隔月聚餐一次的活动，地点指定为会宾楼，因其烹调具有北京风味。1958年4月，他作为史坛"老辈"，与蒋廷黻等一同获选为台湾"中央研究院"人文组院士②，1960年受聘台湾科学委员会研究教授。1970年4月15日姚从吾病逝。

姚从吾在各大学执教近四十年，桃李满天下，遍及海内外。自联大时起，姚从吾曾先后主讲史学方法、中国史学史、宋史、辽金元史、中西交通史、匈奴史、蒙古史、史学方法(历史方法论)等课，而于辽金史、蒙元史用力尤勤，成就最大，见重当世。到台大以后，姚从吾讲辽金元史，培植出林瑞翰、陶晋生、王德毅等人。学与年进，姚从吾晚年尤其堪称台湾蒙元史研究的开山奠基人。其早期门人有杨志玖、李埏、方龄贵；赴台后，陶晋生继其辽金史方面，萧启庆继其元史方面，杜维运继其史学方法方面。尤其是及门弟子如萧启庆，乃当今国际蒙元史学界享有盛名的学者。

---

① 可参方西峰（桑叶）：《国立河南大学之命运》，豆丁网，http://www.docin.com/p_51309707.html。
② 胡颂平编著：《胡适之先生年谱长编初稿》第五册，（台北）台湾联经出版社1990年版，第2586页。

毛子水　**姚从吾**　钱　穆　郑天挺　向　达
雷海宗　张荫麟　吴　晗　邵循正　孙毓棠

  1945年前，在日本的殖民统治下，台湾个别高校虽略有水准，但医、工尚可，而人文学术方面极为薄弱。1949年时只有台湾大学文学院有历史系，而后陆续出现了一系列名校。在姚从吾等老辈学人的努力下，台湾史坛人才日增，渐臻鼎盛，一扫昔殖民地时期的人文颓势。

  姚从吾所致力的学术领域较为广泛，晚年集中力量研究辽金元史及蒙古史。姚从吾生前曾自己编过一部《东北史论丛》（1959年），收论文二十篇，其中属于蒙元史的有《金元全真教的民族思想与救世思想》、《成吉思汗的智囊团》、《忽必烈对于汉化态度的分析》等八篇。姚去世后，其遗著又由台湾学者札奇斯钦、李守孔、陈捷生、杜维运、陶晋生、萧启庆、王民信、王德毅等人（多为姚氏门人）组成姚从吾先生遗著整理委员会，编辑出版了《姚从吾先生全集》共十册，由台北正中书局陆续出版，但犹为未备。其前四集内容为：历史方法论，辽金元史讲义——辽朝史，辽金元史讲义——金朝史，辽金元史讲义——元朝史等专著。后三集则全为辽金元史的论文，共三十七篇，其中主要是对蒙元史的研究，内容有关于《蒙古秘史》的九篇，关于蒙古史和元史的十七篇，此外还有蒙元时人行纪校注两篇（即《耶律楚材〈西游录〉足本校注》和《张德辉〈岭北纪行〉足本校注》），译注柯劳斯教授《蒙古史发凡》一篇。据云，姚氏另有部分遗稿可能尚在继续整理中。

  姚从吾主要著作有《邱处机年谱》、《余玠评传》，主要论文有《述大兴刘献庭先生之地理学说》、《中国造纸术输入欧洲考》、《蒙古史发凡》、《欧洲学者对于匈奴的研究》、《说阿保机时代的汉城》、《德国傅朗克教授对中国历史研究之贡献》、《金元全真教的民族思想与救世思源》、《元世祖崇尚孔学的成功与所遭遇的困难》等。

二、教研成就

  1934年，姚从吾回国，接替傅斯年开设历史研究法。姚氏服膺19世纪以来德国兰克的实证史学，在方法论上推崇伯伦汉。姚从吾的历史研究法(或称"现代历史学")课程以大半时间讲授尼布尔、兰克以至伯恩汉的史学。姚在北大开设历史研究法的同时，还在辅仁大学开设历史学原理，讲授内容分四部分：历史学的性质、现代德国史学界所称道的几种历史观、历史学的辅助科学、历史学与其他科学的关系。姚氏一生在课堂上鼓吹最力。他最重视史源学(Quellenkunde)，特别强调"直接史料"。陈垣于元史学为姚氏前辈，姚善于综合史料作专题研究，似即继承陈氏作风；而陈亦极推重姚的西学训练，至20世纪40年代多讲授史源学课程，即反受姚氏之影响欤？①

姚从吾发表专题论文计在百篇以上，凡数百万言。相对于胡适、钱穆等著述浩繁的人物而言，这并不算多；但因晚年的辛勤耕耘，其在学术上仍多有建树。1934年到1949年之间，姚发表的蒙古史研究作品不多，但其讲授的史学方法论课程，却是历史系学生的必修课。姚在讲课时推崇德国的兰克学派，以伯恩汉（Ernst Bernheim）的《历史方法论和历史哲学》（Lehrbuch der Historischen Method und der Geschichtsphilosophie）为主要依据，直到台湾大学时期仍然如此，因此姚从吾可称得上是德国兰克学派在中国的主要推广者②。

姚氏晚年治《蒙古秘史》甚勤，除《姚从吾先生全集》中收有所撰论文九篇外，还与蒙古族学者札奇斯钦用了足足十年时间（1952~1962），合撰《汉字蒙音蒙古秘史新译并注释》，陆续在台湾大学《文史哲学报》发表，颇受好评。据说此书全书由札奇斯钦用蒙文写过，再译写成汉文，从直译写成意译，由姚从吾译加注释。然姚氏仍不够满意，谢绝了书店拟出专集之议。姚氏逝世后，始由札奇斯钦重新修订为《汉字蒙音蒙古秘史新译并注释》，于1979年出版。此外，姚氏还应张其昀之约，主持标点出版了《元史》。此书除对原文断句、分段外，于列传还以《新元史》、《蒙兀儿史纪》增补之。

姚从吾是中国现代辽宋金元史学的奠基人之一。他吸收西方史学思想和方法，学贯中西，促进了传统史学向现代史学的转变。他重视史料的整理，完成《蒙古秘史》第一部全译本。他提出着眼于民族融合的"国史扩大绵延观"，并以这样的观点，深入研究辽金元史，建立起辽金元史体系。他进而倡导宋史与北亚、中亚史的研究，写成《余玠评传》等一系列论文及所辑《蒙古与南宋争夺巴蜀始末》的专题资料，开宋蒙关系研究之先河。1958年，他又倡导组成台湾宋史研究会（后改名为"宋史座谈会"）。姚从吾本通蒙文，晚年又学习满文，并倡导组成边疆语文研究会，积极推动北亚及中亚史研究。他在北京大学、西南联合大学、河南大学、台湾大学执教三十六年，门生众多。当今以研究辽宋金元史蜚声国内外的一些著名学

---

① 参胡文辉：《地角星独角龙邹渊姚从吾》，收入其《现代学林点将录》，广东人民出版社2010年版。
② 参王晴佳：《学潮与教授：抗战前后学术与政治互动的一个考察》，《历史研究》2005年4期。有关姚从吾的学术生涯，参见Q.Edward Wang，Inventing Chinathrough History，pp.89~100，183~189；王晴佳：《中国史学的科学化——专科化与跨学科》，收入罗志田主编：《20世纪的中国学术与社会·史学卷》下卷，山东人民出版社2000年版，第633~636页。另见姚从吾先生治丧委员会编：《姚从吾先生哀思录》，（台北）台湾大学历史系1971年印行。

者，多为他的弟子。

姚从吾是研究边疆史的专家，亦是宋辽金元史的权威。在联大时他对邱处机特别推崇，并多有研究①。在台湾，他积极提倡中国史学会，并发起边疆语文学会。姚从吾治史与教学态度十分认真严谨，谦虚好学，对每一史实、每一年代、每一字句都考究清楚。他常说："把每一篇论文写好，应该把它搁过一段时间，再拿来详细校对，然后才可以拿出来发表。"

蒙元史乃是国际性显学，国内外名手辈出，国外如美国著名东方学家柔克义（W.W.Rockhill）和德国著名汉学家夏德（F.Hirth）等，法国东方学大师伯希和（P.Pelliot，1878~1945）是20世纪蒙元史研究领域无可争辩的最有成就、影响最大的权威。在中国更是如此，明清的钱大昕、魏源、柯劭忞、屠寄等都取得了显著成果。20世纪20年代以后元史研究的进步很快，王国维、陈垣、陈寅恪等在元史研究上的成就尤其卓越，同代学者张星烺、岑仲勉、冯承钧也各有建树。在王国维、陈垣、陈寅恪三位大师奠定的基础上，30年代崛起的一批以蒙元史为主要研究领域的杰出学者，把我国的蒙元史学科研究推进到新的高度。他们均为清一色的"海归"派，其中最著名、对日后蒙元史学界影响最大者有姚从吾、韩儒林、翁独健和邵循正等。姚从吾留德期间曾从汉学家弗朗克、蒙古学家海尼士等学习，并钻研著名史家兰克等人的著作，深受兰克治史方法的影响。此时他就开始了蒙元史研究，译出柯劳斯的《蒙古史发凡》（1929），撰《金元两代史源的研究》（1933）。移居台湾后，他又开创了台湾地区的蒙元史研究，造就了不少人才，贡献甚大。他毕生锲而不舍地在辽金元史的广阔领域中耕耘，著述宏富。其蒙元史著述有《辽金元史讲义·元朝史》（《姚从吾先生全集》第四集）及专题论文数十篇，专题论文研究的课题主要有两类，一类是蒙古人的政治制度与文化，一类是蒙古统治中原的政策演变和汉人的因应态度。蒙元史料的整理与研究方面，他最重要的贡献是与札奇斯钦合作完成的《汉字蒙音蒙古秘史新译并注释》，这是第一部我国学者据汉字音写蒙文译成汉文的全译本，在《蒙古秘史》研究中占有重要地位。无论《辽金元史讲义》或专题论文，都贯穿着他重视史料批判的治学方法——从文献资料的分析入手，与史事的考述紧密结合起来，列举多证以阐明一事一理，头绪清楚。他对历史上中原汉文化与边疆民族文化的文化融合有独到见解，提出"国史扩大绵延观"，这与他兼治辽金元三史显然有很大关系②。

① 详参李钟湘：《西南联大始末记》，收入钟叔河、朱纯编：《过去的大学》，长江文艺出版社2005年版。
② 相关内容，可参白寿彝总主编：《中国通史》第八卷，陈得芝主编：《中国通史》第八卷《中古时代·元时期》中"20世纪中国蒙古史研究述略"部分，上海人民出版社1997年版；罗贤佑：《20世纪中国蒙古史研究述略》，载《民族研究》2000年3期；萧启庆：《姚从吾教授对辽金元史研究的贡献》，《元代史新探》，（台北）新文丰出版公司1983年版。

1949年后的相当一段时期内，中国的蒙元史研究形成了两大团队。在大陆，翁独健、韩儒林、邵循正、杨志玖等继续在高等学校从事研究和教学，在培养人才和组织、指导研究工作方面发挥了很大作用，后来在蒙元史领域最活跃的一批学者多出于他们门下。这个阶段的重要学者还有余元庵、蔡美彪、刘荣焌、贾敬颜等，其中方龄贵、杨志玖、杨冀骧等均为姚从吾在联大时的弟子。而在台湾地区，蒙元史研究也有很多成就，这首先应归功于其开创者姚从吾。韩儒林、翁独健、邵循正皆问学于伯希和，出手不凡，后被大陆推为元史三家，惜俱后劲不足；而姚氏浮海渡台后，"成绩丰硕，且引领风气，海外扶余，亦足以王也"①。姚已成为此时台湾首屈一指的蒙元史健将。与傅斯年、毛子水等一样，姚从吾也是胡适麾下的一员大将。1959年1月28日，胡适特地致函姚从吾："我送史语所图书室的书之中有：日本影印的《永乐大典》五册；《蒙汉字典》二册。这些书也许于你有用。"②

三、姚从吾在西南联大

姚从吾在西南联大培养了一批人才，其中尤以蒙元史研究者为最③。其中最有成就者之一为方龄贵。方龄贵1938年考入西南联大，曾立足于当作家，因以为历史系是培养作家的，所以选择了历史系，但在历史系听到姚从吾讲辽金元史、邵循正讲元史后，乃转攻史学，决心专攻蒙元史。按联大的规定，历史系学生除必修中国通史、西洋通史、中国近代史外，还要选修两门断代史，方龄贵却选了四门——宋史、辽金元史、元史、明清史。其中最使他感兴趣的是辽金元史和元史。大学三年级他选修了姚从吾开设的辽金元史，四年级又选修了邵循正开设的元史。大学毕业做论文时，他敦请邵先生做导师（当时邵循正教元史）。邵循正慨然应允，并定了"元代边徼诸王叛乱考"这个题目。1942年历史系毕业后，方龄贵考取了北京大学研究院文科研究所史学部，其两位导师就是姚从吾教授和邵循正教授。

姚从吾在西南联大历史系开设过宋史、辽金元史、中国史学史、史学方法等课。历史系原有中西交通史一课，由向达先生主讲，并不属姚分内之事。1943年初，向先生应邀参加西北史地考察团，任历史考古组组长，即将成行。中西交通史

---

① 参胡文辉：《地角星独角龙邹渊姚从吾》，收入胡文辉著：《现代学林点将录》。
② 《致姚从吾》，《胡适书信集》下册，北京大学出版社1996年版，第1372页。
③ 方龄贵：《西南联大是我一生的精神家园》，《南方都市报》2007年4月4日。

是全学年的课，上学期的课已结束，下学期的课无人来接，系主任雷海宗排课时十分为难。姚从吾为顾全大局，毅然不计中途接课的困难，挺身而出，把课接了下来。姚开设中西交通史乃平生第一次，也是仅有的一次，一时传为佳话。

姚从吾和邵循正两位导师在教学上实行分工指导，二人各有千秋，相得益彰。两人有明确分工，邵循正开设讲座授课，姚从吾则具体指导。姚从吾于《蒙古秘史》研究的博大精深，可于《姚从吾全集》所收有关论文六七篇及与札奇斯钦合著《汉字蒙音蒙古秘史新译并注释》见之。抗战期间，后方图籍紧缺，姚从吾教方龄贵习读汉文史料，不但把自己案头常用的四部备要本《元史》相赠，要他认真点读，还把其夫人从北平寄来的叶刻本《元朝秘史》、《蒙兀儿史记》长期借给他披览，指点他如何正确对待史料的搜集、整理、辨伪、运用。姚从吾最注重史料的搜集。他要求弟子凡有述作，必须尽量用原手史料，即第一手史料；万不得已引用转手史料时，必须注明出处，切忌直接称引。在给弟子们讲授的史学方法课中，论史料的部分占了很大比重。姚还规定弟子每星期三下午向他汇报读书心得，呈交读书笔记和对《元史》的圈点，见弟子偶有失误，立即检出指正，弟子有问题大都可以随时提出，问难决疑均能得到姚满意的解答。

姚从吾对学生的生活也十分关心。抗战期间，物价飞涨，研究生的津贴根本不够用，他知道方龄贵举目无亲，除同意方龄贵在中学兼课外，还设法让弟子在他所主持的中日战争史料征集委员会帮助翻译一点日文资料，以此取得若干报酬；此外还在西南联大师范学院文史地专修科为方谋到一个半时教员的位置，通过讲课，一方面进行教学实践，同时也增加一点收入。方龄贵的研究生论文《元朝建都及时巡制度考》就是源于姚从吾的创意，又与邵循正共同商定并在其指导下完成的。1945年，邵赴欧讲学，指导的重任落在姚一人身上，直到联大结束复员北返。1946年5月，由姚从吾主持，聘请雷海宗、徐炳昶、毛子水、向达、唐兰、吴晗等人组成答辩委员会，通过论文答辩，授予方龄贵硕士学位。1945年方龄贵结婚，主婚人即为乃师姚从吾。方婚后留在昆明，姚为安排弟子的工作，又不辞劳累奔波，携其拜晤云南大学文史系主任徐嘉瑞，从此方在云大任教。北返前夕，姚还把手批的《辽史》、《金史》、《宋史纪事本末》等书赠给弟子。这几本书，连同姚从吾生前见贻的《元史》一起，至今一直珍藏着，成为方龄贵的"镇室之宝"。姚从吾去台湾以后，解放以前还来信叫方龄贵给他买书，解放后则再无联系。方龄贵因家庭原因留在昆明，日后成为云南师范大学教授兼系主任、校图书馆馆长。

姚从吾门下的另一名高徒为杨翼骧。1936年，杨翼骧考入北京大学史学系，在一年级的几门必修课中，即有姚从吾的历史研究法。杨在中学不曾听过这类课，此时听起来觉得新鲜也很感兴趣。杨翼骧于1939年9月到西南联大历史系复学。1940年姚从吾在西南联大首次开讲中国史学史课，杨翼骧兴奋不已，终于找到了可以指导自己的老师。于是上第一堂课时，他就将所写《晋代的史学》带给姚从吾审阅。过了几天，姚把文稿还给他，并说："现在研究中国史学史的人很少，你既有兴趣，很好，以后要继续学下去，多读书，不断积累材料，增长知识，进行研究。"又问："你这篇文章中有个《晋代史官表》，是根据什么做成的?"杨答："这个史官表，是我把《晋书》从头到尾检阅了一遍，凡是当过著作郎、佐著作郎的人，都一一记下姓名及其任职时期，按先后顺序排列出来的。"他说："单凭《晋书》的记载是不够的，在这个基础上，还要从其他书籍中广搜博采，继续补充，力求齐全。这是一项极为细致的统计工作，前人没有做过，你若能做出来是很有意义的。"又说："你这篇文章的内容不够丰富，还要多读书，等积累的材料多了，再重新写一遍拿给我看。"经过乃师教导和指点，杨开始知道了必须掌握充分的材料才能进行研究，感到自己的习作实在太浅薄，还必须多读书，用较长的时间继续补充和修改。

　　姚从吾很欣赏他的志向，鼓励他坚持史学史的研习，并给予认真的指点。从此，虽独学无友，寂寞备尝，但杨翼骧始终不改初衷，坚定地以史学史为研习方向。姚从吾在联大讲授中国史学史课的内容是以史家为主，每一讲都是以人名作标题，如第一讲"孔子与左丘明"，第二讲"司马迁"，第三讲"班固、陈寿与范晔"……每讲一个人，最后总有几句简短的断语，抒发他自己的见解，说得很生动，给人以深刻的印象。如"司马迁学识渊博，才华横溢，前无古人，后无来者，到现在已过了两千年，在史学史上的地位还没有人能与他相比"；"班固开创断代史，在史学史上立了头功，后来的人都学他，但无论是私修或官修，写出来的书都比他差得多"；"司马光因反对王安石变法，在政治上长期不得志，才能写出《资治通鉴》这部传世不朽的名著。如果他政治上得意，早做了宰相，就写不出来了，这是史学史上的大幸"；"章学诚是个很笨的人，但他肯下工夫，也能有很大的成就；聪明人若不下笨工夫，也不会有成就"。此类演说，似可见出姚氏对政、学两界之事均非外行，事实亦然（详后）。当时还没有以史学史命名的专著出版，他以渊博的学识，勇于开这门新课，且自出心裁，编写了比较详细的讲授提纲，实在令人钦敬[①]，杨翼骧从中受益良多。在1949年以前杨翼骧已写出了《司马迁记事求真的

[①] 宁泊：《史学史研究的今与昔——访杨翼骧先生》，载《史学史研究》1994年第4期，修订稿见http://202.196.33.227/CRFDHTML/r200801002/r200801002.9455b4.html。

方法与精神》、《班固的史才》、《三国时代的史学》、《漫谈历史的研究》等一系列史学史研究论文，成为当时年轻的史学史研究者。1949年以后，杨翼骧继续从事史学史研究，并首次在北京大学史学系开设史学史课。杨翼骧从1950年代起，参与了一系列史学界热点问题的讨论，发表了一些引人注目的学术见解①。

也正是在向达与姚从吾等人的引导下，在北大当研究生的杨志玖于30年代末开始从事元史研究。他当时选择了元代回回人作为研究课题，写成论文《元世祖时代汉法与回回法之冲突》（未刊），并相继发表《回回一词的起源和演变》、《赛典赤·赡思丁生年问题》、《元代回汉通婚常例》等文，日后成为一代名家。

与胡适、傅斯年等师友一样，姚从吾亦矢志于做"学阀"，但颇能欣赏人，不但对同辈学人甚为自谦，就是对青年学者和及门弟子也非常尊重。他素来强调："学生的学问最后应该超过老师才对。"他是这么说的，也是这么做的。邵循正属姚从吾弟子一辈，在联大也只是青年教师，但姚从吾对这位后生颇为欣赏。他讲到《蒙古秘史》时，曾屡道及邵循正对《蒙古秘史》有很好的研究，特精于对音之学，让方龄贵多向邵先生求教，其乐道人善如此。有一个晚上，邵循正在西南联大作学术讲演《元遗山与耶律楚材》。邵循正虽年资尚浅，但才学过人，闻讯前来听课者仍属不少。教室里坐满了人，其中就有罗常培、毛子水、吴宓等教授，姚从吾也来了。不料开讲不久就电停灯熄，邵循正离开手拟的提纲，摸黑继续讲下去，旁征博引，有声有色，黑暗之中听者鸦雀无声。讲演快结束时电灯亮了，全场掌声雷动。姚从吾晚年在台湾所撰《漫谈元朝秘史》一文中，对邵循正、韩儒林在《蒙古秘史》研究上的贡献仍然赞誉不遑②。1939年姚从吾在昆明《益世报》副刊《读书》上发表过《说叶刻本元朝秘史中的固姑冠》一文，主要从史料上论证蒙古语"孛黑塔"即固姑冠，于是北大文科研究所青年教师吴晓铃就此问题与姚从吾通信讨论，并在香港《星岛日报》副刊《俗文学》上接连发表《说罟罟》、《说罟罟补》两文。姚对此颇为称赏。在杨志玖听讲的辽金元史班上，当谈到固姑冠问题时，姚从吾避而不谈自己那篇《说叶刻本元朝秘史中的固姑冠》，却大力推荐吴晓铃的《说罟罟》和《说罟罟补》，延誉不置，说那是两篇不可多得的好文章，要学生们找来细心拜读。这事让弟子记了一辈子。其气度使弟子们为学不敢自苟，偶有所作，于史料必力求徵引原文，不甘转贩，对前修时贤所说，凡有可取也未尝掩善，差堪自

---

① 宁泊：《史学史研究的今与昔——访杨翼骧先生》，载《史学史研究》1994年第4期，修订稿见http://202.196.33.227/CRFDHTML/r200801002/r200801002.9455b4.html。

② 方龄贵：《我和蒙元史研究》，见方铁、邹建达主编：《中国蒙元史——学术研讨会暨方龄贵教授九十华诞庆祝会文集》，民族出版社2010年版，第374页。

慰。清华史学系丁则良1938年8月毕业时,姚从吾致函傅斯年:"清华史系毕业生较多,定以丁君则良为第一。彼同学舆论如此,寿民(刘崇鋐)兄数以为言。"信中还谈及丁则良的毕业论文:"说到《秦桧传考》作者丁君则良,据弟所知,他是反对秦桧的,彼意谓:秦桧误国之罪有三:(一)言行前后不一致,其主和不是为公,而是揣摩投机;(二)和议以后粉饰太平;(三)诛戮不必要的异己。"①丁乃清华学子,并非姚的嫡系门生,且研究领域亦有所分殊。按理,姚大教授完全可以不必如此关注,但此公却摒弃门户之见,极力提携后生,爱才之心,不难相见。

然而,毋可讳言,姚从吾在联大人之中亦非毫无微词。姚从吾因与朱家骅有前后留德以及在北大求学、任教等"学缘"关系而深得朱家骅的信任。姚与朱同岁,但姚对朱执弟子礼,敬重有加。当朱家骅代理三青团书记长(1938年7月至1939年8月)时,姚被任命为联大三青团筹备主任。姚从吾提出了"教师入党,学生入团"的思路②。当然,姚从吾在给朱家骅的信中,亦几次表示他不愿过多从事党务和团务工作的理由,理由之一便是考虑到他个人的学术兴趣。他说,如果一旦能脱离团务的工作,"将专心研究辽宋金元史,收辑中日战争史料,一以求明了祖国已往战胜外患之故,一以谋依前所呈计划书,将所收史料,分区汇成长编,以供国史之采择"③。姚虽然对朱家骅说,"长者之召,理应即行",但考虑自己的声誉,他还是希图与政治保持一定的距离。他想独立于党派之外,既要保持自己学者的名义,又要开展国民党党务,就必须运用学术的手段,即所谓"寓宣扬主义于研究"④。1945年国民党六大召开前夕,朱家骅与陈立夫联名向蒋介石推荐了98名"最优秀教授党员",联大有多人在列,姚从吾亦在其中。⑤

此类政治活动不仅势必牵扯其精力,而且对其声誉不无妨碍,如何兆武即认为

---

① 丁则勤、尚小明编:《丁则良文集》,清华大学出版社2009年版,第472页。
② 《朱家骅复姚从吾函》(1939年8月3日),转引自王奇生:《国民党在民国大学里的组织活动》,收入王奇生著:《革命与反革命:社会文化视野下的民国政治》,社会科学文献出版社2010年版。亦可参王奇生:《战时大学校园中的国民党:以西南联大为中心》,载《历史研究》2006年4期。
③ 朱家骅档案,宗号95,册号1,转引自前揭王晴佳文。
④ 《姚从吾1945年给朱家骅的信》,朱家骅档案,宗号356,册号2,转引自前揭王晴佳文。
⑤ 当时的"教授入党"问题有较为复杂的历史语境,对此,似宜做比较中性的理解。客观上,国民党在当时属于执政党,直到抗战中前期,还在国民中有一定的影响力;更重要的是,在抗战时期,国民党又推行了相关政策,明确要求各国立大学校长以上者入党。因此,当时主要国立大学校长,几乎是清一色的国民党员;院长以上者中,相当一部分也是如此。必须注意的是:这并不意味着上述人物都完全服膺国民党的政治理念,更不意味着他们就参与了实际的政治活动。事实上,就理念上说,国民党的主流思想当为"三民主义"(其中不少人也不乏国家主义的思想倾向);而学院派人物,则以自由主义者居多——尽管二者的思想都是以民族主义为基调的。再者,思想本身之间盘根错节、脉系复杂,即便同属一谱系的人物,其思想在深层次上亦往往有多有歧异;而不属同一谱系者的思想,在某些方面倒往往不无相通处。因此,思想脉络上的关联,往往并非泾渭分明、非黑即白。相关情况可参赵奎松:《抗战后初期国民党人反共心态素描》,载凤凰网,http://news.ifeng.com/history/zhuanjialunshi/yangkuisong/201001/0122_7341_1522082.shtml;谢泳:《从〈观察〉的言论看四十年代大学教授的精神状态》,收入谢泳著:《逝去的年代——中国自由主义知识分子的历史命运》,文化艺术出版社1999年版;杨奎松:《跳出成王败寇逻辑思考国民党的失败》,载《东方早报》2009年12月7日;王奇生:《蒋介石反对强制教师集体入党 认为"不相宜"》,见深圳新闻网,http://www.sznews.com/culture/content/2010-07/13/content_4746207.htm;王宏志、闻立树主编:《怀念吴晗:百年诞辰纪念集》,中国社会科学出版社2009年版;等等。

姚"口才不好，讲得不好。不是很受欢迎。但从不点名，自己借书看"①。一般的联大学子则如此描述姚从吾："以前北大的历史系主任，年纪已经快五十了，但身体仍是很好。教宋史和史学法，研究蒙古史很有心得，是德国留学生，上课时候讲书很杂乱，同学都不大愿意上他的课。同时不大注意周围所发生的事情，因此也就不能跟着时代前进，学校当局规劝，压迫同学复课，姚先生也很高兴的来了，但每当和历史系同学讲话的时候，大家才发现他对"一二·一"运动的前后过程毫无所知，有心人所放出的中伤的谣言倒听了不少。这情形对于一个历史学者倒是个大大的讽刺，大概中国历史上很多历史家都是如此生活的罢，姚先生正可以振振有辞的说：古已有之了。"②姚本人对此又作何解，不得而知。但从文化人格上说，姚从吾与乃师胡适等相异，而与钱穆、冯友兰等相类。他们都较多地保留了传统儒生的价值取向：一方面有专业上的关怀，希望"成名成家"；另一方面又不乏现实关怀，易有"为王者师"的倾向，即学问与事功兼顾，"立言"与"立功"并举。当然，姚从吾尚非其最典型者而已。

早年姚从吾性情拘谨，少有逸闻趣事。姚从吾结婚甚晚，直到联大时才告别单身。在姚从吾的婚礼上，胡适证婚，顾颉刚和吴宓为介绍人。女方便是当初狂爱吴宓而不得的陈绚。吴、陈颇有特殊情谊。前几月，吴宓还因此缘分跟胡适的老婆、儿子在全聚德大吃大喝。可是，几个月后，陈绚在宴会上对吴宓"殊落寞而沉默，未嫁时力求亲近之情形不留余影矣"。又过一个月，吴宓居然记不住自己是媒婆，数落道："陈绚则嫁与胡适部下之姚君，虽未请宓宴于其家，其必恒与胡适夫妇及毛子水周旋无疑也。"③

四、狐狸、刺猬在台岛：李敖与姚从吾

在20世纪后半叶的台湾，姚从吾以学院派专家面世，而李敖则以思想家、批判家见称；姚从吾谨严老成，而李敖快意恩仇；一个宛若是刺猬，一个好似狐狸。按说人以群分，道不同者不相为谋，但有意思的是二人之间居然颇有交集。从1956年大二学生李敖开始选姚从吾的辽金元史课开始，这位猖狂好斗的青年就与这位壮实

---

① 何兆武口述、文靖撰写：《上学记》，三联书店2006年版，第114页。
② 西南联大除夕副刊主编：《联大八年》，西南联大学生出版社1946年印行，第183～184页。
③ 范旭仑：《吴宓和胡适的故事》，《新商报》2006年2月17日、24日。

而白发苍苍的前辈结下了缘。当然，早在中学时代，李敖即已闻姚从吾之名了。

对青年李敖产生了重要影响者有几个人：胡适、殷海光、姚从吾等。他们大都是北大出身。胡适之后，在台湾继承了自由主义衣钵的是殷海光。李敖曾夫子自道："我在台大时，所佩服的在台湾的前辈人物，只是胡适、殷海光而已。"在做人方面，殷海光对李敖的影响更大，李敖在接受美国《花花公子》杂志采访时说："做人方面，殷海光比较能够维持自我，愈来愈进步。"李敖是思想型人物，对正经八百的学院派人物极为恼怒。他对唐君毅、牟宗三等颇不以为然，对钱穆、余英时师徒等更是时予大骂。但他对同样属于学院派的姚从吾颇能相得。李敖与殷海光初次在台大文学院见面时，恰好姚从吾走过。殷海光叫住姚从吾，指着李敖说："此一代奇才也！"姚从吾立刻回答说："你们两个都是奇才！"与其说他们两人是"奇才"，不如说他们都是"斗士"，是民主和自由的斗士。

李敖之父李鼎彝是"五四"时期的北大人。正是北大的精神气质，使他与黑暗的中国现实格格不入，一生郁郁不得志，最后累死在中学讲台上。不媚上、不傲下、不委屈求全，酿成了李鼎彝一生的悲剧，也成就了他让人景仰的品格。李鼎彝去世时，台北有两千人来参加他的公祭，而他仅仅是一个普通的中学语文教师。在父亲的葬礼上，李敖坚持改革传统的仪式，"当众一滴眼泪也不掉，真有我老子的老师所写的'横眉冷对千夫指'的味道"。李敖因此背上了"不孝"的恶名。于是外间流传着一种说法："李敖把他老子气死了！"一日，李济向姚从吾说："听说李敖跟他父亲意见不合，最后把他父亲气死了。"对此，也是北大毕业的姚从吾反驳说："这我还是第一次听说。我知道李敖的父亲是我们北大毕业的。北大毕业的学生，思想比较容忍、开通。李敖的父亲若能被李敖气死，他也不算是北大毕业的了！"

而在李敖看来，姚老师"最亲切和蔼"[①]。他挺着一个大肚皮，讲课时最喜用手去揉搓，揉着揉着，那话就从肚皮里"揉"出来了（当然，那教"三民主义"的黄季陆教授更绝，黄教授进教室是先见肚子，那身体还有大半天才进得来）[②]。姚从吾有个老习惯，他年纪一大把却满口自称"兄弟"，一口一个"兄弟我"如何如

---

① 李敖：《"北土非吾愿，东林怀我师"——回想姚从吾老师》，转引自http://www.leeao.cn/forfashion/leeao/zizuan/yaocongwu.htm。

② 参张伯敏：《往事忆趣》，《中央日报》1968年5月4日。

何。第一堂课下来，小伙子们心里发毛，不知如何是好。女生们则众口大呼：他那么老，被他称"兄弟"，多倒霉呀！正值妙龄的年华，被姚老的谦虚拉成了"同辈"，岂不"冤枉"？谁愿意有这么老的"兄弟"呢？

李敖与姚从吾有事通信时，李敖总是恭恭敬敬地落款："学生李敖敬上。"而姚从吾的信，先是称"李敖同学"，后来则是"敖之吾弟如晤"，谦和得超出了常理。再后来，李敖也老实不客气，时常调侃自己的"姚老师"，说他"满口乱牙"，且"每颗都很大"；"拙于口才，讲话时先是张开奇厚的嘴唇，下颚乱动，满口乱牙翻滚，然后发音，我心想物理学上光比声快，此之谓也。他的声音中气十足，道地是河南男低音，配合上他那厚实朴拙的造型，俨然一副中原老农相。他冬天穿两种衣服，一件是灰色西装上衣，衣奇大，是从估衣市场买来的旧货；一件是阴丹士林长袍，长袍下有白衫裤，白衫裤与短袜子间永远露出一截小腿。说来也许奇怪⋯⋯但我总觉得，在学问上，他对我的影响极为有限⋯⋯姚从吾老师天资不高，在学问上，虽然与他的际遇和努力不太相称，但他在学问以外方面，对我倒启迪颇多、帮助颇多，令我一生感恩难忘。"

吴相湘在回忆乃师时记下了一则掌故[①]：

> 开封沦陷后即思脱身之计，先将面粉十余斤炒熟盛于一布袋，另购王瓜若干，并将在德国购置之金挂表及安全剃须刀分藏于二大馒头内混于十余馒头中，化装为一老农，然后与三五河大学生乘夜混出城外，向东步行，遇难民甚众。从吾师虽居留北平及旅德多年，而乡音未改，头发斑白，随行学生均以老公公称呼，未引起他人注意。沿途以王瓜解渴，面粉馒头充饥。当时决心如被共匪发现身分，即用安全剃刀割颈以免受辱。开封归德途中，历经战火，十室九空，夜宿破屋，蚊虫丛集，白昼夏日高照，困苦可以想见，幸从吾师以最大勇毅精神度过此一长程，终安抵归德，询知国军周碞所部驻守，即往拜访，遂获护送至徐州。从吾师原有每日刮须习惯，今自开封沦陷即未用剃刀，到徐州时照镜见满腮于思，曾摄影留作纪念，剩余炒熟面粉也曾携至南京存纪念。

李敖读到此处，不禁大笑："姚从吾老师根本就是一老农的造型，又何须化装啊！""我说姚从吾老师一副中原老农相，这副相其实救了他。他在河南大学校长

---

① 吴相湘：《姚从吾师尽瘁史学》，载台湾《传记文学》，第十六卷第五期，1986年版。

任上，共产党陷开封，他在乱军之中能够逃走，吉人农夫相之故也！"①

身为助理的李敖，日后忆及乃师，还不忘调侃道，姚"是辽金元史专家，非常用功，最后死在书桌上。但是他太笨了，他看书，就好像一只狗熊进到玉米园里，折一根玉米夹在腋窝下，左摘右丢，弄了一夜，出园时还只是腋窝下那一根"。当然，他也不会不明白："姚从吾老师虽然厚实朴拙，但在生活经验上并非笨伯。傅乐成跟我说：'我伯父（傅斯年）说老姚愚而诈，他们河南人都愚而诈。'我听了大笑。我说姚老跟我说，他从开封逃难出来第一天，他走得很慢，并且很早就休息不走了。同行的河南大学学生们都埋怨他。他说你们不读《水浒传》，逃难一开始不能走得太猛，平常不走这么多路，第一天就猛走，第三四天就走不动了。所以一开始要慢走少走，以后加快加多才能走完。我说姚老在生活经验上，既不愚也不诈，虽然他实在不是做学问的料子——他在做学问上太不聪明了。"

李敖曾一度落拓，却依旧独往独来，不无幽默。在一篇《独身者的独白》中，李敖写道："心想既然'时不我与'，'女人不我与'，何不就此提倡独身主义？一个人一生中不像培根那样提倡一阵子独身主义，就好像维纳斯丢了那条胳膊一般。换言之，一个堂堂七尺大丈夫如本文作者，一定要花他生命中的一段时间去恨女人恨家庭不可，无娇娃可藏、无孺子可教、无脸色可看、无小心可赔、无冤大头可当……而孑然一身，独与天地精神往来，遨游于无何有之乡、广漠之野，纵浪大化以自适其适，这是何等气魄煞何等境界煞！""对我把烟一丢，拍案而起。独身不但可无妻儿之累，而且可益寿延年：牛顿没结婚，可是活了80岁；康德没有老婆，活了84岁；米开朗基罗打了一辈子光棍，却享年八十有九。独身之为用大矣哉煞！既可使'蒙主宠召'延期，又可兼做伟人，无怪乎老祖宗们要以'君子必慎其独'来垂训吾等了煞。"1961年3月12日，《联合报》上登出此文。看到文章变成铅字，李敖大为高兴。他兴奋地把报纸拿给姚从吾看，不意姚脸色大变，激动异常，不客气地说："做助理不可以在外发表文章！"见李敖还不理解，他又说："一句话，要发表文章大家就算了。"姚从吾发脾气了，李敖脾气也上来了。凭什么管人家发文章，不就是因为屈居人下吗？李敖当即表示请辞之意。不干了，总可以吧？姚从吾把话缓下来，改口道："你写就写吧，但是不要告诉我。"

姚从吾看不惯李敖那些文章，而李敖则看不惯这个"老派人物"的思维方式，冲突自然难以避免。一天，姚从吾语气严厉地问李敖："你为什么在小报上发牢

---

① 李敖：《"北土非吾愿，东林怀我师"——回想姚从吾老师》，http://www.leeao.com.cn/forfashion/leeao/zizuan/yaocongwu.htm。

骚？胡先生（指胡适）在医院里看到了，他问我李敖年纪轻轻的，发什么牢骚，整天挖苦女人，不好好搞历史，为什么？"李敖据理力争，维护自己写文章的自由。姚从吾发现李敖没有悔改的意思，自然很不高兴。李敖并不介意，宁可得罪人也不愿讨好人。

1961年8月18日，李敖参加台大历史研究所的考试。笔试轻松过关，面试那天，姚从吾也在座。面对李敖，考官们居然找不出什么像样的题目为难这个熟读历史的出众学生。"主考官"是台大文学院院长沈刚伯，他只问了一句话："你考上研究所，还穿长袍吗？"大家哄地一声大笑，没有人再提问了，李敖轻松地通过了面试关，但他锋芒毕露的个性反复让他陷入困境。一次，困难中的李敖给姚从吾写信，他在信末深情地写道：

　　10个月来，你对我的奖掖，对我生活的安定，是我永远不会忘记的。如果我不是一个忘恩负义的人，我还会永远感激。在我解甲归来刚要涉世的时候，你给了我这么漫长的一段轻松而有益的生活，使我不致做那些纯为了生活而做的与个人兴趣毫不相干的事，使我有限的青春不会掷诸虚它。更可贵的是，你并不因我的工作而说一句责备我的话；也不因懒惰和立异说一句责备我的话……10个月的日子不可谓不长，10个月的包容不可谓不大，10个月的麻烦与操心不可谓不多。10个月了，我如何还能再老下脸皮累你呢？看到你为助理事烦心，我就觉得不安，我觉得现在正是我"请去"的时候了，所以后来当你把每人每月送300元的计划一提出来，我就一口谢绝，我不愿我这样继续累人。

姚从吾接到李敖的信，心情甚为沉重。同时，他又很同情李敖。从内心讲，他太喜欢李敖，也很舍不得他离开。李敖想去教书，因台湾大学文学院院长沈刚伯作梗去不了，其他学校也一时难以进入。姚从吾想来想去，觉得惟一的办法是搞个私下交换，将李敖与台北商业专科学校的老师杨培桂对调，叫杨做自己的"助理"，李敖去台北商专当教师。不料，台北商专的负责人不同意，答曰：杨培桂走可以，李敖不能来，其缺额由学校另外安排。这样，李敖去台大、台北商专教书的计划都落了空。为此，李敖很痛苦，历史研究所的课也不愿意去上了。1961年12月16日，姚从吾想到李敖处境很难，给李敖连写了3封信，并给他1000元钱，托肖启庆送给李敖，还要肖好好劝劝李敖。姚从吾对李敖的关心、厚爱确实感人。姚从吾考虑李敖还未上班，手头肯定很困难，一个大男人，年关到了没有钱，心里一定很着急，就决定送一笔钱给李敖，并好好鼓励他一下。1962年1月29日，姚从吾托人带给李敖1000元，并附一短信，曰："旧历年节，习俗相沿，恐也有种种用项，并奉上积存新台币1000元，聊供需要。在陶先生处工作尚未正式发表之前，区区之数，尚望节用，以免限于困境。往事已过，今后仍应潜心学问，努力考试留学，期为'国'用。"姚从吾想起古人"有才而性缓，定属大才；有志而气和，斯为大智"之名言，又在信后附言说："兄应善用才智，志于大者远者，切勿沾染骂人恶习，尤忌常作辩难文章。像近日一二野鸡学人，下流乱骂，连村妇都不如，自当为戒。若过于放肆，不但树敌太多，亦恐于工作有妨，尚祈三思！"①两天以后，姚又转来陶希圣"拟请李敖同学参加'中华民国开国五十年'文献编辑事务工作，按月津贴新台币一千元"的信。姚从吾和吴相湘又分别致函李敖，嘱期"从此安心工作"，因这一职务"得来亦不易也"。1962年2月1日，李敖去参加文献编辑事务工作会见陶希圣的时候，正是他在《文星》第五十二期发表《给谈中西文化的人看看卜》的同一天。这篇文章已点名攻击到陶希圣。在这篇文章发表前一个月，李敖在《文星》第五十一期发表《播种者胡适》，已先引起各界的重视。这种重视，是对《文星》第四十九期起发表《老年人和棒子》的一贯延续，结果闹了大不愉快②。

> 这个乡巴佬，放洋多年，而仍如此"土气"，一肚子洋墨水，仍不掩其"老农"本色。这也堪称一绝。这就生出了许多故事。学生们见他土土的，乃把"姚土鳖"戏呼为"姚土鳖"。他深以为忌，乃用姚从吾之名代之。

有一次李敖与之合影，洗好后，送他一张，背面题"土鳖老师惠存"等字样。后来一个偶然机会，他再看到照片时，背后"土鳖"两字已被他偷偷涂去，自改为"从吾"。姚老师待子甚严，他的儿子姚大湘在台大地质系念书，在校园远远地看到老子走来，必绕道而过。四十年后，李敖在东吴大学教书时，姚大湘还来听过两堂课，送了他一本《姚从吾先生纪念集》，深情可感③。

到台湾后，姚从吾更多地倾力于研究工作，但仍与当局保持着密切联系，因此，对其有意见者仍不乏其人。台大历史系名家多，如余又荪、方豪、李济、姚从

---

① 详参汪幸福著：《李敖大传》"姚从吾的心血都白费"部分，华文出版社2005年版。
② 李敖：《十三年和十三月》，载《文星》第六十三期，1963年1月1日。
③ 详参李敖著：《李敖快意恩仇录》，（台北）李敖出版社2000年版。

吾、刘崇鋐、劳干、傅乐成、陈奇禄等①。内中有很多分歧,沈、刘思想比较自由;而姚从吾、吴相湘则是国民党的信徒。如其弟子许倬云就说:"他们这批人和国民党的力量常常纠缠不清。姚从吾从外面看来是道貌岸然,白发苍苍,书呆子一个,实际上颇不简单,在西南联大的时候,他已经跟自由分子对着干。西南联大有任何事情发生,他总是在宪兵司令部开会。""为此,我不喜欢姚从吾先生。也许有一点偏见,因为我知道他在西南联大时忠于国民党……我一直对他不喜欢……我觉得他品格有问题,学者不能依附政治力量来做这些事情"②。

同为姚门弟子,许倬云的论敌李敖则曰:"胡适……与姚从吾老师是师生关系,而姚从吾老师正好跟我也是师生关系。1958年,胡适来台,主动安排我和胡适见面的就是姚从吾老师。历史系老师虽多,但跟我关系最深的,不是别的老师,而是他。"③事实上,早在1970年,姚从吾猝逝之际,李敖的老师、姚氏的弟子吴相湘亦说:姚先生桃李满天下,"相湘自信是与吾师关系最密切、最受宠爱的一人,但却是最不肖,愧对师门的一人"④。

来台六十年之际,古稀之年的李敖忆及恩师姚从吾时,这位"老顽童"一改素昔的嬉笑怒骂,转而略有伤感地说:"他希望我成为一个学者,可是我始终没办法像萧启庆博士那样子成为一个优秀的学者,我始终是一个野狐,在学术圈外变成一个野狐。可我知道,当我这个野狐被关到牢里去的时候,甚至高层的知识分子在为姚从吾老师编写纪念集的时候,连李敖的名字都没有人敢写下来。我已经彻底地被出局了。"⑤这番夫子自道,追忆平生职志,寄慨遥深,颇有孤独英雄的况味了。

---

① 梅家玲:《夏济安、〈文学杂志〉与台湾大学——兼论台湾"学院派"文学杂志及其与"文化场域"和"教育空间"的互涉》,载《当代作家评论》2007年第2期。
② 关于此,可参许倬云口述,李怀宇撰写:《许倬云谈话录》,广西师范大学出版社2010年版。
③ 可参陈才生:《李敖这个人》"流民"后裔部分,新华出版社2004年版。
④ 吴相湘:《三生有幸》,中华书局2007年版,第16页。关于此批人物,可参吴相湘:《民国百人传》系列,(台湾)传记文学出版社1979年起出版。
⑤ 王语行:《论李敖:尊前作剧莫相笑,我死诸君思我狂》,豆瓣网:http://www.douban.com/note/47058418/。

"守旧开新"的国学大师：钱穆传略

徐国利

钱穆（1895~1990），历史学家，江苏无锡人。1930年任燕京大学讲师。1931年起历任北京大学、长沙临时大学、西南联合大学等校副教授、教授。抗日战争胜利后，先后任教于云南大学、江南大学。1949年去香港，创办亚洲文商专科夜校，后改名为新亚书院，后又创立新亚书院研究所。1967年夏去台湾定居，任台湾故宫博物院特聘研究员，当选为台湾"中央研究院"院士。其著作编为《钱宾四先生全集》（54卷），台湾联经出版事业公司1998年出版。

钱 穆

一、少年时代的良好教育

1895年7月30日(清光绪二十一年六月初九日)，被誉为"一代儒宗"、中国现代"最后一位国学大师"的钱穆出生于江苏无锡七房桥村的一个知识分子家庭。钱穆原名恩𬭎，字宾四。18岁时，易名穆，语出《尚书·舜典》："宾于四门，四门穆穆。"

生于书香门第的钱穆自幼便受到良好教育。父亲钱承沛是典型的中国传统士人，钱穆在《怀念我的父亲》中说："窃谓《论语》有所谓'文质彬彬'之君子，即如先父，庶堪当之……但先父可谓中国两千五百年来士传统之最后一代，继此后乃不见有所谓'士'。"① 钱承沛因体弱多病三次病倒在乡试考场，遂绝意仕途。于是，他将希望寄托在儿子身上，对他们读书督责甚严。为了让钱穆与他的哥哥能

---

① 印永清：《钱穆》，河北教育出版社2003年版，第50页。

接受好的教育,他不断请好的老师,并三次搬家以改善他们的学习环境。1904年,他又将他们送进荡口镇新式果育小学读书。钱承沛望子成龙,教育子女从无疾言厉色,多作侧面启发。他富有正义感和责任感,守礼义忠节,热心乡族之事,不到30岁时便获得族人的尊敬,族人视其如族长,这为钱穆树立了做人的榜样。不幸的是,1906年他41岁时便因病去世了。临终前,他把钱穆喊到床边嘱咐道:"汝当好好读书。"

从此,母亲蔡氏独自担当起养育儿女的重任。她知书达礼,教子有方,对儿子们的惟一期望是让他们读书立业。她多次婉言谢绝亲友介绍长子去苏州和无锡商店做工,说:"先夫教读两儿,用心甚至。今长儿学业未志,我当遵先夫遗志,为钱氏家族保留几颗读书种子,不忍令其遽尔弃学。"① 她外和内刚,不愿接受他人施舍怜悯,谆谆告诫子女人穷志不能短。每到除夕夜,她总是让钱穆兄弟守在家门等候收账的人,以还清一年的账务。1912年,钱穆开始从教生涯后,与母亲离多聚少,然而只要有机会他总是将母亲接来一起生活。1941年2月,76岁的钱母在苏州去世。远在成都的钱穆无法回乡为母亲殡葬,痛哭一场,并将书斋改名为"思亲强学室"以示纪念。晚年,他忆起母亲养育之恩时深情地说:"先母外和而内刚,其与人相处,施于人者必多,受于人者必少。即对其亲生子女,亦各皆然。常念古人以慈恩喻春晖,每于先母身边,获得深切之体会……八十年来,非先母之精神护恃,又乌得有今日,及今追述,固不能当先母平日为人之万一,然亦何以竭此心所存之万一乎?"②

就这样,父母言传身教所蕴涵的传统人文精神融进他的血液,升华为他的灵魂,转化为超越个人肉体的历史文化生命,由他去承传和发扬光大。他晚年说自己所以要写《八十忆双亲》,"此乃常萦余一生之怀想中者,亦可谓余生命中最有意义价值之所在。余之八十年生命,深根固柢皆在此,非可为外人道"③。

钱穆自幼便受到良好的学校教育。无锡毗邻上海,文化教育十分发达,许多新式学校能将新教育与传统教育糅为一体,教师多硕儒宿学。在果育小学所受的教育成为钱穆人生成长的重要起点。备受师生敬仰的华倩朔曾游学日本,风姿卓美,多才多艺,对优异学生常予奖励。一次,他表扬钱穆写的《鹬蚌相争》妙得题旨,"结语尤如老吏断狱"④,遂将钱穆升到高一年级,并奖励一部《太平天国野史》。这让钱穆兴奋不已,并将书通体读完。顾子重学通新旧,精研历史地理学,钱穆后

---

① 钱穆:《八十忆双亲 师友杂忆》,三联书店1998年版,第30页。
② 钱穆:《八十忆双亲 师友杂忆》,三联书店1998年版,第37页。
③ 钱穆:《八十忆双亲 师友杂忆》,三联书店1998年版,第360页。
④ 钱穆:《八十忆双亲 师友杂忆》,三联书店1998年版,第47页。

来喜治史地"盖由顾师导其源";而顾师称他日后有进"当能学韩愈"的话更是让钱穆心存韩愈,乃至入中学后一意诵韩集,说"余之正式知有学问,自顾师此一语始"①。华紫翔讲古文,自《尚书》迄晚清曾国藩,选录各时代数人名作一篇,使钱穆感到"亦可进窥其所学所志之所在矣"。钱穆以后主张治学要贯通古今和具备历史眼光,反对辞章和义理的门户之见,也是受他的影响。华紫翔讲授曾国藩《原才篇》"风俗之厚薄奚自乎,自乎一二人之心之所向而已"的话更对钱穆产生深远影响,"余至晚年始深知人才原于风俗,而风俗可以起于一己之心向,则亦皆是紫翔师在余童年之启迪,有以发之也"②。华山师因欣赏钱穆的作文,奖励他一本蒋方震译的《修学篇》。书中数十位西欧各国自学成才学者的事迹深深感染了他,他说,"余自中学毕业后,未入大学,而有志苦学不倦,则受此书之影响为大"③。青年老师钱伯圭则使钱穆受到民族主义启蒙。有一次,钱师拉着他的手说,《三国演义》开篇即称天下合久必分、分久必合和一治一乱,这是中国历史走上了错路;如今英法诸国合了便不再分,治了便不再乱,中国以后应该学它们。钱穆听后如受雷电,说:"余此后读书,伯圭师此数言常在心中。东西文化孰得孰失,孰优孰劣,此一问题围困住近一百年来之全中国人,余之一生亦被困在此一问题内……从此七十四年来,脑中所疑,心中所计,全属此一问题。余之用心,亦全在此一问题上。余之毕生从事学问,实皆伯圭师此一番话有以启之。"他所说皇帝不是中国人也令钱穆震惊:"余自幼即抱民族观念,同情革命民主,亦由伯圭师启之。"④果育小学诸多硕学名师的教育给钱穆留下了宝贵的人生财富。他晚年感触极深地说:

  回忆在七十年前,离县城四十里外小市镇上之一小学校中,能网罗如许良师,皆于旧学有深厚基础,于新学能接受融会。此诚一历史文化行将转变之大时代,惜乎后起者未能趁此机运,善为倡导,虽亦掀翻天地,震动一时,而卒未得大道之所当归。祸乱相寻,人才日趋凋零,今欲在一乡村再求如此一学校,恐渺茫不可复得矣。⑤

1907年冬,钱穆考入常州府中学堂。学校监督(校长)屠元博(孝宽)给钱穆印

---

① 钱穆:《八十忆双亲 师友杂忆》,三联书店1998年版,第48~49页。
② 钱穆:《八十忆双亲 师友杂忆》,三联书店1998年版,第51~52页。
③ 钱穆:《八十忆双亲 师友杂忆》,三联书店1998年版,第48页。
④ 钱穆:《八十忆双亲 师友杂忆》,三联书店1998年版,第46页。
⑤ 钱穆:《八十忆双亲 师友杂忆》,三联书店1998年版,第53页。

象最深。他对钱穆十分爱护。第一学期绘画考试,钱穆的画激怒了代课老师,只得了0.2分。学校规定各科须满60分才能升级,任何科目不足40分就要留级。屠师告诫他各科要平均发展,同时说可以将其他科的成绩酌减补给图画科,并要他到绘画老师处请罪,钱穆赌气不去。屠师面带愠色说:"小孩无知,速去别再多说。"成绩发下后,钱穆见国文和历史成绩未改动,却正常升级,遂深深体会到老师的爱心。而钱穆在屠元博寄书斋目睹到这位蒙元史学泰斗的严谨治学风范后一时呆立:"鼓动余此后向学之心,可谓无法计量"①。钱穆还与长己11岁的史家吕思勉结下深厚情谊。吕思勉教历史和地理,待学生宽厚仁慈。一次考地理,有4题,每题25分,钱穆因特别喜欢答有关长白山地势军情一题,考试结束时其他题还没做,按理只能得25分。吕思勉不仅破例给了75分,还写了几页批语,让钱穆感动万分。钱穆走上治学道路后,为讨论今古文经学与吕思勉互通了几十次的长信。1939年夏,钱穆将《国史大纲》的最后校样送给吕思勉校定,吕思勉十分欣赏此书,特别是论南北经济一节,称书中叙魏晋屯田到唐代租庸调演变,"古今治史者,无一人详道其所以然。此书所论诚千载只眼也"②。1949年春,钱穆南下广州,途经上海看望了吕思勉,未想竟成师生永别。师生间这份沿续40多年的情谊成为中国现代史学界的一段佳话。少年钱穆血气方刚。1910年冬,钱穆因学校拒绝四年级学生的课程改革要求,遂退学。屠校长不仅没有过多责备,还帮助他于1911年春进入南京私立钟英中学。在学校,每当晨暮时听到环城军号,钱穆便心仪陆军学生壮肃步态,爱国热情汹涌澎湃。为此,他学会了骑马,期待有朝一日能从军出山海关与日俄对垒,以壮报国之志!10月,辛亥革命爆发。他兴奋不已,准备投笔从戎。然而,混乱的时局迫使钟英中学宣告解散。这样,钱穆没有拿到中学毕业证,便匆匆结束了自己的学生时代。

虽然如此,少年时代父母的殷殷教诲和诸多良师的精心培育,仍为钱穆日后成长为国学大师打下了坚实根基。钱穆的著名弟子、史家严耕望说:

> 读先生《八十忆双亲》与《师友杂忆》两书,虽然中学教育尚未受毕,但幼年在家与中小学七年余,受父祖慈母与诸良师之教益殊多,立己、处人、处事,以及治学根基与方法,乃至娱乐兴趣,一切皆植基于此一时期之优良环境。尤可叹异者,清末民初之际,江南苏常地区小学教师多能新旧兼学,造诣深厚,今日大学教授,当多愧不如。无怪明、清时

---

① 钱穆:《八十忆双亲 师友杂忆》,三联书店1998年版,第59页。
② 钱穆:《八十忆双亲 师友杂忆》,三联书店1998年版,第61页。

代，中国人才多出江南。先生少年时代虽然经济环境极为困难，但天资敏慧，意志坚定，而禀性好强，如此优良环境中，耳濡目染，心灵感受自能早有所立，将来发展，自不可量！①

二、中小学教涯与国学研究的起步

　　1912年，钱穆到秦家水渠私立三兼小学任教。1913年，转入荡口镇私立鸿模学校，即原果育小学。1914年起，还到梅村的无锡县立第四高等小学兼职。1915年，在县四小专职任教。1918年，又回鸿模任教。1919年秋，担任后宅镇泰伯市立第一初级小学校长。1922年夏，转到无锡县立第一高等小学任职。不到一个月，赴厦门集美学校，结束了十年乡教生活。在小学教育中，钱穆开展了丰富多彩的教育活动及实验改革，其中最大的一次是在后宅小学。当时，美国教育家杜威倡导的实验主义教育思想风行一时，主张"教育即生活"和"学校即社会"，倡导通过富有生活情趣的教育来教育儿童，反对"填鸭式"教育。钱穆觉得这与中国传统教育不同，决定作一番全面的教育改革。他理想的初小教育是既使课程规章生活化，又使学生生活课程规章化，融两者为一体，使学生将两者同一看待。具体做法是，先改变课程设置，如废去体操和唱歌课，规定每天上下午必须有体操、唱歌，全体师生必须同时参加，使之成为全校的活动。关于学校规章生活化，他主张废除体罚，不要让学生视学校规章如法律，误以为一切规矩都是外在束缚。钱穆的改革取得了显著成效，泰伯市市长盛赞他说："君等来，校风大变，皆三师善尽教导之功。"②钱穆还大胆探索作文教学的新模式，告诉学生作文只如说话，口中怎么说，下笔就怎么写，要注意观察生活，写出生活真实感受。每次上作文课，他先让学生仔细观察生活中的各种情景，然后讨论和评点，最后写作。生动活泼的作文课让学生感到其乐无穷，教学效果显著。

　　十年乡教，钱穆没有一天放弃读书。他说："自念少孤失学，年十八，即抗颜为人师，蛰居穷乡，日夜与学校诸童同其起居食息。常以晨昏，私窥古人陈编。既无师友指点，亦不知所谓为学之门径与方法。冥索逾十载，始稍稍知古人学术源

---

① 严耕望：《钱穆宾四先生行谊述略》，江苏省无锡县政协编：《钱穆纪念文集》，上海人民出版社1992年版，第106页。
② 钱穆：《八十忆双亲 师友杂忆》，三联书店1998年版，第114页。

流,并其浅深高下,是非得失。"①他讲究读书方法,仿古人刚日诵经、柔日读史,早晨读经和子,晚上读史,午间读闲书,其余时间阅览杂书。他还遵照曾国藩的通读全书法,戒除随意翻书毛病,每书都认真读完。他善于发现和解决读书中碰到的问题。1918年,他读南宋叶适《习学记言》,觉得程朱所定"四书"排序和孔曾思孟儒学道统序列颇不相符。后来,他不断思考这个问题,终于在宋明理学尤其是"四书"学上做出重要贡献。他通过思考清代史家浦起龙《古文眉诠》与桐城派大家姚鼐《古文辞类纂》的文章选纂义法,进而读"唐宋八大家"集,遂悟姚氏所选重文不重学,姚、曾古文义法并非学术止境,"韩文公所谓因文见道者,其道别有在,于是转治晦翁阳明。因其文,渐入其说,遂看《传习录》、《近思录》及黄、全两《学案》。又因是上溯,治五经,治先秦诸子,遂又下迨清儒之考订训诂。宋明之语录,清代之考据,为姚、曾古文者率加鄙薄,余初亦鄙薄之,久乃深好之。所读书益多,遂知治史学"②。他喜欢看《新青年》等新书刊和严复、梁启超、胡适等人的著述。各种新思想,特别是近代民族主义和中西文化优劣论对其文化观和学术道路的形成产生了深远影响。余英时说:"钱先生自能独立思考以来,便为一个最大的问题所困扰,即中国究竟会不会亡国?他在新亚书院多次向我们同学讲演,都提到梁启超的'中国不亡论'曾在他少年的心灵上激起巨大的震动……他深深为梁启超的历史论证所吸引,希望更深入地在中国史上寻找中国不会亡的根据。钱先生以下八十年的历史研究也可以说全是为此一念所驱使。"③知识的积累和能力的提升,使他开始涉足学术研究。1917年,他结合《论语》课教学写出《论语文解》一书出版。他的《爱与欲》和论希腊哲人与中国道家异同的文章均以大号字登在哲学名流李石岑主办的上海《时事新报》副刊《学灯》上。钱穆的苦读勤思为他的学术人生奠定了"安身立命之处",他晚年回忆说:

> 我没有机会进大学,从十八岁起,即已抗颜为人师,更无人来作我师,在我旁指点领导。正如驾一叶舟,浮沉茫茫学海中,四无边际,亦无方针。何处可以进港,何处可以到岸,何处是我归宿,我实茫茫然不知。但既无人为我作指导,亦无人对我有拘束。我只是一路摸黑,在摸黑中渐逢光明。所谓光明,只是我心自感到一点喜悦处。因有喜悦,自易迈进。因有迈进,更感喜悦。如此循循不已,我不敢认为自己对学问上有成就,

---

① 钱穆:《学钥》,序目,(香港)南天书业公司1958年版。
② 钱穆:《宋明理学概述·序》,台湾学生书局1977年版。
③ 余英时:《一生为故国招魂——敬悼钱宾四师》,余英时:《钱穆与中国文化》,上海远东出版社1994年版,第20~21页。

> 我只感得在此茫茫学海中，觅得了我自己，回归到我自己，而使我有一安身立命之处。①

1922年，钱穆远赴厦门集美中学，开始了中学教育生涯。他在学校教高中部和师范部的国文课。他善于将研究心得和成果运用于教学中，讲课得到校长赞许。1923年5月，学校因全国反日爱国斗争引发学潮，许多师生离校，他也离校返乡。秋天，他进入无锡省立第三师范从事国文教学。他的教学不拘成见，充分发挥个人新解，把教学和研究很好结合起来。学校规定国文教师每年要随班递升兼开一门课，依次是文字学、《论语》、《孟子》和《国学概论》。他讲授这些课都结合心得自编讲义，先后编成《论语要略》、《孟子要略》和《国学概论》出版。他以后的许多著述也是根据讲义编订的。在三师，他与叔辈钱基博往来密切，常一起畅谈学术。他说，在中学任教八年同事逾百，"最敬事者，首推子泉。生平相交，治学之勤，待人之厚，亦首推子泉"②。他与教育家唐文治也成了忘年之交。1920年，唐文治创办著名的无锡国学专修馆。两人首次相见便十分投缘，分别时唐老先生以自己写的20余种著作相赠，钱穆赞其"真为余生平所遇一近代中国之典型人物也"③。

钱穆积极探索中国的现代出路，却不愿走政治救国之路。1926年春，有同事鼓动他加入国民党，他深思熟虑后婉拒。1927年秋，他转入由教育家汪懋祖新办的苏州省立中学任教。学校所聘多名师，钱穆资历不深，却颇受器重，刚入校就被任命为校国文课主任教席，教最高班国文并担任班主任。钱穆很喜欢学校的新气象，与校长为树立良好校风共同尽心尽力，结果，校风与初来时迥别。1928年夏秋，事业一帆风顺的钱穆却迭遭丧亲之痛，妻子和新生婴儿相继死去。39岁的兄长钱声一为他料理丧事，又因劳伤过度离世。自此，钱穆担当起培养侄子钱伟长的重任。钱伟长最终成为著名科学家，对叔父的养育之恩铭刻于心，在钱穆去世时挥毫写下这副挽联：

> 生我者父母，幼吾者贤叔，旧事数从头，感念深恩宁有尽；
> 于公为老师，在家为尊长，今朝俱往矣，缅怀遗范不胜悲。

执教中学的八年，也是钱穆学术事业的发轫期。他读书力求广博会通，由集入

---

① 钱穆：《从认识自己到回归自己》，钱穆：《历史与文化论丛》，(台北)东大图书公司1979年版，第449~450页。
② 钱穆：《八十忆双亲 师友杂忆》，三联书店1998年版，第133~134页。
③ 钱穆：《八十忆双亲 师友杂忆》，三联书店1998年版，第140页。

经和子,转归史;治学则以专驭通,由子和经入史,把三者紧密结合,用史学的眼光来研究子学和经学;以考据治史,却超脱于考据之上,显露出以史学为本位的学术风格。其《先秦诸子系年》、《刘向歆父子年谱》轰动学林,为他打开了通往中国现代学术殿堂的大道。

先秦诸子研究是当时的显学,钱穆深受其染。1918年,他就对墨家做了研究,1929年秋,汇总其成果成《墨子》一书。1925~1926年,先后出版《论语要略》和《孟子要略》。1928年夏,作《易经研究》等。他还先后写出《老子辨伪》、《老子杂辨》和《公孙龙子新注》等文章。通过这些研究,他发现先秦诸子及思想与相互关系未能被古人和近人说清,遂于1927年秋着手写《先秦诸子系年》,以澄清这一重大历史问题的真相。1929年冬,慕名来访的史家蒙文通看了书稿,击节赞赏:"君书体大精思,惟当于三百年前顾亭林诸老辈中求其伦比。乾嘉以来,少其匹也。"[1]1930年春,书稿大体完成。此书先考订六国统系,再依据《竹书纪年》等史籍订正《史记》"六国年表"等文献的错误,考订清楚诸子的生平事迹,进而寻求诸子学之间思想的渊源和递变。这种方法破除了学科门户壁垒,将子书与史书会通起来,视子学为史学,并结合当时社会背景研究诸子,与前人研究方法有很大不同。同时,与近代诸多学者抬高道家、墨家和法家不同,他又充分肯定儒家是先秦诸子思想的本源和中心,但又不像传统学术将孔孟之学奉为经学,超然于诸子之上。他说:"(先秦学术)惟儒墨两派。墨启于儒,儒原于故史。其他诸家,皆从儒墨生。要而言之,法原于儒,而道启于墨。农家为道墨作介,阴阳为儒道通囿。名家乃墨之支裔,小说家又名之别派。而诸家之学,交互融洽,又莫不有其旁通,有其曲达。分家而寻,不如别世而观。寻宗为说,不如分区为论。反复颠倒,纵横杂出,皆有以通其源流,得其旨趣,万变纷纭而不失其宗。"[2]书稿完成后,他仍不断作修订,直到1935年才出版。此书被视为先秦诸子和战国史研究的经典之作。顾颉刚称:"宾四之《诸子系年》作得非常精练,民国以来战国史之第一部著作也。"[3]吴相湘说,此书"立一说必推之子、史而皆准,证一伪必考之时地而皆误,诚所谓丝丝入扣。至于辨析之精,引证之博则又极考证家之能事……公平论者咸以钱这一巨著实在是清代考证诸子之学的总结"[4]。余英时称它为诸子学和战国史开新纪元,"它不仅对先秦诸子的学术渊源与生卒年代有了全盘的交代,同时也把幽晦

---

[1] 钱穆:《八十忆双亲 师友杂忆》,三联书店1998年版,第146页。
[2] 钱穆:《先秦诸子系年·自序》,中华书局1985年版。
[3] 顾潮:《历劫终教志不灰——我的父亲顾颉刚》,华东师范大学出版社1997年版,第143页。
[4] 吴相湘:《钱穆阐扬传统文化》,(台湾)《民国百人传》第四册,(台湾)传记文学出版社1979年版,第192页。

了两千年的战国史的真相发掘出来了"①。

《刘向歆父子年谱》是轰动学林的又一要著。1922年，钱穆读康有为《新学伪经考》，对刘歆伪造古文经之说已心存怀疑，此后，对此便多有留意。1929年，他应邀为《燕京学报》撰稿，写成《刘向歆父子年谱》于1930年6月刊发。此文旨在打破晚清以来今古文之争的谬见，排击主宰经学界的今文经学殿军康有为的刘歆造伪说。此文既不从今古文的门户之争入手，也不从经书考辨入手，而是根据《汉书·儒林传》的大量史实，厘清了自西汉宣帝石渠阁奏议到东汉章帝白虎观讲议五经异同120年间经学各家各派的师承家法和经师论学的歧异所在，指出刘歆伪造古文经说有28处不通，打破了清道咸以来今古文之争的门户壁垒。此文刊发后在学术界和大学引起轰动。当时北平各大学开设的经学史和经学通论等讲的都是康有为的观点。此文发表后，各校经学课秋后基本停开。顾颉刚认为今古文经学研究自清末以来到19世纪20、30年代再度成为学术研究热点，"由于钱玄同先生和钱宾四先生（穆）的倡导"②。此书还开辟了"以史治经"和"引经入史"，走学术会通之路的新方向，"现代一般治经学的，通常不讲史学；治史学的人，通常不讲经学。钱先生认为，经学上的问题，亦即是史学上的问题。《刘向歆父子年谱》依据《汉书》谈《周官》、《左传》，他所持的就是这个观点。"③

上述两书都是考据学力作，但钱穆却不以考据学自囿。他承认清代考据对整理古籍有重要贡献，但反对将它等同于史学，称："最其所至，实亦不过为考史之学之一部。"④他从事考据有更高的目标，他考辨先秦诸子年世原是为写《先秦诸子学通论》，写《刘向歆父子年谱》则旨在排除学术研究的门户观念和倡导实事求是的学风。

钱穆是以文化保守主义卓然挺立于中国现代文化思想界的。然而，此时他对中西文化的认识和中国文化现代出路的构想，却游移于传统与现代二重文化认同之间，这在其1927年完稿的《国学概论》第十章"最近期之学术思想"中显露无遗。他对新文化运动张扬的科学方法颇加赞赏，对西方科学力主吸纳，欢迎西方文化在中国引发的文化变革，积极评价近代以来各种新思潮特别是新文化运动及其领袖人物，高度评价胡适的实验主义，称它是新文化运动的哲学根据，是自严复介绍西洋思想以来最有主张和切实影响的学说。对当时的中西文化论争，他反对保守的梁启超、梁漱溟和学衡派，称梁漱溟的《东西文化及其哲学》无细密的历史证据，而胡适"文化是民族

---

① 余英时：《一生为故国招魂——敬悼钱宾四师》，余英时：《钱穆与中国文化》，上海远东出版社1994年版，第91页。
② 顾颉刚：《古史辨》第五册《中国近三百年学术史·自序》，上海古籍出版社1982年版。
③ 何森佑：《钱宾四先生的学术》，朱传誉主编：《钱穆传记资料》（一），〔台北〕天一出版社1981年版。
④ 钱穆：《国学概论》，商务印书馆1997年版，第315页。

生活的样法"的一元文化观"足以矫正梁漱溟氏东西文化根本相异之臆说"。他把学习西方科学当做文化复兴的两个基本条件之一,对新思潮支配下产生的学术有诸多认同,称疑古史学破除一切崇古之见,使学术思想出现新机,但是没有认识到其反传统的本质。同时,他又主张走纳新而不弃故的民族文化复兴道路,强调民族文化在中国现代文化复兴中的本根地位,抨击近代以来否定中国历史文化传统的思想,表现出文化保守的立场。他认为中国的出路在于保存和发扬民族文化,推崇孙中山的"三民主义",称其精神始终在于救国,"舍吾中华民族自身之意识,则一切无可言。此中山先生革命精神之所在,不可不深切认明者也"①。实际上,他的这种"'民族精神之发扬'与'物质科学之认识'并进"的文化复兴论存在难以克服的内在矛盾,因为新文化运动旨在借西方的科学和民主来打倒中国传统文化,他却视其为新文化运动对中国社会的最大贡献;然而,他又主张走民族主义的中国文化复兴道路,批判反传统的文化观。到20世纪30年代中后期,他才摆脱这种矛盾的文化观,而《国史大纲》的写作是其文化保守主义价值观走向成熟的标志。

三、执教北大和步入中国现代学术界

1930年秋,由顾颉刚引荐,钱穆北上燕京大学,开始了大学教育生涯,也步入了学术事业的新天地。燕大是著名的教会大学,国文系汇集了沈士远、郑振铎、马幼渔、张尔田、冰心和容庚等一批才俊之士。当时国文课没有统一教材,讲课内容和方式全由老师作主,老师可以各显其才。钱穆教大学一、二年级国文,选用曾国藩的《经史百家杂钞》作教材。他上课旁征博引,尽情发挥,学生常常沉醉其中。桂系领袖李济深的女儿李素说:"宾四老师精研国学,又是一位渊博多才、著作等身的好老师,采用旧式教授法,最高兴讲书,往往庄谐并作、精彩百出,时有妙语,逗得同学们哄堂大笑。"②不过,他不适应这里浓厚的西方文化气氛。在他的建议下,学校将各种建筑都改用中国名。但是,校园的建筑、教学和管理诸多方面的西化色彩仍让他不能忍受,他感到自己在此仅是一客人,遂离开了燕大。

1931年夏,经顾颉刚再次引荐,钱穆被北京大学聘请。他在历史系上的必修课

---
① 钱穆:《国学概论》,商务印书馆1997年版,第356页。
② 关国煊:《国学大师钱穆先生传》,(台湾)《传记文学》第57卷第4期。

是"中国上古史"、"秦汉史"。他讲课纵横驰骋,声情并茂,极受学生追捧,与胡适一起被学生誉为"北胡南钱"。北大学术和思想自由,师生间能自由平等地探讨各种问题,学生可随时向老师提问和"发难"。这也造成了北大"门派"林立,学生往往各拥一派名教授,对持异己之见的教授常常"发难"。钱穆讲授上古史课,便有学生质疑他不通甲骨文,不应当讲上古史。他回应说:"我不通甲骨文,因此课堂上不讲;但甲骨文外仍有上古史可讲,你们听听如何?"又说:"事有可疑,不专在古,古亦多无可疑者。如某姓钱,此钱姓即属古,无可疑。""余任上古课,若亦疑古,将无可言。" 诸如此类的事使他感慨万千,说:"大凡余在当时北大上课,几如登辩论场。"①成名后的钱穆被北平师范大学、清华大学等名牌大学竞相聘用。1931年9月,"九一八"事变爆发,南京国民政府为加强爱国教育,下令大学设"中国通史"为必修课。北大历史系几经讨论,最终同意钱穆的该课教学由一名教授承担的主张,旨在使通史教学有一通贯主线,学生听后不会觉得头绪纷繁不得要领。该课拟在1933年秋开设,一年讲完,为此,他在寓所附近的太庙找得一幽静茶座,常在午后至薄暮间来此认真编写讲义。他十分重视通史编写的义法,说:"必求一本全部史实,彼此相关,上下相顾,一从客观,不骋空论。制度经济,文治武功,莫不择取历代之精要,阐其演变之相承。而尤要者,在凭各代当时人之意见,陈述有关各项之得失……上自太古,下及清末,兼罗并包,成一大体。"②

  1927年,梁启超出版了《中国近三百年学术史》,风行海内。梁著以清代汉学兴起是宋明理学反动的学术主线来梳理清代学术史,钱穆认为这不能揭示清代学术史的真相。于是,1931年秋钱穆在历史系开设了选修课"近三百年学术史",自编讲义,1937年由商务印书馆出版。他希望通过重新梳理清代学术史,阐明清代学术乃至宋明以来中国学术发展真相,批评近代以来学术界崇尚西方、肆意批评中国传统学术,特别是妄加贬斥宋明理学讲求义理、经世致用和以天下为己任的风气,使中国现代学术走上健康发展的轨道;同时,秉承儒学经国济世的精神,以此彰显晚明诸老严守民族气节的风范,为解救日趋深重的民族危机尽绵薄之力。在《中国近三百年学术史·自序》

初到北平时的钱穆

---

① 钱穆:《八十忆双亲 师友杂忆》,三联书店1998年版,第163页、第164页。
② 钱穆:《八十忆双亲 师友杂忆》,三联书店1998年版,第172页。

里钱穆说:"期编初讲,正值'九一八事变'骤起。五载以来,身处故都,不啻边塞,大难目击,别有会心……亦将以明天下之际,通古今之变,求以合之当世,备一家之言。虽不能至,心向往之。"该著提出了一个全新的清代学术史乃至宋元明清学术史命题:清代汉学渊源于宋学,不知宋学无以平汉学之是非。《中国近三百年学术史·引论》里钱穆说:"治近代学术者当何自始?曰:必始于宋。何以当始于宋?曰:近世揭橥汉学之名以与宋学敌,不知宋学,则无以平汉宋之是非。且言汉学渊源者,必溯诸晚明诸遗老。然其时如夏峰、梨洲、二曲、船山、桴亭、亭林、蒿庵、习斋,一世魁儒耆硕,靡不寝馈于宋学。继此而降,如恕谷、望溪、穆堂、谢山乃至慎修诸人,皆于宋学有甚深契诣。而于时已及乾隆,汉学之名,始稍稍起。而汉学诸家之高下浅深,亦往往视其所得于宋学之高下浅深以为判。道咸以下,则汉宋兼采之说渐盛,抑且多尊宋贬汉,对乾嘉为平反者。故不识宋学,即无以识近代也。"全书对明末到晚清近三百年学术发展三个阶段代表人物的学术思想进行了介绍分析,揭示出此间学术思潮的递嬗演变。钱、梁的同名作在中国现代学术史上同享盛誉,是清代学术史研究的双璧。

这一时期,文化价值观愈益成熟的钱穆开始对疑古史学进行猛烈批评。疑古史学的基本观点是"层累地造成的中国古史",即中国上古史体系实际是由后人不断臆造的传说和神话层层累积造成的。他批驳说:"然上古神话为一事,历史真相又为一事,决不能以上古传说多神话,遂并其真相不问。若上古之真相不显白,则以下必有无从说起之苦。"①旧籍中的古史人物和体系固然无从必证其有,却也无从必证其无,今日至多只能谓此等古史尽属传说,"若此种自古相沿之传说,并非全出后人之伪造与说谎,则古人传说,虽非即是古史真相,亦可借此窥见古史真相之一面"②。顾颉刚还说,中国古书全是由汉代人编写的,为给其政治主张服务而不惜造伪,"汉学是搅乱史迹的大本营"③。钱穆在《评顾颉刚五德始终说下的政治和历史》中却指出,中国古书及思想有一演变过程,汉代并无一个大规模的造伪运动,中国古书大体是可信的,今人不能因为不了解古代制度和礼俗就否认古书真实性。他还指出,古史辨的古史剥皮法虽发挥了新时代精神,不再受经书崇圣、经书无伪观念的束缚,却承袭了其门户之见。为此,他专门写了《周官著作时代考》,指出今古文之分是晚清今古文学家的门户之见造成的,而非历史事实。顾颉刚说,汉人伪造的中国古史系统的基本内容是四种偶像论,即帝系为种族的偶像、王制为

---

① 公沙(钱穆笔名):《评夏曾佑〈中国古代史〉》,《图书季刊》第1卷第2期(1934年6月),第76页。
② 钱穆:《古史地理论丛》,三联书店2004年版,第184页。
③ 罗根泽编著:《古史辨》第四册,顾序,上海古籍出版社1982年版,第21页。

政治的偶像、道统为伦理的偶像、经学为学术的偶像，"于是我们的历史一切被其搅乱，我们的思想一切受其统治"①。既然如此，中国上古史就失去了存在的依据，其危害就是导致了中国历史文化的虚无主义。钱穆在《〈崔东壁遗书〉序》中对此予以严厉驳斥，说儒家为古学一大宗，六经是古籍一大类，两者为古史一大组成部分，可信多于可疑，"谓必舍此二者而后可以求古史之真相，我未见其有当也"；疑古史学根本就走错了方向，"或几于枝之猎而忘其本，细之搜而遗其巨，离本益远，歧出益迷"；若听任其发展，"苟此民族而尽丧其固有之文化，即尽忘其已往之历史，而民族精神亦日萎枯以尽，而其前途之生命亦竭"②。不过，钱穆并非反对辨伪和考据，只是认为其目的不在疑古而在考古，从而建立可信的古史。

　　钱穆喜欢历史地理学，视之为"治古史者一大纲目"③。他继承清代历史地理考据方法和经世致用的精神，对中国古史地名做了详尽考证。他的史地研究起步于古史地名考证，《先秦诸子系年》对古史地名已多有考论，后来又写了《楚辞地名考》和《周初地理考》等。20世纪30～40年代又先后发表《古三苗疆域考》、《黄帝故事地望考》、《西周戎祸考》和《秦三十六郡考》等。1982年他将相关文章汇集为《古史地理论丛》出版。此书通过对古代地名特别是异地同名的考证来探察中国古代各部族的迁徙，帮助人们认清古代，特别是先秦中国政治、经济和文化演进的轨迹，批评疑古史学妄加否定史籍所载古史真实性的风气。书《序》称该书"要为治古史者一大纲目……而所发现，则实为古今所未及"。1941年完成的《〈史记〉地名考》是他考证古史地名的另一要著，他称："该书体裁别出，辞简义尽，篇幅不甚大，而《史记》全书逐一地名已考订无遗……从来为春秋地名考战国地名考者，书已多有，未有如余此书之简净者。"④钱穆史地研究的另一特色是重视从地理环境来说明民族历史文化的演变、特质和相互关系，全面揭示中国西北和东南政治、经济和文化的历史变迁。20世纪30～40年代他写有《中国历史上的南北强弱观》、《战后新首都问题》和《论首都》等要文，晚年又写有《历史与地理》和《历史人物与地理》等要文。此外，其《中国文化史导论》、《文化学大义》和《中国历史研究法》等书还就中西历史文化发展、人类历史文化不同形态的形成与地理环境的关系、中国历史文化的演变和中国人文地理变迁作了系统理论分析，指出地理环境决定人类历史文化的产生和不同历史文化形态的形成是先在的，历史文

---

① 罗根泽编著：《古史辨》第四册，顾序，上海古籍出版社1982年版，第12～13页。
② 钱穆：《中国学术思想史论丛》卷八，安徽教育出版社2004年版，第282、288、288页。
③ 钱穆：《古史地理论丛·序》，三联书店2004年版。
④ 钱穆：《八十忆双亲 师友杂忆》，三联书店1998年版，第234页。

化形成后又具有超越性，两者互为影响和作用。他说，这些思想"本是与中国人向所抱持之天人合一观与性道合一观相通合一"①，中国历史文化的生成发展便是天地和人文、宇宙与人生合一的历史。

20世纪30年代的北平，人文荟萃，学者云集，钱穆与史学家顾颉刚、孟森、蒙文通、陈寅恪、张荫麟，佛教史家和哲学家汤用彤，哲学家熊十力，文学家吴宓，史学家张孟劬和哲学家张东荪兄弟等都有很深的交往。此外，与其"有所捧手，言欢相接，研讨商榷，过从较密者"还有冯友兰、梁漱溟、陈援庵、马叔平、吴承仕、萧公权、杨树达、闻一多、余嘉锡、容希白和容肇祖兄弟、向觉民、赵万里、贺昌群和贺麟等。钱穆感慨地说："要之，皆学有专长，意有专情。世局虽艰，而安和黾勉，各自埋首，著述有成，趣味无倦。果使战祸不起，积之岁月，中国学术界终必有一新风貌出现。天不佑我中华，虽他日疆土统一，而学术界则神耗气竭，光采无存。言念及之，真使人有不堪回首之感。"②

四、在西南联大与撰著《国史大纲》

1937年"七七"事变发生，抗日战争爆发。平津的沦陷迫使许多高校向西南、西北等地迁移。8月，国民政府将南迁的北大、清华和南开大学合并为长沙临时大学，设在湖南南岳，11月1日正式开学。钱穆在双十节后与汤用彤和贺麟等离开北平，辗转南徙，12月初才抵达南岳。1938年2月，战火蔓延到长沙，长沙临时大学再迁昆明，师生分三路内迁，钱穆于4月初抵达昆明。大学迁往昆明后改称西南联合大学。西南联大文学院先设在蒙自，后迁昆明。他在这里继续讲授中国通史。他的课安排在城外楼上一大教室，是联大最大的教室，可坐200多学生。他的课极受欢迎，虽然被安排在周五、周六晚7~9点，可教室总是人满为患，往往是三人挤用一张课桌，还有许多人席地而坐，也有倚靠墙边或坐在窗台的，他往往要从课桌上跨过才能走上讲台。他的课饱含民族爱国激情，常用生动的史实教育学生热爱中华民族悠久辉煌的历史，激励他们的民族自信心，这对身处抗敌御侮中的学生来说，是何等感人肺腑和激励人心啊！

---

① 钱穆：《中华文化十二讲》，（台北）东大图书公司1985年版，第55页。
② 钱穆：《八十忆双亲 师友杂忆》，三联书店1998年版，第181~182页。

在西南联大，钱穆撰写出《国史大纲》这部影响深远的名著，以激发国人的民族自信心，呼吁国民对国史存"温情与敬意"。他曾对西南联大学生说，自己研究中国史"是从'九一八'事变后开始的，就是要探究我们国家民族还有没有希望"[①]。1935年，日本不断在华北挑起侵略事端，他愈益感到研究中国通史的紧迫性。他说，今又值旷古未有之新局，民族存亡之交，"今日所急需者，厥为一种简要而有系统之通史，与国人以一种对已往大体明晰之认识，为进而治本国政治社会文化学术种种学问树其基础，尤当为解决当前种种问题提供以活泼新鲜之刺激"[②]。为静心写作，他特地到昆明东南小城宜良城西伏狮山的岩泉寺租了一幽静别墅住下。经过半年多努力，1939年1月钱穆写出《国史大纲》初稿。该著采用纲目体和章节体相结合的通史编纂新体例，以便读者把握中国历史文化的本质和演进。

该著出版前，他写《国史大纲·引论》发表于《中央日报》。《国史大纲·引论》是全书总纲，阐述了其民族文化生命史学观，对近代各种历史虚无主义、文化自谴论和史学流派作了分析和批判，轰动一时，赞成和反对者展开激烈论辩，"联大自播迁南来，学术讨论之热烈以此为最"[③]。《国史大纲·引论》首先回答了历史的本质、内容、结构和动力。他说："我民族国家已往全部之活动，是为历史。"钱穆认为，社会经济为最下层基础，政治制度为最上层结顶，学术思想为中层干柱，历史事态大体不出此三者之外。全书将中国史分为上古三代、春秋战国、秦汉、魏晋南北朝、隋唐五代、两宋、元明和清代共八编，每编大体分历史事态的三个层面来叙述，并揭示三者在历史发展中的相互关系，以全面和客观展现中国历史的演变进程。他还将中西历史发展相比较，总结出中国历史发展的特征，即"我民族文化常于'和平'中得进展是也。欧洲史每常于'斗争'中著精神"，批判了用西方历史发展模式来衡量和套解中国历史的错误做法。他说，每个民族和国家历史的演进都有生力，"即其民族与国家历史所由推进之根本动力"；也有病态，"即其历史演进途中所时时不免遭遇之顿挫与波折也"，批判那种无视和否认中国历史自有生力，误把中国历史演进"病态"当常态的错误认识。其次，论述了文化、民族和历史的关系，阐明了文化在民族和国家形成中的决定作用。他说："民族之抟成，国家之创建，胥皆'文化'演进中之一阶程也。故民族与国家者，皆人类文化之产物也。"今天的中国仍可抗日建国，正在于中国文化传统没有息绝；我们民族国家之前途仍将于中国文化内获得其生机。他说，民族性在历史中占有重要地位，

---

① 吴沛澜：《忆宾四师》，江苏省无锡县政协编：《钱穆纪念文集》，上海人民出版社1992年版，第52页。
② 公沙（钱穆笔名）：《评夏曾佑〈中国古代史〉》，《图书季刊》第1卷第2期，1934年6月。
③ 李埏：《昔年从游之乐，今日终天之痛——敬悼先师钱宾四先生》，《钱穆纪念文集》，上海人民出版社1992年版，第13页。

毛子水　姚从吾　**钱　穆**　郑天挺　向　达
雷海宗　张荫麟　吴　晗　邵循正　孙毓棠

"治国史之第一任务，在能于国家民族之内部自身，求得其独特精神之所在"。所谓独特精神，即历史的民族性。他特别强调历史知识的致用价值，认为历史知识贵能鉴古知今，贵能培养国民的民族情感。他还分析了近代中国传统派（记诵派）、革新派（宣传派）和科学派（考订派）的史学主张和思想特征，对它们的民族文化虚无主义和历史自谴论作了具体分析和批判，指出新通史的主要任务，"尤在将国史真态，传播于国人之前，使晓然了解于我先民对于国家民族所已尽之责任，而油然兴其慨想，奋发爱惜保护之挚意也"。《国史大纲·引论》最后说，希望以新国史开新纪元，愿此书能成为将来新国史的马前卒。

1940年6月，该著由商务印书馆出版。由于它反映了民族抗战的要求，对激发国民抵御日侮、树立民族自信心发挥了重要作用，出版后轰动国统区。国民政府教育部当时就将它列为"部定大学用书"。严耕望说："此刻抗战正在艰苦时期，此书刊出，寓函民族意识特为强烈，复在重庆等地亲作多次讲演，一以民族意识为中心论旨，激励民族感情，振奋军民士气，故群情向往，声誉益隆，遍及军政、社会各阶层，非复仅为黉宇讲坛一学人。为书生报国立一典范，此点更非一般史家所能并论。"[①]该著也具有很高的学术成就。顾颉刚说，中国通史的书虽出了不少，但较理想的很少，其中较近理想的有吕思勉《白话本国史》、《中国通史》，邓之诚《中华二千年史》，陈恭禄《中国史》，缪凤林《中国通史纲要》，张荫麟《中国史纲》，钱穆《国史大纲》等，"钱先生的书最后出而创见最多"[②]。

五、执教齐鲁、华西、五华与江南大学

1940年夏，在苏州省亲一年的钱穆转聘到成都的齐鲁大学国学研究所；1942年初，接替顾颉刚辞去的研究所主任一职；1943年秋，国学研究所停办，应邀到华西大学任教；同年，又应邀到四川大学任教，直到1946年返回苏州。

齐大国学研究所前后有严耕望、钱树棠（诵甘）、吴沛澜、洪德辉、姚汉源等10多名学生，他们也是助理研究员，兼做所中各种事务。他们长年从事汉唐、两宋和明清学术流派、职官和地理等方面的学习研究，在各自领域已学有所成，师生不啻

---

① 严耕望：《钱穆宾四先生行谊述略》，江苏省无锡县政协编：《钱穆纪念文集》，上海人民出版社1992年版，第114页。
② 顾颉刚：《当代中国史学》，上海古籍出版社2002年版，第81页。

是一研究集团。研究所每周六下午组织师生进行学术研讨,论题各自选定,分组轮流讲演,或作读书报告,由顾颉刚或钱穆主持。钱穆总是鼓励学生要树立远大志向,立志做一流学者。他曾对严耕望等人说:"我们读书人,立志总要远大,要成为领导社会、移风易俗的大师,这才是第一流学者;专守一隅,做得再好,也只是第二流。现在一般青年都无计划的混日子,你们有意读书,已是高人一等,但是气魄不够……我希望你们还要扩大范围,增加勇往迈进的气魄。"①他还告诫学生要走正道,不要追求名利;要学会做学问,更要学会做人;要养成良好生活习惯,注意锻炼身体。

1941年12月太平洋战争爆发和世界大战全面展开,钱穆对西方文化的看法发生了根本转变,"我才知道西方的政治思想也多以偏概全,凭空立论"②。而国内政治形势纷呶,"已有与国外混一难辨之势。而我国家民族四五千年之历史传统文化精义,乃绝不见有独立自主之望。此后治学,似当先于国家民族文化大体有所认识,有所把捉,始能由源寻委,由本达末,于各项学问有入门,有出路。余之一知半解,乃始有转向于文化学之研究"③。此外,《国史大纲》已揭举中国史的大纲大节,故钱穆的兴趣亦从历史逐渐转移到文化问题上。1941年冬,他开始写《中国文化史导论》,1944年完稿。此书通篇都在比照西方文化来谈中国文化,在他看来,历史研究可以仅限史实以明真相,而文化寓有价值观,必双方比较才能知得失。此书基本确立了他文化保守主义的中西文化观。1987年修订版《序》说:"迄今四十六年来,余对中西文化问题之商榷属有著作,而大体论点无越出本书所提主要纲宗之外。"全书系统论述了中国文化形成的自然环境、国家形成与民族融和在中国文化形成中的地位与作用,中国文化在政治、经济、文艺、宗教等方面的思想和精神表现,中西文化的接触、中西文化的优劣及中国文化的更新和出路。此书《弁言》区分了文化和文明,"大体文明文化,皆指人类群体生活言。文明偏在外,属物质方面。文化偏在内,属精神方面。故文明可以向外传播与接受,文化则必由其群体内部精神累积而产生"。就是说,中国能学的只是西方文明,而无法学习其文化。人类文化分游牧文化、农耕文化、商业文化。游牧文化与商业文化同属一类,均起于内不足,需向外寻求,故为流动的、进取的,其人生观或世界观有一种强烈"对立感",于是尚自由和争独立,常表现为征伐的和侵略的。农耕文化为另一类,可以自给而无事外求,为静定的和保守的;它主要依赖自然环境,讲"天人相应"和"物我一体",讲顺与和,常表现为和平的。农业文化有大型和小型之分,中国是历史上惟一大型农国,故其文化发展独得

① 严耕望:《从师问学六十年》,严耕望:《怎样学历史》,辽宁教育出版社2006年版,第274页。
② 钱穆:《中华文化十二讲》,(台北)东大图书公司1985年版,第80页。
③ 钱穆:《八十忆双亲 师友杂忆》,三联书店1998年版,第362页。

四五千年之久。在今天商业文化的冲击下，农业文化产生了危机。不过，大型农国只要与新科学和新工业相配合，仍可保持其安足感。今天有资格领导世界和平的，只有美、苏、中。由于美苏两国传统文化未必为农耕和平的，而中国为农耕和平文化最优秀代表，故如中国能吸收西方科学得以改进，则不仅为中国之幸，也将对世界文化前程和举世和平有绝大贡献。

这一时期，钱穆对宋明理学特别是程朱理学有了新的体悟。当小学教师时，他开始研读宋明语录，深感宋明理学对人生影响重大，但虑其精微广大，未敢轻有论著。在南岳时，他读了明王龙溪和罗念庵的著述后，对王学得失特有启悟，为此后治学"一意归向程朱之最先开始"①。1942年钱穆撰《清儒学案》，对清代关学所著最为详备。1944年春夏间，他借养病的数月时间通读《朱子语类》，后在灌县灵岩山寺避暑又读《指月录》，遂通禅学，数月连读两书，"对唐代禅宗终于转归宋明理学一演变，获有稍深之认识"②。

钱穆热心到各地讲学传道，使学术更好地服务于社会。1941年3月，他前往内迁四川嘉定（今乐山市）的武汉大学讲授中国政治制度史导论和秦汉史一个月。1943年春，又到内迁贵州遵义的浙江大学讲了一个月的中国学术思想史。他还著文衡论时政，为民族抗战和国家前途献言献策。1943年7月，他出版了由20篇讲演和时论文章合编的《文化与教育》一书。这些文章或从文化高度讨论中国的政治和社会问题，或结合中国历史文化进行爱国主义的教育，或直接抒发对当前民主政治的见解，体现了鲜明的经世精神。1945年，钱穆出版另一政论文集《政学私言》，指出中国传统政治思想和制度有其优越性，是中国现代政治思想及制度的来源和命脉所寄，故任何国家之政治必与其传统文化民族哲学相合，始可达于深根宁极长治久安之境地。他说，民主有英美模式，有苏联模式，而中国所需要的民主，"乃为一种自适国情之民主政治，重在精神，不重在格式"③。他的独特见解引起了蒋介石的关注。1942年秋，蒋介石两次到成都召见他；1943年春，又钦点他到重庆国民党中央训练团讲演；1943年冬，他再次受命到重庆复兴关为高级训练班讲学一个月。

1946年，钱穆返回阔别已久的家乡苏州。10月初，又远别故乡，出任昆明五华书院文史研究所所长。他每周到书院主讲中国思想史，主要包括孔子的心学与史学、孟子思想、墨子思想、道家思想、秦汉间之新儒家——《易传》与《中庸》、东汉以下宗教思想之复活、魏晋玄学与南渡清谈、大乘佛学——空宗、相宗与性宗等，

① 钱穆：《八十忆双亲 师友杂忆》，三联书店1998年版，第209页。
② 钱穆：《八十忆双亲 师友杂忆》，三联书店1998年版，第251页。
③ 钱穆：《政学私言》，台湾商务印书馆1967年版，第1页。

内容均发表在《五华月刊》上，后又开设专书选读课，选定七种古籍由学生选习。他还应邀在云南大学讲中国文化史。他在这里主要阅读了宋元明各禅师和金元新道教的文献，写有《读智圆闲居编》和《金元统治下之新道教》等文章，后收入《中国学术思想史论丛》第五、六册。1947年11月，他接受无锡江南大学聘请返回家乡。

江南大学1946年由无锡大实业家荣德生筹办，延揽了哲学家唐君毅和牟宗三，史学家朱东润和李雁晴，历史地理学家王庸等著名学者。1948年春，钱穆来校出任文学院院长。除了教学，他还应上海正中书局约请，选编一部《四部选粹》。他很想利用这个时机，收集史料撰写一部《中国历史新编》，仿郑樵《通志》体例，将中国史分为二十余个门类加以叙述，内容上着意于史料的编排和整理。为此，他将洪廷彦、郦家驹、诸宗海、吴沛澜、钱树棠和吴佩兰等学生召集起来，让他们一边标点古籍，一边抄写资料，然后自己总其成。1949年初，《四部选粹》的标点结束。由于时局骤变，此书未能出版。

这一年间，国内时局动荡，钱穆的生活却颇为悠闲。江南大学新校园建在太湖之滨的山坡上，环境幽美。下午无事时，他便到湖边雇一小船，任一叶扁舟漂泊湖上。国事的动荡、人生的坎坷与湖山的幽美相交汇，时时触发他对自然与文化、人生与社会的无限遐思。适逢浙江大学老友谢幼伟要他替《申报》副刊《学津》写稿。于是，他常常"夜灯坐对，随笔抒写"，从春至夏写出涉及人文与自然、精神与物质、情与欲、理与气、阴与阳、艺术与科学、无我与不朽、历史与神、无限与具足、价值观与仁慈心等内容的30篇意境深邃、清新隽永的哲理性散文，后编为《湖上闲思录》出版。对于这些因"闲思"而得的隽言美文，该书《序》里这样说："我的生活，其实也算不得是闲散，但总是在太湖的近旁，时时见到闲云野鸥、风帆浪涛，总还是有一些闲时光的。我的那些思想，则总是在那些闲时间中透逗，在那些闲时光中酝酿。而且我之所思，实在也与世无补。"①钱穆的"闲思"确是闲时中透逗和酝酿出的，只是并非"与世无补"，而是透露出对中国文化命运的深切关怀。30多年后，他为此书写《再跋》时道出了真情，说30多年来对文化问题续有撰述，某日因三民书局请求将《湖上闲思录》再版，故请夫人诵读一遍，自己逐篇听之，"初不意余方今所撰，正多旧来见解，并有前所发得，而今已漫忘者。自惭学问未有进步，而国事世风，每下愈况。回忆当年太湖边一段心境，亦已有黄鹤一去不复返之状"。

1949年初，中国正发生着翻天覆地的巨变。适逢广州私立华侨大学相聘，钱穆决定南下暂避。为顺利成行，他对外"只言春假旅行"，悄然离别亲人师友，开始

---

① 钱穆：《湖上闲思录》，（台北）东大图书公司1984年版。

了流落港台的人生旅途。

六、创办新亚书院，在南国传播中国文化之一脉

4月，钱穆抵达广州，后赴香港沙田的华侨工商学校任职。对于此番南下的初衷，他说："这一次的出行，却想从此不再写文章。若有一啖饭地，可安住，放下心，仔细再读十年书。待时局稍定，那时或许学问有一些长进，再写一册二册书，算把这人生交代了。"①然而，他那股儒士经世报国的精神却难以泯灭！一次偶然的机会，促使他走上新亚办学之路，开始了"在南国传播中国文化之一脉"的艰难伟业。10月10日，流亡香港的大陆人士创办的亚洲文商夜校开学，他应邀出任校长。学校办学窘迫，只能租用九龙伟晴街华南中学的三间教室在夜间上课。由于办学创始人张其昀和谢幼伟已离港，他和崔书琴承担起办学重任。学校最初仅有40名学生，多是大陆流亡青年。他如此艰难地承担起办学重任，是期望在传统文化面临倾圮时，将穷困失学青年培养为中国文化的继承人。20世纪50年代初，他曾在给吕思勉的信中坦言："老师劝我沪港两地自由来住，这是我做不到的，回来虽无'刀锯之刑，但须革心洗面，重新做人，这是学生万万做不到的'。学生对中国文化薄有所窥，但不愿违背自己的主张……愿效法明末朱舜水流寓日本传播中国文化，也很希望在南国传播中国文化之一脉。"②

钱穆等人的艰苦办学感动了商人王岳峰，1950年春，他资助学校在英皇道海角公寓租了数间教室，秋季又斥资在九龙桂林街租用三间教室。1950年3月，学校改成日校，并改名为"新亚书院"（NEW ASIA COLLEGE），即亚洲新生之义。为何要取这一校名呢？钱穆说，当自己这辈知识分子刚流亡到这块英占中国土地时，中国人地位很低，被殖民地的气氛深深压迫着，"我不敢暴露中国人身份的心情来要求有一个'新香港'，遂转而提出'新亚洲'。我当时只能希望英国人对亚洲殖民地采取较开放的新姿态，使流亡在香港的中国人能获较多自由，所以我为我们书院取'新亚'为名，寄望我们将有一个稍为光明的未来"③。不久，唐君毅接任教务长。学校陆续聘请到罗香林、刘百闵、吴俊升、余协中等学界和政界名人，师资远超香

---

① 钱穆：《人生十论·自序》，（香港）人生出版社1963年版。
② 张耕华：《人类的祥瑞——吕思勉传》，华东师范大学出版社1998年版，第264页。
③ 钱穆：《新亚四十周年纪念祝辞》，钱穆：《新亚遗铎》，（台北）东大图书公司1989年版，第948页。

港大学中文系，香港教育司开始对新亚刮目相看，办学环境得到改善。新亚的办学宗旨和方针与普通公立学校和西方现代大学迥异，钱穆说：

> 上溯宋明书院讲学精神，旁采西欧大学导师制度，以人文主义之教育宗旨沟通世界东西文化，为人类和平、社会幸福谋前途。本此旨趣，一切教育方针，务使学者切实了知为学、做人同属一事。在私的方面，应知一切学问知识，全以如何对国家社会、人类前途有切实之贡献为目标。惟有人文主义的教育，可以药救近来教育风气专门为谋个人职业而求智识，以及博士式、学究式的专为智识而求智识之狭义的目标之流弊。①

1953年与新亚师生旅游留影

新亚在"从流亡穷窘"中创办，办学基本依靠社会捐助，师生生活十分艰苦。教师没有固定薪水，只取课时费，院长和系主任等不另支薪。学生主要是穷困的大陆流亡青年，一俟在台定居便离校，在港学生考取后也多改读他校，继续留校者则要求免费或部分免费，新亚实际成了"免费学校"，学生戏称为"新亚特色"，许多学生不等毕业就离校。1952年夏，首届毕业生仅3人。次年的第二届为9人。学校一度濒临倒闭，为此，1950年冬，钱穆赴台寻求援助，获得台湾"总统府"办公费每月三千港元，使学校暂度难关。新亚艰苦而成功的办学，逐步获得港英当局认可，1952年春被核定为香港惟一不牟利私立学校，为新亚难得之荣誉。1953年，新亚得到亚洲基金会的资助，在九龙太子道租得一层楼，注册为正式学校，度过了最艰苦时期。在7月的第二届学生毕业典礼上，为让师生牢记新亚艰苦奋斗和富于理想的精神，钱穆特撰校歌以明此志：

> 山岩岩，海深深，地博厚，天高明，人之尊，心之灵，广大出胸襟，悠久见生成。珍重珍重，这是我新亚精神。
> 十万里上下四方，俯仰锦绣，五千载今来古往，一片光明。五万万神明子孙，东海西海南海北海有圣人。珍重珍重，这是我新亚精神。

---

① 钱穆：《新亚书院沿革旨趣与概况》，钱穆：《新亚遗铎》，(台北)东大图书公司1989年版，第7~8页。

史学大家的风范

毛子水　姚从吾　**钱　穆**　郑天挺　向　达
雷海宗　张荫麟　吴　晗　邵循正　孙毓棠

手空空,无一物,路遥遥,无止境。乱离中,流浪里,饿我体肤劳我精。艰险我奋进,困乏我多情。千斤担子两肩挑,趁青春,结队向前行。珍重珍重,这是我新亚精神。

新亚的发展逐步引起外界关注。1953年夏,专门致力于中国教育和医药事业发展的美国耶鲁大学雅礼协会决定每年给新亚2.5万美金资助,由此新亚发展揭开了新的里程碑。1954年秋,新亚在嘉林边道租了一所新校舍。1956年10月11日,用美国福特基金会捐款兴建的新校舍在九龙农圃道举行落成典礼,这使新亚办学进入了崭新的阶段,对香港高等教育发展产生了重要影响。香港教育司的高诗雅说:"本院新校舍的落成是本港中文高等教育发展史上的一个重大里程碑。"①此后,新亚又用福特基金会捐款进行二、三期的建设,办学设施和规模得到重大改善。为使学校有长远发展,钱穆与各位董事和教师讨论制订了学校五年发展计划(1954~1959),在专业学系设置上,将原来的四个系发展为中文、外文、历史、哲学、教育、经济、商学七个系,并筹办中国艺术系和农学系,学校还对其他办学问题作了全方位规划。1955年9月,新亚又用美国亚洲协会捐款筹建起新亚研究所,钱穆兼所长。经过建设,新亚研究所发展成为港台和海外研究和培养中国学术文化人才的重镇,当代海外最具影响力的华人学者之一余英时,便是1955年燕京学社邀请新亚派往国外留学的第一人。钱穆办学的骄人业绩获得了港英当局的充分肯定。1955年6月,港督葛量洪在香港大学毕业典礼上授予钱穆名誉法学博士学位,此前仅有胡适等两人在很久前获此殊荣,这在学术文化界乃至香港社会传颂一时。香港《工商日报》社论赞誉说:"钱穆先生在我国学术界的地位,也早已被视为泰山北斗,没有几个可以比肩,故此这次之愿意接受这个名誉学位,对港大来说,也是相得益彰,永留佳话。"②

1955年10月新亚书院创办六周年,钱穆决定用"诚明"作为校训。"诚明"语出《中庸》。对此,他解释说:"'诚'字是属于德性行为方面的。'明'字是属于知识了解方面的。'诚'是一项事实,一项真理。'明'是一番知识,一番了解。我们采用此两字作校训,正是我们一向所说,要把为学做人认为同属一事的精神。"③将"诚明"定为校训正是他多年办学经验体会的集中总结。1960年,为体现新亚弘扬儒家文化的宗旨,学校将校庆日由10月10日改为孔子诞辰日9月28日。他说:"我校理想以提倡中国文化为目标,我们更该侧重在文化教育性方面来庆祝,

---

① 《校闻辑录·新校舍落成典礼》,钱穆:《新亚遗铎》,(台北)东大图书公司1989年版,第111页。
② 《院长获授港大名誉学位》,钱穆:《新亚遗铎》,(台北)东大图书公司1989年版,第78页。
③ 钱穆:《新亚校训诚明两字释义》,钱穆:《新亚遗铎》,(台北)东大图书公司1989年版,第71页。

故把校庆日改在孔子诞辰。我们盼望国家有前途，必先盼望我们人民有希望。要人民有希望，必该靠重文化力量。孔子诞生至今已过二千五百年，孔子是中国文化的代表与象征。我们把校庆改定在今天，对我们学校理想，是再恰当不过了。我要郑重而诚恳地请我们各位同学以及教职员们，都不要忘了我们自己是一个中国人……我们该发扬我们中国的文化传统。我们是中国人，就应该尊重中国文化。要尊重中国文化，就该尊重孔子。"①

为将新亚办成专业合理的综合性大学，钱穆开始积极筹办中国艺术系和理工科专业。1957年2月，学校成立了两年制的艺术专修科，1959年秋，正式改为四年制的艺术系。1960年秋，数学系和生物系建立。1961年，理学院建立，物理系和化学系也开办起来。60年代，为推动香港高等教育发展，港英当局决定采用联邦制，将新亚书院、崇基书院、联合书院三所得到美国资助的私立书院合并为公立大学。钱穆力排众议，积极支持这一主张。1963年10月17日香港中文大学在新界沙田成立。学校采用"邦联制"管理模式，各书院仍保持相当独立性。1964年夏天，钱穆向新亚书院提出辞职被获准，但被挽留到1965年才从新亚退休。1965年6月，钱穆正式从新亚书院退休，结束了"生平最忙碌之十六年"生活。钱穆艰难办新亚的卓绝业绩赢得了高度赞誉。

钱穆能在艰难困苦中办好新亚，也得益于晚年那段良缘。1956年1月30日，他与结识了7年之久的29岁的胡美琦喜结良缘。从此，他有了完整幸福的家庭生活，使他能有更多时间和精力投入了到工作中去。在日常生活中，胡美琦给钱穆无微不至的照顾。钱穆晚年双目失明后，能将平生未付印学术著述陆续整理出版，大半归功于胡美琦。每当整理旧文稿，她总是一字字诵读，让钱穆逐字修改。钱穆去世后，胡美琦回首两人走过的风雨之路，提笔写下了这副挽联：

结缡卅五载，亦师亦友亦知己，方期海宇升平，侍君百岁归田里；
传道八十年，惟仁惟恕惟礼让，讵料音容俱杳，哀我余生系梦魂。

七、民族文化生命史学体系的完善和发展

新亚时期，钱穆以民族文化生命史观为中心的学术体系进一步完善。为挽救和

---
① 钱穆：《孔诞与校庆讲词》，钱穆：《新亚遗铎》，（台北）东大图书公司1989年版，第410页。

复兴中国文化,他经常在港台系统讲演中国历史文化,从文化理论和历史事实两个角度对中国历史和传统文化作新的阐发,帮助国人深入认识中国历史文化及其优越性,更好地树立起复兴中国文化的信心。

1950年冬,钱穆在台北省立师范学院作了题为《文化学大义》的讲演,1951年整理出版。该著是他阐述文化理论和中西文化观的代表作,系统阐发了其文化学理论,分别探讨了文化研究的意义,文化学的性质,文化的阶层构造、类型和组成要素,东西文化的比较,文化的新生与衰老,世界文化的发展远景,并对近代以来各种错误的文化观进行了批驳。他指出,当今中国和世界的问题从根本上说是整个世界的文化问题,"一切问题都从文化问题产生,也都该从文化问题来求解决"[①]。而"文化学是就人类生活之具有传统性、综合性的整一全体而研究其内在意义与价值的一种学问"[②]。文化可以根据人类生活演进由低级到高级分为物质或经济人生、社会或政治人生、精神或心灵人生三大阶层。人类文化又因其生成的自然环境与生活方式不同分为内倾的农耕文化和外倾的游牧文化与商业文化两大类。任何文化都包括经济、政治、科学、宗教、道德、文学和艺术七要素,各民族文化的不同是因为七种要素各自搭配相异造成的。他比较了东西两大不同类型文化,认为东方文化是偏向政治的,政治是内倾的,面向人生世界,在它之下又偏向道德;西方文化是偏向科学的,科学是外倾的,面向物世界,在科学之下又偏向宗教。他说:"文明是物质的,文化是生命的。文明可以传播,可以摹仿,文化则须自本自根,从自己内部生命中培植生长。"[③]因此,中国文化的复兴只能依靠自己。最后,他指出世界文化将由世界各民族文化大融和而逐渐产生,只有人文精神的中国文化将在其中发挥重要作用和巨大贡献。

1951年春,钱穆在台湾"国防部总政治部"作了题为《中国历史精神》的讲演,1952年整理出版。该著结合中国历史上的政治、经济、国防、教育、地理与人物、道德精神,系统阐发了中国历史精神和价值。第一讲"史学精神和史学方法"实为本书导论,宏观阐发了历史的本质、历史与民族和文化的关系、历史精神、史学精神、史学方法、中国历史的伟大和价值。他指出历史实为一个民族的生命,民族、历史和文化三个概念实质是相同的,"民族精神,乃是自然人和文化意识融合而始有的一种精神,这始是文化精神,也即是历史精神"。因此,"研究历史,就是研究此历史背后的民族精神和文化精神的"。由于历史文化生命的特点和精神是

---

① 钱穆:《文化学大义》,(台北)正中书局1952年版,第1页。
② 钱穆:《文化学大义》,(台北)正中书局1952年版,第6页。
③ 钱穆:《文化学大义》,(台北)正中书局1952年版,第62页。

变化和持久，因此，"史学是一种生命之学……要在永恒中有日新万变，又要在日新万变中认识其永恒持续的精神。这即是人生文化最高意义和最高价值之所在"。中国历史上下五千年，不仅人多地广，且史学最发达，"这即是中国文化该是极有价值的好证"。他还指出研究历史有两个要点："应该从现时代中找问题，应该在过去时代中找答案。"中国人若要认识自己，就应当理性看待自己的历史，中国历史知识的复活，才是中国民族精神和文化精神的复活。

1960年出版的《民族与文化》是钱穆阐述民族文化生命史学的又一力作。他首先阐述了文化与民族的关系，说"文化只是人类集体生活之总称，文化必有一主体，此主体即民族"，"民族创造了文化，但民族亦由文化而融成"。[①]中国的民族观实为一种文化观，以文化来统摄和融凝民族国家的民族文化观，不仅是中国民族的特质，也最契合民族与文化本质的。同时，民族文化也是国家的本质。西方现代的权力和主权国家观已经落伍，今天，"民族的国家应该就是文化的国家。我们当知权力的国家是霸道的，文化的国家是王道的。因此，我们要求存在于此二十世纪的历史新潮流之下，我们该注重民族与文化的观念，所谓民族共存，文化交流，这才是我们此后立国的基本所在"[②]。全书围绕这些基本观点，结合中华民族发展史、中国历史演进及文化传统问题，对民族与文化的关系、中华民族的本质、中国的民族观与文化观、文化建立与民族融凝、人文精神的社会理想与中国社会的结构、中华民族的扩展与融凝、民族文化的复兴、中国历史的演进大势、历史的领导精神、中国文化的本质及其特征、中国传统文化的天人合一和人文修养等问题作了深入论述，进一步完善了民族文化生命史观。

钱穆十分重视思想史研究，说："思想史，此乃指导历史前进最后最主要的动力。"[③]1952年，他首次出版思想通论的专著《中国思想史》，说："本书旨在指示出中国思想之深远的渊源，抉发出中国思想之真实的生命。学者由此窥入，明体可以达用，博古可以通今。庶乎使中国民族之将来，仍可自有思想，自觅出路。"[④]此书《自序》分析了中西思想史的各自特征，认为西方思想大体分宗教、科学与哲学三大系列，都是主张向人生之外寻求真理，中国思想则视真理内在于人生，故宗教、科学和哲学均不发达。而真理有自然和人文两方面，前者须超越人生向外觅之，后者须就人生向内觅之，要求得真理之大全，就应当"求其界限，明审其交互

---

① 钱穆：《民族与文化》，(香港)新亚书院1962年版，第1页。
② 钱穆：《民族与文化》，(香港)新亚书院1962年版，第40页。
③ 钱穆：《国史新论·自序》，(台北)东大图书公司1981年版。
④ 钱穆：《中国思想史·例言》，(香港)新亚书院1962年版。

之相通流"。综合西方宗教、科学和哲学,仍不能探求得全部真理;反观中国思想则就人生内在普遍共同真理而推扩融通于宇宙自然界,将寻求自然真理与人文真理会通合一,没有西方宗教与科学为超越人生而形成的对垒,"故人情物理天心,在中国思想中,常求能一以贯之,成为三位之一体"。所以,不应把西方哲学作为人类思想的惟一准绳,而应从中国思想本身来认识其内容、条理组织系统、进展变化和派别分歧,此始成为中国的思想史。他最后指出,今天世界最主要的问题还是思想问题,西方思想处处有矛盾冲突,而近代以来国人却认识不到中国思想的特点与价值,反而接受西方思想,在中国社会造成各种新旧冲突,因此研究中国思想史,不仅对于中国现代思想界可得一反省和启示,而且也可为解决近代西方思想的冲突矛盾做出贡献。

  1955年,钱穆出版的《中国思想通俗讲话》一书选取道理、性命、德行和气运这四个中国传统社会流行的共通思想观念,深入浅出地阐述了它们的内涵、流变和会通之处。此书《前言》指出,思想是公共和共通的,又是联贯的,必有其渊源、线索和条理,"所谓中国思想,则就中国民族各时代思想之分歧中,来籀出其共通性,以见与其他民族思想之分歧处"①。他认为,任何民族必有能贯彻古今、超越时代的共通思想,普遍影响社会的各方面,成为社会的普遍信仰或普遍讨论的问题,这种思想才是具活力的;现代中国处于思想斗争的大时代,我们要开创时代急需的新思想来完成新时代使命,就必须探讨传统思想。1953年出版的《宋明理学概述》是钱穆研究儒学思想的要著。他认为,中国历史战国到秦汉为一大变,战国结束了古代,秦汉开创了中世纪;唐末五代到宋又一大变,唐末五代结束了中世纪,宋开创了近代;清末至今又为一大变,开创了中国以后之新生,"我们若要明白近代的中国,先须明白宋。宋代的学术,又为要求明白宋代一至要之项目与关键"②。此书基本取材于《宋元学案》和《明儒学案》,将宋明理学史分为宋学兴起、中期宋学、南渡宋学、金元诸儒、初期明学、中期明学、王门诸流和晚期明学几个时期,然后对其间百余位理学家的思想予以叙述和评析。

  中国传统政治非专制论是钱穆学术观点中最受非难的。他青年时代已说:"历朝帝王尽有嘉言懿行,又岂专制二字所能概括。"③到北大后,他感到中国传统政治不是专制黑暗可盖棺定论,遂于1932年开设中国政治制度史的选修课。二十年后,他据此讲义写成《中国历代政治得失》一书。此书以汉、唐、宋、明、清政治

---

① 钱穆:《中国思想通俗讲话·前言》,(台北)东大图书公司1990年增订版。
② 钱穆:《宋明理学概述》,(台湾)学生书局1977年版,第1页。
③ 钱穆:《八十忆双亲 师友杂忆》,三联书店1998年版,第362页。

制度为代表，从中央政府与地方政府组织（政府权的分配）、选举与考试制度、赋税制度、国防与兵役制度等方面对秦汉以来中国传统政治制度的演变、内容和特点做了系统叙述，并多与西方政治制度比较，以证明其中国传统政治制度非专制论。此后，其《国史大纲》、《文化与教育》、《政学私言》等著述对此也多有阐发。1950年，他在香港《民主评论》第2卷发表《中国传统政治》一文，对中国传统政治非专制论作了更详尽的阐述，指出中国传统政治不能用西方的神权、王权与民权、君主专制、君主立宪和民主立宪等范畴来看待。首先，中国传统政治重职不重权，皇帝或国君，仅是政治上最高官位，也有他应有的职分和责任。由于君主不重权力，故不需实行专制和独裁，这是理解中国传统政治理论之重点。其次，中国秦以后政治常保留君权与臣权的划分，或王室与政府的划分，皇帝为王室领袖，宰相为政府首脑，政治上采取虚君制，宰相负责政治上一切最高综合职任，故王权是不专制的，只有明清两代废宰相后，才变成君主专制。再者，由于中国传统政治始终偏重政府的职分和责任，由此便有重视选贤与能的理论和制度，人民有参加政治的正途，政府与社会融成一体，故无须另有代表民意机关来监督政府的行为。与西方代议制间接民权相比，这是一种"直接民权"。而对通过考试和选拔进入政府为官者进行升迁降黜的诠叙制度，又使皇帝和宰相无权过问官吏的任用，这自然不是专制政治了。当然，中国传统政治也有弊端，如君权与相权不断摩擦，东汉、北宋相权被抑及明清君主逐步专制，特别是中国传统政治太注重职权分配的细密化和法制的凝固性等，致使重法不重人，重职不重权，对人束缚太多，成为"中国传统政治的大毛病"。此文发表后立即受到多方的批判。现代新儒家张君劢专门写了30万字的《中国专制君主政制之评议——钱著〈中国传统政治〉商榷》，从钱著的逻辑方法、专制君主、宰相、三省制、台谏、诠选、地方自治、政党、法治与人治、安定与革政十个方面对钱著予以全面批驳。钱穆的中国传统政治非专制论是很难成立的，不过，他主张中西政治制度各有其发展道路，对中国传统政治要作具体和历史分析，反对将其简单化为黑暗专制而抹杀其历史价值，强调走有中国意义的政治变革道路，反对模仿和照搬西方政治模式，体现了其历史理性精神和民族文化情节，应予肯定。

钱穆十分注重结合治学经验来总结和阐发治学方法。《学钥》是集中体现其学术方法论的著述，其《序目》说："平生微尚，所拳拳服膺，自以谓是者，举以告人，义亦宜然……倘有好学之士，取而为法，亦为学入门之一途也。因名之曰学钥尔。"他还曾明确指示弟子余英时要认真读《中国近三百年学术史》和《学钥》，说："为学门径与读书方法，穆之所知，已尽此两书中。"①他主张考据、义理和辞章的统一，猛烈批评近代以来片面推崇清儒考据学轻讥宋儒义理的学风，认为治学应联系整个时代和前人身世作知人论世的"活考据"研究，强调治学要讲心术，指出学术方法背后实际包含和体现了学者的道德心术。书中对治学方法与时代风气变迁作了大量精辟论述。1961年出版的《中国历史研究法》从中国史的内容、结构和特性出发，分别阐述了如何研究通史、政治史、社会史、经济史、学术史、历史人物、历史地理、文化史。第一讲"如何研究通史"是全书总纲，从历史的特殊性、变异性和传统性出发，阐明了研究历史必须明变和作通体的研究，这样，"才能真明白了历史时代之变，才能贯通上下古今而获得历史之大全"②。《张晓峰〈中华五千年史〉序》是钱穆专论中国史学编纂和史法的要文。他分析了中国史书三大体裁纪传体、纪事本末体、编年体的得失，指出纪传体最能揭示历史演变的本质和动力所在，抨击近代以来片面推崇纪事本末体和西方章节体的做法，以这两种体裁无法将相互牵涉和渗透的历史真迹写出，实质多流于撰史者的主观裁断。他的批评有合理性，但贬低纪事本末体和章节体则有失偏颇。事实上，钱穆的史著大多也是用章节体写的。

钱穆汇通四部，对中国传统文学是情有独钟。1962年春，他将到香港后所写中国文学的讲稿和笔记编为《中国文学讲演集》出版。1983年再版时增加了14篇文章，改名为《中国文学论丛》。他赋予文学在文化中极重要的地位，视之为构成文化的七个基本部门之一，说文学的本质是情感或性情，比艺术更能反映生命的自然本质；性情是人心在家庭、社会或自然中接触了不同关系的人或物产生的，是人的生命。中国古人称文学性情为文心，"文心即人心，即人之性情，人之生命之所在。故亦可谓文学即人生，倘能人生而即文学，此则为人生之最高理想，最高艺术"；文学的本质是求真性情，性情即生命的本质，中国文学以人为本，重性情，故，"中国人生既求文学化，文学亦求人生化"③。钱穆的人生亦求文学化，文学是他人生的伴侣。他是思想大师，却称自己最忘情于传统文学，说"余于孔孟老庄思想深处无足言，而独于中国旧文学，一诗一文，一小说，一剧本，每常心念而不忘"④。他认为诗是言志和咏情的，只要诗人有志又重性情，其诗就必是真诗，诗贵真不贵工，诗情第一，格律第二。他尤爱古诗，其一生亦可谓是"诗化的人生"，

---

① 《钱宾四先生论学书简》，余英时：《钱穆与中国文化》，上海远东出版社1994年版，第233页。
② 钱穆：《中国历史研究法》，香港孟氏教育基金会1961年版，第9页。
③ 钱穆：《略论中国文学》，钱穆：《现代中国学术论衡》，（台北）东大图书公司1984年版，第222、224页。
④ 钱穆：《漫谈新旧文学》，钱穆：《中国文学论丛》，三联书店2002年版，第210页。

喜欢吟诗，养病、休闲或旅行时更好诵诗咏诗。

钱穆弘扬中国传统学术文化成就引起了西方学界的注意。1960年1月，他应邀到美国耶鲁大学东方研究系讲学半年。6月13日，耶鲁大学举行盛大名誉博士学位授予典礼，13位著名人士获此殊荣，其中有秘鲁首相白萃恩、美国前国务卿艾奇逊等，钱穆是20多年来首位获此殊荣的中国人。耶鲁大学校长的颁授词说："钱穆先生，你是一个古老文化的代表者和监护人，你把东方的智慧带出了樊笼，来充实自由世界。你是新亚书院的创办人和校长，在教育中国青年的事业上，耶鲁是你的同志和拥护者。耶鲁大学鉴于你个人的天才和你在学术上的成就，特授你予人文学博士学位。"[1]钱穆称此为"毕生极可纪念的一件事"[2]。讲学结束后，钱穆夫妇7月起开始漫游美国。9月1日，他们前往英国、法国、意大利等国游览。通过八个多月的美欧生活和游历，钱穆得出的最切身体会是："人类文化贵能推陈出新，不当舍旧谋新。"[3]

八、寓居台湾和矻矻弘扬传统学术文化

1967年10月，钱穆夫妇迁居台北。1968年10月，搬进蒋介石以公款为他们在台北士林外双溪一背山临溪地建造的新居。这是一座庭院式住宅，钱穆在红门左上方手书"素书楼"三字，素书楼客厅正中墙壁悬挂着好友张其昀手书的"一代儒宗"匾额，客厅左壁悬挂着拓印的三幅朱熹手书碑字，中间为"静神养气"，两侧为"立修齐志"和"读圣贤书"，书案上供奉孔子站立像。钱穆曾这样咏叹晚年的素书楼生活："一园花树，满屋山川，无得无失，只此自然。"

晚年的钱穆仍不忘为中国文化的传承培养生力军。1969年底，他应邀担任中国文化学院（1980年改称中国文化大学）历史研究所教授。因年事已高，他只于每周一下午在家为博士班讲课两小时。他常称听课同学为"义勇军"，以勉励他们成为挽救中国传统文化的有生力量。他还先后到台湾大学、辅仁大学、东海大学和成功大学等讲学或兼课。1986年6月9日下午，92岁的钱穆为中国文化大学史学研究所博士班上告别杏坛的最后一课，前来听课的有许多教授及身居要职的原北大和新亚老学生。讲课快要结束时，他神色庄严地殷切寄语学生："你是中国人，不要忘了中

---

[1] 陈勇：《钱穆传》，人民出版社2001年版，第244页。
[2] 钱穆：《美新港雅礼协会公宴讲辞》，钱穆：《新亚遗铎》，（台北）东大图书公司1989年版，第306页。
[3] 钱穆：《八十忆双亲 师友杂忆》，三联书店1998年版，第348页。

国，不要一笔抹杀自己的文化。做人要从历史里探求本源，在大时代的变化里肩负维护历史文化的责任。"①钱穆就这样给自己的教育生涯画上了一个圆满句号！

定居台湾后，钱穆仍然难以割舍那份新亚情。1978年10月，他应邀参加新亚书院举办的首届"钱宾四先生学术文化讲座"，作了题为"从中国历史来看中国民族性及中国文化"的讲演。1988年，他开始整理在新亚的各类讲演稿和其他资料。最终，五十万字的《新亚遗铎》在新亚40周年校庆之际出版。他坐着轮椅参加了新亚校庆，在《在新亚四十周年纪念祝辞》里，他殷切希望新亚保持初创时"千斤担子两肩挑"的精神。他最后说："只要我们能团结一心，坚持信念，为我们苦难的国家民族共同努力携手并进，纵然是万斤重担，我相信新亚师生也绝不会退缩。我不禁要再次呼唤：'珍重！珍重！我新亚精神。'"②

钱穆晚年最大的学术心愿是撰写《朱子新学案》。随着对朱子学体悟愈精，他迫切希望对朱子学做系统研究。1964年7月，辞去新亚书院院长后，他将决定全力着手撰写此书。1965年春节，应邀到马来西亚大学讲学的他在所撰抒发晚年学术志愿的春联中说："忘年为述古，综六艺以尊朱。"他如此致力研究朱子，是因为他视朱子为孔子以后中国历史第二伟人，不仅集北宋以来理学之大成，也可说集孔子以下学术思想之大成，使儒学重获生机，直迄于今。因此，研究朱子，"此则不仅为治中国八百年之学术思想史者一重大课题，实亦为治中国两千年来之儒学史者重大课题。凡属关心中国文化大传统中此一主要骨干之精神所在，大旨所寄者，对于此一课题，皆当注意"③。但是，他认为近代以来无人能担此重任，只有靠自己来完成这一学术大业。他的研究得到哈佛燕京学社给的12.6万港币的资助。迁居台湾后，他全身心扑在学案的撰写上。1969年11月，90余万字书稿完成。全书分两大部分。一是朱子的思想，分理气与心性两部分。他认为，这两者是朱子思想的主要内容，"理气论略当于近人所谓之宇宙论及形上学，心性论乃由宇宙形上学落实到人生哲学上"④。他反对将宋明理学分为程朱理学和陆王心学的主流观点，认为心学同样为朱子所重视。书中他用了七章专门讨论朱子的心学。二是朱子的学术，分经学、史学、文学三部分。朱子经学的贡献主要在治五经和四书上，宋、元、明、清无人出其右；而四书学为朱子学术的结穴，其特点是将经学与理学绾合为一，使经学益臻邃密，理学益臻深沉，自此，"古今儒学大传统，得以复全，而理学精旨，亦因此

---

① 罗义俊：《钱宾四先生传略》，《钱穆纪念文集》，上海人民出版社1992年版，第304页。
② 钱穆：《在新亚四十周年纪念祝辞》，钱穆：《新亚遗铎》，（台北）东大图书公司1989年版，第951页。
③ 钱穆：《朱子新学案》，巴蜀书社1986年版，第2页。
④ 钱穆：《朱子新学案》，巴蜀书社1986年版，第25页。

更得洗发光昌,此惟朱子一人之功"①。朱子史学分著史、论史和考史,朱子治史将义理、考据和辞章合一,"在理学家中,能精熟史学者,实惟朱子一人"②。他称理学家最忽视文学,惟有朱子文道并重,把经学与文学贯通合一,以文学通史学。叙说朱子学术部分又附有朱子的校勘、考据、辨伪和游艺诸篇。此书全面分析了朱子的学术,推许其博大会通,融贯四部;本末始终,内外合一,天人兼顾,心理并重;得仁之精髓;推宗四书,以心性为本;格物致知与心性修养并行;学以致用,精熟史学,重治平大道。他尤为推崇朱子的治学方法与精神,"惟朱子,一面固最能创新义,一面又最能守传统……朱子学之着精神处正在此"③。此评价是钱穆"守旧开新"历史文化观的集中反映,其"综六艺以尊朱"微旨大义在此!该巨著得到了学术界的高度评价。海外新儒家杜维明在《儒学传统的重建——钱穆〈朱子新学案〉评介》中说:"钱穆在阐释朱熹之学上确实做出了重大贡献。自从王懋竑的《朱子年谱》在18世纪出版以来,在中文著作中,还没有哪一部作品对朱熹的思想和学术作出过这样广泛深入而且又慎重负责的研究……钱穆的著作做到了把朱熹在整个儒学传统中承前启后的主要关系都加以了展现。"④

1974年,钱穆又写出《孔子传》。他说,孔子是中国历史上第一大圣人,集此前两千五百多年中国历史文化之大成,开此后两千五百多年中国历史文化演进之新统,在中国五千多年历史上无人堪比。孔子的事业主要包括学与教、政治事业、著述三大项,而最大者在学与教。可是,在历史上,汉儒尊孔为求通经致用,特重儒家经典的章句训诂,不免将此三项事业的重要性首尾倒置;宋代儒学复兴才对孔子事业的重要性有正确的衡定;清儒尊汉反宋,仅着意于训诂考据,对孔子学与教的精神更不了解;晚清今文经学旨在借治古代经籍来建立新政治,距孔子重视事业相距甚远。他认为,孔子教育精神不传,国家便会缺乏人才,任何改革都无从说起,"今者痛定思痛,果欲复兴中国文化,不得不重振孔子儒家传统,而阐扬孔子生平所最重视之自学与教人精神,实尤为目前当务之急。本书编撰,着眼在此"⑤。全书材料以《论语》为主,凡属孔子学术思想,悉从其学与教之事业为主要中心,孔子之政治事业,则为其以学以教实践之一部分。

钱穆晚年矻矻弘扬中国历史文化,说:"余此三十年来,有历次讲演,及抒写

---

① 钱穆:《朱子新学案》,巴蜀书社1986年版,第116页。
② 钱穆:《朱子新学案》,巴蜀书社1986年版,第134~135页。
③ 钱穆:《朱子新学案》,巴蜀书社1986年版,第25页。
④ 李振声编:《钱穆印象》,学林出版社1997年版,第240~241页。
⑤ 钱穆:《孔子传·序言》,(台北)东大图书有限公司1987年版。

有关历史方面之文字,则一皆以文化为中心。"①他编集和撰写了大量论述中国和世界历史文化著述。在他看来,"惟能对国家民族传统的文化有信心,始能对保护捍卫当前的莫大责任有勇气。余对中国传统文化之深博伟大,所知甚浅。然自问爱国热忱,则自幼年迄于今兹,从未后人。凡我所讲,无不自我对国家民族之一腔热忱中来"②。1968年出版的《中华文化十二讲》从中国文化的中心思想"性道合一论"、中国文化的中庸之道、中国文化的升沉进退、中国文化中的人和人伦、中国文化理想中的人的生活、中国文化中的最高信仰与最终理想、中国文化与世界全人类的前途等十二个方面阐发了中国的历史文化。书《序》指出,有关心性修养的思想"惟此最为我中华文化传统对全世界人类文化前途有其大贡献之处"。1971年出版的《中国文化精神》阐述了中国文化的精神、中国文化的传统何在、文化传统中的冲突与调和、文化的前瞻与回顾和复兴文化的心理条件等十三个问题。1981年出版的《双溪独语》主要就中国历史文化基本概念和社会生活基本方面,如性与心、性与仁、仁义与气节、礼与理、礼与俗、信心与三不朽、人伦与五伦、佛教与中国文化、人生之文与质等三十个问题加以阐述。1979年出版的《从中国历史来看中国民族性及中国文化》是根据在新亚首届"钱宾四先生学术文化讲座"的讲演整理的,他称"此实余三十年向学一总题"③。全书结合现代中国和世界历史,从中国人的性格、行为、思想和文化结构四方面阐述了中国民族及其文化的独特性,指出中国人要救中国,只有中国的文化这条路。他还将其他有关文章汇集为《中国文化丛谈》(上下册)、《世界局势与中国文化》和《历史与文化论丛》,分别于1969年、1977年和1979年出版。不过钱穆对中国传统文化的弊病很少言及,对西方历史文化肯定不够,认为西方文化低下一等和必然衰落,有明显的中国文化中心论色彩。

钱穆重视对中国传统学术的博综和会通。《中国学术通义》汇集了他20世纪六七十年代所写讨论中国传统学术和精神的宏观理论性文章,提出了"学术复兴则文化复兴"的口号,认为要明了中国文化的出路和前途,就必须认清中国学术及其精神所在。他认为学术思想是国家文化的核心,要了解中国旧学应当从它自身的精神来寻求,不应以西方文化为准绳;中国学术富有人文性,学属于人,贵通不贵专,故学问所尚在能完成人之德性,而非使人获得部分知识;学术是文化的上层和领导力量,"学术为文化导先路。苟非有学术领导,则文化将无向往"。再者,学

---

① 钱穆:《八十忆双亲 师友杂忆》,三联书店1998年版,第363页。
② 钱穆:《中国文化精神·序》,(台北)三民书局1973年版。
③ 钱穆:《八十忆双亲 师友杂忆》,三联书店1998年版,第363页。

术和文化一样有民族性，"故欲复兴国家，复兴文化，首当复兴学术"[①]。全书以会通的眼光对中国传统学术的构成、基本内容、主要特征、研究方法及与中国传统文化的关系作了宏观考察和论述。1983年，他写出《现代中国学术论衡》。全书按现代学术分类范畴和观念，将中国现代学术分为宗教、哲学、科学、心理学、史学、考古学、教育学、政治学、社会学、文学、艺术、音乐十二类，并与中国传统学术进行比较，旨在探讨如何在新的时代条件下继承和发展中国传统学术。他在《序》中对新文化运动以来以西方学术来分别中国学术，务为专家，以致背离中国学术重通儒、和合之学特别是否定中国传统文化的做法予以批判，认为中国现代学术的真正出路必须先秉承中国传统学术会通和合的精神，然后才能按照现代新学术分门别类加以研讨。从1976到1980年，他还陆续将60多年来未收入已出著述的散篇论文改订汇编成8册《中国学术思想史论丛》，分为上古、先秦、两汉魏晋南北朝、隋唐五代、两宋、元、明、清分别出版，可谓是其一生学术史研究的又一总结。

钱穆赋予史学极重要的地位，说："自然科学基本在数学，人文学基本则在史学。"[②]这一时期，他从史学的本质、史学的内容和对象、史学的功能和价值、史学研究法、史学与其他学科的关系、中国史学的特质、中西史学特殊性、中西史学与中西历史文化的关系等角度对历史理论、史学本体论、史学认识论、史学方法论和史学价值论作了系统论述。20世纪70年代初出版的《史学导言》和《中国史学名著》是其中代表作。《史学导言》结合现代新史学观念，从学问三方面、治史所必备之一番心情、历史上的时间与事件、历史上的人物四方面阐述了中国传统史学思想和精神。特别是他提出治史必须具备爱国爱民、关心世事的心情，否则就不叫史学。书中他将治史八字，即"世运兴衰"与"人物贤奸"视为治史的入门和归宿，认为这尤其具有重要意义。《中国史学名著》以中国历代史学名著和史家为主线，叙述了中国古代史家思想和中国古代史学演进，阐发自己的史学思想。全书宗旨是研读史家著作不仅要知道辨伪和把握内容，更要懂得史著背后作者的情感、思想和精神，这样才能看到其时代意义与历史价值，即"知人论世"，指出中国现代新史学的建立必须以继承古代史学和文化传统为根本。

1978年春，钱穆因患眼病而盲。然而，他仍以超常毅力思考和写作，四五天可成一文，然后在夫人帮助下修订。1986年11月，他最后一部著述《晚学盲言》完稿。他说："惟余之为此书，亦不啻余之晚学，爰题为晚学盲言。"[③]可见，该著实

[①] 钱穆：《中国学术通义·序》，（台北）学生书局1975年版。
[②] 钱穆：《中国史学发微》，（台北）东大图书公司1989年版，第51页。
[③] 钱穆：《晚学盲言·序》，（台北）东大图书公司1987年版。

为钱穆一生学术研究的最后总结。全书三大部分九十分题，上篇"宇宙天地自然之部"包括15题，中篇"政治社会人文之部"包括30题，下篇"德性行为修养之部"包括45题，系统阐述了中西文化传统的异同和中国传统文化的内容和特质。

钱穆的杰出学术成就赢得了广泛赞誉，先后被授予各种学术荣誉和衔职。1966年10月，当选台湾"中华学术院"院士。1968年7月，荣膺为台湾第七届"中央研究院院士"。他还连任台湾"中央研究院"院士会议第七、八、九届评议员。1969年，受聘担任台北"故宫博物院"特聘研究员。1970年，受聘担任台湾"国史馆"顾问。1984年5月，和牟宗三同获台湾"行政院"第三届"七十二年行政院文化奖"。在各种荣誉笼罩下，他依旧保持着儒士经国济世的本色。1979年85岁时，他曾撰下此联：

读过百千万卷书犹存眼底，
经历家国天下事总在心头。

晚年的钱穆常想起逝去的父母。1974年的一天，他想到明年将是父母110冥龄时，与父母生活的往事一齐涌上心头，"哀哀父母，生我劬劳。回念前尘，感怆万端。自念我之生命，身体发肤皆传自父母。而今忽已耄老，精神衰退，志业无成。愧对当年双亲顾复教诲之恩，亦何以赎不肖之罪于万一。往事种种，迄今犹留脑际"①。于是，他借80寿辰与夫人到台湾南游之际，用八天草写完《八十忆双亲》。不过，钱穆更牵挂离别已久的大陆亲人，期盼能与他们早日相聚。1980年夏，他终于在香港和子女钱拙、钱行、钱逊和钱辉相见。想起30多年来未能尽为父之责，他曾在给幼女钱辉的信中说："此三十年来，我写了几百万字的著作，自问对国家民族前途有贡献。只有如此来向你们道歉，盼你们能原谅。"②1981年5月，长女钱易和长侄钱伟长来香港与他相聚。1984年，钱穆90大寿。子女们和长孙钱松、孙女钱婉约齐集香港为他祝寿，三代同堂欢聚了足足一个月。见到孙子和孙女他特别高兴，并反复叮嘱他们要读儒家经典，希望他们以儒家精神为人处世、求知治学。1988年11~12月，时任清华大学教授的钱易赴台探望重病的父亲，成为首位获赴台探亲的大陆民众。父女相聚十分愉快，未曾想，这竟成为钱穆与儿女的永别！

钱穆晚年时时期盼着祖国早日统一和中国文化的复兴。他曾写下这首诗来表达

---

① 钱穆：《八十忆双亲 师友杂忆》，三联书店1998年版，第5页。
② 钱穆：《致幼女钱辉（1980年5月28日）》，《钱穆纪念文集》，上海人民出版社1992年版，第263页。

自己的心愿："平生爱读放翁诗，长忆中原墨渖悲；浮海始知翁足羡，故乡垂老固相依。"他常去台湾各地参观拜谒那些与祖国大陆有深厚渊源的文化古迹，以表达对大陆的思念，并昭告台湾民众两岸同胞血浓于水的历史事实。1986年3月10日，他应台北《联合月刊》之邀发表《丙寅新春看时局》一文，旗帜鲜明地指出，和平统一是本于中国传统文化精神和民族性的大理想、大原则的统一方案，明确反对"台独"主张。此文刊出后备受瞩目，《人民日报》加以摘录刊载，这是他的时论解放后首次在大陆刊出。1990年在逝世前三个月，他仍在思考中国文化的前途，将思想已久的一个重大问题写成《中国文化对人类未来可有的贡献》一文，说"天人合一"虽是自己屡次讲过的，然而，惟到最近始彻悟此观念实是整个中国传统文化思想之归宿，中国文化能绵延不绝即在于有此观念，"我以为此下世界文化之归趋，恐必将以中国传统文化为宗主"①。

1988年和1989年，先后有人以素书楼是公产为由让钱穆将其交还台北市，酿成"素书楼风波"。1990年5月，钱穆夫妇搬进台北市杭州南路新居。从素书楼迁入喧嚣的市区公寓，他像是离了水的鱼。8月30日，钱穆平静地离开了这个世界，享年96岁。钱穆的逝世震惊了台港学林和社会。台北《中央日报》次日以《承传中华传统、创新中国文化——敬悼国学大师钱穆先生》为题对钱穆的学术贡献给予了高度评价，国民党秘书长宋楚瑜、"教育部长"毛高文等台湾政教界要员纷纷去钱宅吊唁。钱门弟子和台湾学界纷纷撰文悼念。"一代儒宗八方共仰，两岸学子四海同悲。"大陆的同事、朋友冯友兰和贺麟等，学生邓广铭、胡厚宣、杨向奎、何兹全、郦家驹和钱树棠等，相关机构和学术团体中国和平统一促进会、中华孔子学会、无锡台胞联谊会、北京大学和清华大学等纷纷发去唁电。

钱穆汇通四部，承继中国传统文化精神和学术方法，综合现代新思想和新方法，对中国传统历史文化进行了广泛深入的研究，力主走"守旧开新"的文化复兴道路。这既与中国近代以来各种西化派反传统的文化救国论不同，也与现代新儒家"返本开新"的民族文化复兴方案相异。钱穆认为孔学最核心的精神是"学与教"，他继承中国儒家教育思想，期望以自己的言传身教来培养中国传统文化的现代传人。其教育生涯长达75年，桃李满天下。他的离世使现代中国失去了一位国学大师和文化巨匠。

史学家许倬云说：

中国近百年来，国运与文化，都一蹶不振，然而，几千年的文化精

---

① 钱穆：《中国文化对人类未来可有的贡献》，《钱穆纪念文集》，上海人民出版社1992年版，第252页。

神,终究孕育了几位为中国文化作后卫战的学术巨人,宾四先生是最后走的一位。据说天鹅垂死时,引吭唱出最美的歌声,中国文化在二十世纪时,有宾四先生出现,但愿不是天鹅的歌声!但愿还有后来的人。①

生不能回大陆,死亦要归故里,是钱穆生前最后的宿愿。1992年1月9日,他的灵骨和陪葬著作被安葬在苏州吴县西山镇俞家渡村一块背山面湖面向东南的石坡地,花岗石的墓碑上刻着"无锡七房桥钱穆先生之墓"。

斯人虽去,风范犹存。钱穆曾说:

> 古来大伟人,其身虽死,其骨虽朽,其魂气当已散失于天壤之间,不再能团聚凝结。然其生前之志气德行、事业文章,依然在此世间发生莫大之作用。则其人虽死如未死,其魂虽散如未散,故亦谓之神。②

此言亦可谓是钱穆对自己生命精神的准确和生动写照。他的自然生命虽然离开了人世,但他的精神生命却不朽于天地间,永恒于历史中!

---

① 许倬云:《一位历史学家成为历史了》,《联合报》1990年8月31日。
② 钱穆:《灵魂与心》,广西师范大学出版社2004年版,第87页。

明清史大家：郑天挺传略

常建华　王昊

郑天挺（1899~1981），历史学家、教育家，原籍福建长乐，生于北京。1920年毕业于北京大学。1924年至1927年，任北京大学预科讲师。1930年底任北京大学预科国文讲师兼校长室秘书。1933年任北大秘书长，兼中文系副教授。1937年任北大中文系教授。1938年任西南联大历史系教授。1940年兼任西南联大总务长。抗战胜利后，任北大史学系教授、系主任，并任秘书长。1949年北平解放后，任北京大学校务委员会委员、秘书长、历史系教授、系主任。1952年院系调整，调任南开大学历史系教授、系主任、中国史研究室主任。1963年起任南开大学副校长。其主要著作有《清史探微》、《探微集》、《清史简述》、《及时学人谈丛》。

郑天挺先生是我国的著名历史学家、教育家，长期执教于北京大学、南开大学，更为西南联大做出了卓越的贡献。

一、抗战前生平述略

郑天挺，原名庆甡，字毅生，原籍福建长乐，清光绪二十五年(1899)生于北京的一个书香门第之家。父亲郑叔忱是光绪十五年进士，多年任职翰林院，历官奉天府丞兼学政、京师大学堂教务提调。母亲陆嘉坤通经史，曾为天津北洋高等女子学堂总教习。

郑天挺六岁丧父，七岁丧母，从小寄养姨母家，表兄张耀曾修程朱理学，律己责人甚严，郑先生从其读书，深受其思想的影响。青少年时期，郑先生先后就学于北京闽学堂、顺天高师、北京高师。1917年，他考入北京大学本科国文门。大学时，他曾参与旅京福建学生联合会工作，任主任干事，积极参加反对日本帝国主义的活动，曾以"攫日"为名撰文宣传抗日。期间，还参加了福建在京学生组织的"社会改革学会"，积极投身到新文化运动中。

1920年，郑天挺从北大毕业，接受筹建中的厦门大学聘约，前往参加建校工作，并于次年春任教厦大师范科，讲授国文，同时兼任图书部主任。1921年，他考入北大研究所国学门作研究生，在钱玄同先生指导下从事中国文字音义起源研究。在作研究生期间，郑天挺加入了"清代内阁大库档案整理会"，开始参加明清档案的整理工作，这一工作奠定了他以后从事明清史研究的基础。1922年，为缓解家庭负担，他四处兼职，不仅担任了法权讨论会秘书，还到北京女子高等师范学校、春明公学、市立一中等校兼课。值得一提的是，1923年郑天挺为法权讨论会撰写的《列国在华领事裁判权志要》一书正式出版，成为其首部学术著作，并获得了当时一些法学家的好评。1924年，他受聘担任北京大学预科讲师，教授国文。1927年夏至1930年间，又先后任职于浙江民政厅、广东建设委员会、浙江大学、教育部等处。1930年冬，应北大校长蒋梦麟之邀回到北京大学任校长秘书及预科讲师。任职北大期间，他历职中文系、历史系，讲授古地理学、校勘学、魏晋南北朝史等。1933年，郑天挺出任北大秘书长，同年，受范文澜等人之约，在北平文理学院讲授"中国近三百年史"，其清史研究也奠基于此时。

二、西南联大的岁月

（一）临危受命南下

1937年夏，郑天挺出任北大中文系教授，时值"七七"事变爆发。

国难临头，校长蒋梦麟、文学院长胡适等人均不在北平，学校其他负责人也纷纷南下，于是北大的事情全由郑先生负责。在日寇包围的情势下，郑先生决定给在校学生每人发给20元钱，让他们离校。到7月28日北平沦陷时，北大校内已无学生。

亲友为郑先生的安全担心,劝他远走或躲避。8月的一天,日本宪兵搜查北大办公室,发现了抗日宣传品。他们问这是谁的办公室,郑先生回答是自己的,他们似乎不大相信,因为当时各处的负责人早已逃散一空。这月底,华北汉奸维持会派人接收北大,从此他不再到校。这时得知学校决定迁往长沙,改为临时大学,于是大家想走,又无路费,郑先生又有一些遗留的事需要妥善处理完毕。恰在此时,他收到了胡适从九江来的信,告知行踪,劝郑先生、罗常培、魏建功留在北平埋头读书,维持学术研究,大家有些犹豫。但是郑先生感到偌大的学校,同人的生活实在无从设法维持。

10月,学校派教务长樊际昌北上接各教授南下,月底款到,分送同人,同人陆续南下。孟森(1867～1937)是中国现代明清史学的开创者,1932年初到北大任教,与郑先生多有学术交往,曾为郑先生影印《〈三国志〉注补》作跋文,肯定郑先生的有关研究发明,又叙赵一清学术成果被戴震、王履泰剽窃原委。孟森《清初三大疑案考实》认为,多尔衮称"皇父"为太后下嫁之证据不足据。他说,"皇父"之称犹汉人古代之称"尚父"、"仲父",是由于对功大者的一种尊称。胡适以为理由不充分,郑先生1936年发表《多尔衮称皇父之臆测》一文,回答胡适的疑问,也是对孟森研究的补证。卢沟桥事变后,郑先生时常与孟森、马裕藻等先生一起商议对策,过从渐密。郑先生临走前两次到医院看望了孟森。孟先生身患胃癌,生命垂危,见到郑先生,尚以病榻日记相示。郑先生后来回忆说:"日记无时不以国事为念,并以诗讽刺郑孝胥。临别时尚执手殷殷,潸然泪下。我往日所作清史论文,颇得先生奖饰,已感不安。今见先生如此如此,我亦深受感动,为之动容。不料两月后,孟先生遽归道山。"郑先生还到辅仁大学向陈垣先生辞行,两人长揖惜别。此外,他还向余嘉锡先生处辞行。11月17日,郑先生离别了5个幼儿,只身和罗常培、魏建功、罗庸同车赴津南下。

郑先生抵津,当天钱稻荪就从北平赶来,劝他不要走,说一走北大就要垮,要他为北大着想。郑先生严词拒绝,并辩论了很久。钱是北大日文系教授,与日本关系密切,后来当了伪北大的校长。

12月14日,郑先生一行到了长沙,改任历史系教授,讲授"隋唐五代史"。他保护学校师生安全南下,得到全校师生的赞扬,当时长沙的《力报》、上海的《宇宙风》等报刊均有报道。罗常培后来回忆,"在这四个多月中间最值得佩服的是郑毅生。自从'七二九'以后北大三院两处的重责都丛集在他一个人的身上。他除去支应敌寇汉奸的压迫外,还得筹划员工的生活、校产的保管和教授们的安全。别人

毛子水　姚从吾　钱穆　**郑天挺**　向达
雷海宗　张荫麟　吴晗　邵循正　孙毓棠

都替他担心焦急，他却指挥若定，沉着应变。一班老朋友戏比他为诸葛武侯，他虽逊谢不遑，实际上决不是过分的推崇"。

1937年12月14日，郑天挺（左三）与沈兼士（左一）、魏建功（中）、罗常培（右三）、罗庸（右二）、陈雪屏（右一）等人克服险阻抵达长沙临时大学。

长沙临时大学由北大、清华、南开三校组成。长沙已遭轰炸，学校决定迁往昆明。1938年3月初，师生陆续到达昆明，学校改称西南联合大学。因昆明校舍尚未建成，由北大、清华、南开三校各派一人到蒙自筹设分校，清华派了王明之、南开派了杨石先、北大派了郑先生。筹备完毕，郑先生就留在蒙自，专门在史学系教书。同时在蒙自还有北大办事处，也由郑先生负责。

1937年12月14日，郑天挺（左三）与沈兼士（左一）、魏建功（中）、罗常培（右三）、罗庸（右二）、陈雪屏（右一）等人克服险阻抵达长沙临时大学。

（二）蒙自回忆

1938年夏，由北大、清华、南开三校合建的国立西南联合大学在昆明成立，文法学院设在蒙自。当时的教授大多住在法国银行及歌胪士洋行，郑先生与邱大年、闻一多、陈寅恪、刘叔雅、樊际昌、陈岱孙、邵循正、李卓敏、陈序经、丁佶等十几人住在歌胪士洋行的楼上，楼下住男同学。陈寅恪先生是中外著名学者，长郑先生9岁，郑先生尊为师长。其父陈三立先生与郑父相识。此前数年，三立先生曾为郑先生书写"史宧"横幅，郑先生郑重挂于屋中。寅恪先生到蒙自稍晚，未带家属。经常与大家一起散步，当时他的身体尚好。郑先生与闻一多是邻居。闻非常用功，除上课外从不出门。饭后大家都去散步，他总不去。郑先生劝他说："何妨一下楼呢？"大家都笑了起来，于是成了闻的一个典故，也是一个雅号，即"何妨一下楼主人"。后来闻下了楼，也常和大家一起散步。战时的情况下，大家同住一室，同桌吃饭，彼此关系十分融洽。

郑先生在蒙自的半年，注意对西南边疆史地的研究，尤关注西藏问题。当时他读《新唐书·吐蕃传》，疑发羌即西藏土名Bod的对音，参用诸书，以地理证《新唐书·吐蕃传》中的"发羌"地望,以古音证"发"字与Bod可相对,写成《发羌考》一文。成文后郑先生曾向多位同人就正,罗常培将文章题目改为"发羌之地望与对音",并就音韵学方面提供了有关证明,邵循正又据波斯语为之补充译文,陈寅恪为之订正梵文对音及佛经名称,还对文中意见表示赞许。这对于只身在外飘零的郑先生来说,真是莫大的鼓励和安慰。该文发表在权威刊物《中央研究院历史语言研究所集刊》(八本一份)上。

郑先生还用上述方法,写作了《〈隋书·西域传〉附国之地望对音》、《〈隋书·西域传〉薄缘夷之地望与对音》二文,证明"附"字是"发"字的转音,"亦即西藏人自称Bod之对音",而"薄缘"考订为西藏南邻山国不丹。这些考证说明,发羌是藏族的祖先,藏族同隋唐王朝的关系以及中国与不丹的关系,深化了西南边疆史地的研究。运用音韵学知识,采取对音研究古地理,也反映出郑先生的考证成就。《发羌之地望与对音》一文获得了1943年教育部三等奖的奖励。三等奖级别似乎不很高,但是如果想到西南联大教师在此次评奖中陈寅恪的《唐代政治史述论稿》获一等奖、汤用彤的《汉魏两晋南北朝佛教史》获二等奖、闻一多的《楚词校补》获二等奖,与这些饮誉海内外的专著相比,郑先生的论文仅三千余字,获得三等奖,可见其精粹。

蒙自的北大史学系,教授仅有姚从吾、钱穆和郑先生。5月,史学系举行茶话会,纪念孟森先生。郑先生撰文《孟心史先生晚年著述述略》,发表在北大史学系主办的《治史杂志》第二期。该文缅怀孟森先生,系统表彰孟先生的学术成就。郑先生决心继孟森之后,钻研清史,完成其未竟之业。当时在云南大学任教的吴晗得知北大计划把孟森的《明元清系通纪》继续完成,主动要将所抄朝鲜《李朝实录》借给,他甚至对郑先生说"我把它送给你"。不久郑先生听说孟先生的《明元清系通纪》基本上已编竣,稿本存北平,遂改变计划,没有借用。直到晚年,郑先生想起吴晗的慷慨豪迈气魄,仍怀念不已。7月,学期即将结束,昆明校舍亦陆续建造,于是蒙自的文法学院决定迁回昆明。史学系亦决定,暑假后郑先生讲授"明清史"、"清史研究"、"史传研究"等课程,并召开史学系毕业同学欢送会。9月蒙自的师生迁回昆明。

(三)北大文科研究所

1939年5月,北大决定恢复文科研究所,由中央研究院历史语言研究所所长傅斯年主持,担任主任。傅先生事情太多,于是拉郑先生任副主任,协助工作。傅斯年原是北大国文系1919年毕业生,高郑先生一年,他们两位也算得上是同学合作。

这时史语所在昆明，所以与北大形同一家。所中分宋史工作室及明清史工作室，分别由姚从吾和郑先生负责。研究所设在昆明北郊龙头村宝台山响音寺，先后招收过两届学生。研究生亲切地比喻郑先生为古代书院的山长，恰如其分。同学们的一副对联编得好："郑所长是副所长，傅所长是正所长，郑、傅所长掌研所；甄宝玉是假宝玉，贾宝玉是真宝玉，甄、贾宝玉共红楼。"这虽是笑话，但也反映了当时的实情。

陈寅恪先生在文科研究所中指导王永兴、汪篯，郑先生亦为导师。其他则有王明、任继愈、魏明经师从汤用彤，阎文儒师从向达，李埏、杨志玖、程溯洛师从姚从吾，王玉哲、王达津、殷焕先师从唐兰，王利器、王叔珉、李孝定师从傅斯年，阴法鲁、逯钦立、董庶师从罗庸，马学良、刘念和、周法高、高华年师从罗常培。1940年秋冬，日本侵华战争日紧，中研院史语所遣往四川李庄，傅斯年先生也于1941年1月飞川，抗战胜利后又回到昆明。

鉴于史语所迁蜀，北大与联大缺乏书籍，郑先生主张北大文科所暂时依附史语所，以使诸生的培养得到保障。1940年9月7日，郑天挺致傅斯年的信中商谈此事：

> 此外尚有一事，即北大研究所址，非追随史语所不可。此事已数向兄言之，而兄皆似不甚以为然。但细思之，北大无一本书，联大无一本书，若与史语所分离，其结果必致养成一班浅陋的学者。千百年后探究学术史者若发现此辈浅陋学者，盖我曹之高徒，而此浅陋学风为北大所韧始，岂不大糟！弟亦知若此十余人追随史语所离开联大，在史语所，在吾兄均增加无穷麻烦，但此外实无他策。弟意：万一史语所与联大不能在一地，而研究生必须随史语所者，北大可每年或每学期，请一位教授随同前往，俾稍减史语所之麻烦，并负其他事务责任。兄意如何？如兄意以为可行，则此时即可准备起来也。

虽然由于此事涉事甚多，史语所负担颇重，傅先生还是允许新入学的北大文科所任继愈、马学良、刘念和、李孝定四位学生去了四川。此事足以显示出郑先生对于北大学生的爱护，对于为师者责任的担负，对于北大与联大学风的珍视。

在抗战期间的艰苦岁月里，北大文科研究所培养出的几批学生，后来不少人成为学术名家，为中国人文科学教育和研究做出了杰出贡献。

研究所在昆明城内青云街靛花巷三号租用一座小楼，共三层十八间房屋。郑先生与陈寅恪、傅斯年、汤用彤、姚从吾、罗常培、向达同住楼上,每人一间。研究生也住在楼内,其中还有食堂、图书室。大家经常来往,茶余饭后交谈涉猎很广。傅斯年除主持文科研究所外,对研究明史也有兴趣。他与郑先生二人曾计划编写《明书》三十志,用五年完成,后因条件不允许,计划只好搁浅。傅先生对郑先生的学问很赞赏,他对学生讲:"郑副所长不为文则已,为文则为他人所不及。"据傅斯年的同乡后辈何兹全先生回忆:"抗战之后,我去美国留学,1950年回到北京,12月去看郑天挺师。进门他就对我说:'孟真(傅斯年先生的字)先生去世了!'我一时愕然,沉默了半天没说话。"由此则可见郑先生对于傅先生的尊重与感情。

文科研究所经常邀请所中导师及外来专家作报告。汤用彤、闻一多、刘叔雅等教授都被邀请过,1941年从国外归来的夏鼐、老舍均在所内演讲,英国学者李约瑟、休士到昆明,也曾下榻于所里。

1942年后,研究所还派向达先生赴敦煌参加西北考察团。这是与中研院合作的项目,郑先生特别关心。郑先生认为敦煌"未研究之文献甚多,为国际学术界所注意,关涉甚多,影响甚大。此后北大文研之发展,舍此莫由。今觉明(向达)开拓于前,吾辈正宜追踪迈进"。这一写于1943年10月11日的日记文字,足见郑先生对于向达研究的支持以及为规划研究所发展的用心。

(四)总务长与史学家

1940年初,西南联大总务长沈履离校去四川大学,清华梅贻琦等人推荐郑先生继任,让汤用彤探询郑先生的意见。郑先生表示要专心教书,致力于明清史研究,行政事务决不就任。汤用彤也表示赞同。其实,郑先生南下后一直就有脱离行政、专心学术的想法。在长沙时,郑先生行政事务不多,得以安心读书授课。蒋梦麟仍然不时催促其兼管行政,他都尽力设法避开。到蒙自教学秩序正常后,郑先生即向蒋校长提出辞去行政职务,蒋表示谅解。当时郑曾邀请魏建功代刻杖铭二根,其一曰"指挥若定",另一曰"用之则行,舍则藏"。罗常培见后,以"危而不持,颠而不扶"相讥,就是指郑坚辞不任行政事务而言,言颇切直。但是这次连罗也劝他不就,并说:"君欲为事务专家乎?为明清史专家乎?"此话更坚定了他的决心。但是,联大常委会议已通过,聘书已送来,清华、北大负责人不断劝驾,且有"斯人不出,如苍生何"之句。郑先生虽多次上书,说明不就任的原因:"并非谦让,亦非规避,更非鸣高,诚以学殖日荒,思自补益。"但此举仍然无效。北大领导又以照顾三校关系为言，于是郑先生在是年2月应允就职。

著名历史学家何炳棣的《读史阅世六十年》的回忆可为此事做注脚："1939年秋到昆明以后，与清华办事处的几位'故人'偶尔谈及联大人事时，发现清华的人对北大校长蒋梦麟、教务长樊际昌皆不无微词，独对秘书长郑天挺的学问、做人、办事才干和负责精神都很倾服。所以我1940年2月得悉郑先生已同意继清华沈履为联大总务长的消息后，深信此后三校合作有了保障不是没有理由的。"当时物价飞涨、物资匮乏，总务工作开展艰难，且三校工作人员尚处磨合期，但因郑先生对人谦逊，多方疏通，总务工作才得以步入正规。后来，清华大学吴有训教授由重庆回到昆明，当着梅贻琦及联大诸多教授当面赞誉称："现在内地各大学无不痛骂总务负责人，只有西南联大例外。"

承担总务长的同时，郑先生坚持读书做学问，坚持谨严创造的精神，期望积极从事学术研究，以期有所贡献于祖国。郑先生读书喜欢做卡片，保留至今的卡片中不少是西南联大时期所作。如1940年4月1日，读罢明陈子壮《昭代经济言》，作了题为"明代田役之弊"、"明代徭役之繁"的卡片。卡片落款有"天挺记于昆明大西门外靛翔街国立西南联合大学总务处总务长室。29.4.1下午四时半"字样，据此可知当天下午郑先生在总务长室读书的情况。郑先生读书异常勤奋，除夕之夜仍在学习。1943年2月4日是农历壬午除夕，郑先生读了王先谦《东华录》天命、天聪两朝，作"清初人之修饰与鹰犬"卡片，又读《清史稿·本纪二·太宗本纪》，摘录"（天聪五年，七月甲戌）并禁官民同族嫁娶，犯者男妇以奸论"，之后，他写下了读书心得："此事《东华录》失载。"不仅如此，"其研究有间恒在警报迭作晨昏野立之顷"，可想而知，一代学人就是这样孜孜不倦铸就的。

除了这些明清史的卡片之外，郑先生还有不少有关隋唐五代史的卡片。郑先生20世纪30年代先后在浙大文理学院、北大史学系、西南联大历史系讲授"隋唐五代史"课程，在北大文科研究所与陈寅恪先生共同指导隋唐五代史研究生。郑先生对于武则天有过客观翔实的深入研究，这一研究与陈寅恪有关。1935年陈寅恪发表《武曌与佛教》一文，是当时研究武则天的杰作。郑先生也在40年代初计划探讨武则天问题，做了"武则天革命卡片及长编"的卡片，就立武后之争、武则天幼尝为尼、武则天再入宫年月、唐初后宫组织、武氏七庙、唐之佛教与政治、武则天为女主与《大云经》、武则天尊号、则天太庙神主、武则天之改元、史书对于吕后之书法及与武后之比较、吕后称女主、《通鉴》对武则天之书法、武后深知汉吕后之祸、武氏七庙、武后时制度、武则天去唐初年代、武则天系年、则天称周、武则天革命、武则天称帝之原因、武则天称帝以劝进之、武李两家之纠结、则天与唐宗室、则天与诸武、唐武氏世系、则天不立武承嗣为太子、苏安恒劝则天禅位太子、中宗复位与玄武门之兵、张易之兄弟与中宗之立、武则天与门阀制度等问题积累资料，进行研究。

郑先生作于1941年12月25日的"唐之佛教与政治"卡片自注云："就陈先生笔记摘其精义，加以疏证。"他又吸取陈寅恪《武曌与佛教》对敦煌本《〈大云经疏〉残卷》的研究成果，即认为武则天所颁《大云经》，乃薛宗义取后凉县无谶旧译《大方等大云经》附以新疏而成，推翻了新旧《唐书》所记武氏时有沙门伪撰《大云经》的说法；而武则天之所以如此重视《大云经》，无非是要利用此经中所含有的女性可以为主之精神，用以制造舆论，从而达到自己革除李唐取而代之的目的，这样就阐明了政治和佛教势力之消长的关系。根据郑天挺先生的卡片而成的《隋唐五代史讲义》，已由王立平教授等人整理完毕，将由中华书局出版。

郑天挺在昆明所写的两篇考证文章是应该提到的，因为它反映了郑先生深厚的考证功力。在长沙时，郑先生收到为张之洞编过遗集的张府幕友许同莘致孟森的信，回答孟森所问张之洞手翰中所称"燕斋"之人大约是广东盐运使瑞璋。1940年6月郑先生在昆明得见《张文襄书翰墨宝》，对"燕斋"进行了考证。经过仔细阅读比证，他断定诸札所作年代，排除燕斋非瑞璋，推测瑞璋为蒋泽春，又补以5条证据说明假设成立。此篇为两千字的精粹之作，是通过内证、外证结合考据成功的，其考证功力令人叹服。郑先生对这篇文章比较满意，他在晚年曾说："这就是在没有什么线索的情况下，如何找到线索，如何进行比证，从而得出比较满意的结论。这是最起码的考证方法，年轻人不能不知道。"

1939年郑先生看到四川乐山《重修凌云寺记》拓本，该碑列衔第一名"□王驾前"四字，认为王字上划微低，疑当为主字，而□字当系"国"字，即"国主驾前"，从而证明孙可望不仅自号"国主"，所部亦以国主称之，所谓国主驾前，即可望麾下。他又结合其他碑记以及史料，以正反两方面证明国主与"驾前"二字专属可望由来已久，可知孙可望早就专横跋扈。诚如郑先生所言："此碑虽微，顾有可补史籍之阙者。"该文根据残缺的碑记列衔文字的形体判定原字，又从碑记中提示的孙可望部将名，结合相关史籍，从一名称考出人物及相关制度和历史，可见郑先生敏锐的考证眼力。

40年代是郑先生科学实证研究清史的重要时期。他以民族间文化调融的视角考察清朝兴起的历史，写成《满洲入关前后几种礼俗之变迁》（1942）、《清代皇室之氏族与血系》(1943)等长文。前文从渔猎、祭告、祭堂子、丧葬、殉死、婚嫁、薙发、衣冠几方面,论述了满族礼俗的变化及其与汉族的关系;后文主要运用考证方法,探讨了清代以满洲表部族、满族先世在元明之地位、爱新觉罗得姓稽疑、氏族与族籍、清代诸帝之血系、佟氏与汉人、清初通婚政策、选秀女之制,分析了满族与汉族的关系。这两篇论文虽也运用纯熟的考证方法,但旨在说明满汉民族关系,证明满族是中华民族大家庭中的一员。这些论文是针对日本帝国主义侵占我国东三省制造"满洲独立论"有感而发,以使更多的人明白历史真相。

八旗制度中的包衣制度是清朝的特有制度,郑先生《清代包衣制度与宦官》(1944)一文,全面深入地研究了包衣的性质、产生、来源、组织以及入关后包衣与宦官的斗争。郑先生认为:"读史之难,难于熟知史乘用语之当时涵义,其杂有异文殊俗者为尤盛。"于是取清史习见满语加以诠释,成《清史语解》释词18条,其中不乏排比众多史料结合满语知识的细密考证之作,如土黑勒威勒、扎尔固齐、巴牙喇、巴图鲁、巴克什等条即是。这些名词是清代制度的称谓,藉此可了解清初政治、军事等多方面的问题。

1945年郑先生将有关清史的论文12篇结集,原想定名为《清史然疑》、《清史稽疑》、《清史证疑》,后来觉得还是《清史探微》响亮,故名,并交重庆独立出版社于翌年出版。"探微"除了表明郑先生的谦虚外,还表达了他以实证释疑求真的学术追求,这是郑先生治史的重要特点。他一生主张研究选题大处着眼、小处着手,正是探微求真的反映。郑先生20世纪三四十年代在北大及联大的学术研究成果,是他的成名之作。当时正值郑先生40岁左右,是其学术研究旺盛与成熟的时期,符合文科研究的一般规律。他以高超的考证技艺、广博的治学范围、清史领域专深的创造性研究,已蔚然成为大家。遗憾的是由于光复不久的社会环境和解放后学术取向的改变,致使该书的传播不够,学术影响受到限制。

1947年田希圣撰文介绍北大文学院时说,"北大文学院是中国新文化运动的发祥地","是中国旧国学的研究室","这两句话同时说来并不矛盾","北大学术风气,不仅是'兼容并包',而还能'专精独到'。无新不显旧,无旧何从新,北大能将新文化扶导培育而纳入正轨,北大能将考证辨伪再赋予生机。所以中外人士,一提到中国学术,便首推北大,一提到北大,便先把文学院赞扬一番"。这一评价切中肯綮,郑天挺的研究正是北大国学研究专精独到学风的重要代表。

在昆明期间,郑先生继续探讨西南边疆历史,多次应邀进行这方面的学术演讲,如1942年夏,在华山小学为云南省地方干部训练班做"明清两代滇黔之发达"

演讲，1944年暑假，应大理县志编委会之邀，与联大、云大师生赴大理进行学术考察，并在大理三塔寺为干训班做"中国民族之拓展"演讲，1945年1月为云南文化界作"明代之云南"演讲。

1945年抗战胜利，给远离家乡的西南联大师生带来无比的喜悦。联大为筹划三校迁返平、津，设置三大学联合迁移委员会，聘请郑先生为主席。这时校长蒋梦麟已作行政院秘书长，9月初教育部任命胡适为北大校长，傅斯年为代理校长，北大派郑先生赴北平接收。

三、重建北大时的郑天挺

（一）北大复校

北大复校不延聘任何伪北大的教职员，伪北大的学生进行补习，期满发给证书后，可以转入北大各系科相当年级，北大予以收容。所以当时北平各大学一律改称补习班，合称北平临时大学。时教育部派陈雪屏为北平临时大学补习班主任，北大的接收从补习班开始。补习班分为8个，伪北大文、法、理、农、工、医六院分属1至6班，第2分班为文学院，由邱椿任主任，郑天挺代理。北大成立校产保管委员会，由郑先生主持。1946年春，邱椿来平后，郑先生专在北大办事处，负责复校。

复校后，郑天挺兼学校秘书长。当时北大实行秘书长、教务长、训导长三长制，不设副校长，秘书长责任重大，对外代表学校，事务繁多。尽管政事务冗繁，郑先生仍坚持授课。

1946年暑假，北大复校。这时的北大由原来的文、理、法三个学院，增加农、工、医扩充至六个学院，师生与校舍成倍增加。这年12月，史学系主任姚从吾离开北大，郑先生又代理系主任，史学系只有一名助教协助工作。当时校务丛集，加上物价飞涨，经费拮据，郑先生任重事繁。他还要讲授明清、清史研究、清代史料、历史研究法等课，只能利用晚上在家看书备课，每晚工作至深夜。

郑天挺将汪篯调回北大史学系一事值得一提。1946年10月，陈寅恪因目疾难以复明，给郑先生写信，说道："因目疾急需有人助理教学工作。"此时正在长白师院任教的陈寅恪的得意门生汪篯曾经多次给郑先生写信，希望"遇有机缘时，予以提携"，"名义、待遇，在所不计"，以回到北大那令他难忘的优良学术环境。陈寅恪在北大文科研究所培养了汪篯、王永兴等隋唐史专家，为感谢陈先生对北大的情谊，也为了照顾他的身体，又为了给北大招揽人才，自然加上陈、郑两家的世交关系，郑先生想方设法在1947年把汪篯调回北大任史学系教师，而做清华大学陈先生的助手，薪金待遇全部由北大支付。

　　1947~1948年，国内政争演变为内战。北大校长胡适自然站在国民党政府一边，但是在国民党与批评政治的学校师生之间，他还是保护学生并批评政府。1947年2月，胡适向学生保证，逮捕学生的事不会出现在北大，亲口保证他绝对负责保出北大被捕的学生。他甚至批评政府，不应当把学潮都归罪于共产党的宣传，他说大多数学生只是关怀国家的情势而已。1948年4月7日，郑先生致函正在南京的胡校长，报告与官方周旋抵制逮捕学生及劝导学生缓和事态的情况，曲尽学校在政府与学生之间的难处。其中郑先生对警备司令部欲逮捕的12名北大学生，在接到学校请同学转达逮捕名单与学校谈话的通知后先后均到场，向胡适称赞说"不愧北大学生"，为北大的学生而骄傲。郑先生在报纸上看到国民大会通过建议政府加强剿总职权，学校均应配合剿总法令执行任务，马上给胡校长拍去电报，表示不满。他说："北大有自由批评之传统，外间颇多误解，今后处境将益困难……大学有其使命，学术研究应有自由，若无实际行动，在校内似宜宽其尺度。若事事以配合为责，奉行不善，其弊害不可胜言。""大学有其使命，学术研究应有自由"一句，是重申蔡元培的办学原则，反对抑制北大学术自由的传统。为了学生的人身安全，为了办好北大，为了捍卫学术自由的传统，郑先生尽心尽力。

　　当局为了对付风起云涌的学生运动颁布《戡乱治罪条例》，国民党特工人员在校内大肆活动，北平警备司令部下令逮捕学生，声称武装进校搜捕。学生也组织起来，针锋相对，形势严峻。为了声援学生，郑先生和上百名教授举行全体教授会议，发表宣言，决定罢课几天，以示抗议。郑天挺对学生说："坚决不能让军警入校抓人，如果努力失败，将和其他教授一起辞职抗议。"此举迫使当局退让，避免了一场流血冲突。是年夏，国民党军队在华北逐渐失势，警宪决定做最后的镇压。暑假里发生了"八一九"大逮捕事件，不少学生以"共匪嫌疑"被列入黑名单，登报通缉。郑先生则通知回家的学生注意看报，不要住在家里，保护了学生。这时胡适的态度也发生了变化，他告诉北大的学生，那些被传到刑事法庭的学生必须认罪，不然即由校方开除。

　　由于平津被解放军包围，12月15日胡适校长离开北平，北大校务由郑天挺、周炳琳、汤用彤三人小组负责处理。16日傅斯年、陈雪屏从南京致电平津路局局长石树德，请其转告清华梅校长、师大袁校长、北大郑秘书长，安排接运人员南下。接运人员名单包括四类：各院校馆所负责人；因政治关系必离者；"中央研究院"院士；在学术上有贡献并自愿南来者。接运人员列为数批，机到即走，郑先生也在其列。当时郑先生决心留在北平，迎接解放。

12月17日是北大50周年校庆，学校仍举行了纪念会。这时的北大师生既有感于郑先生对北大行政工作做出的杰出贡献，又担心他离校使北大瘫痪，18日纷纷致函与他。郑昕、杨人楩、向达致函称："弟等至此，亦无他意，唯愿我兄以北大为重，毋轻于言去。"北大史学会、地质系会对其为北大师生的生活和安全尽了最大的努力，致以崇高的敬意和感谢，深信"您一定永远和我们在一起度过这危难的时期"。北大讲助会的函中写道："局势骤变以来，全校校务及师生安全端赖均座筹划保证，辛劳备至，敝会同人兹特谨致慰问之忱。自胡校长南飞后，均座肩荷益形沉重，俾校务得顺利推进，师生安全得能完全保障也。"北大学生自治会的长信中盛赞他：在炮火连天中倔强地坚守自己的岗位，维护学校秩序，保障生活、安全和学习，这种爱护学校、爱护同学的精神无上光荣，全北大同学不会忘记，全中国人民不会忘记。未过几天，学生自治会的代表以全体同学的名义，敬献给郑先生一面红绸锦旗，上题"北大舵手"四个字。郑先生成为北大百年校史上唯一获此殊荣的人，他深受鼓舞。

20世纪30年代北大毕业学生、后为清史专家的原台湾大学教授吴相湘1999年指出："二十世纪开始的五十年的中国一直是处于内乱外患连续不已的情势下，北京大学于三十年代'危城讲学、大义凛然'，教学研究与物质建设都是北京大学百年历史中空前光辉的。蔡元培及蒋梦麟、胡适诸位校长贡献至大，郑天挺秘书长则是在以蒋、胡校长为'船长'的'北大之舟'行进时的'舵手'，功在校史。他老人家在百忙中仍尽可能把握时间研究著述，《探微集》一册是具体成绩，实在难能可贵，值得今人效法。"郑天挺的学生冯尔康教授认为，郑先生在北大的工作，贯彻了蔡元培校长提出的"学术自由、兼容并包"的办学方针。上述看法是符合历史实际的。这时华北城工部发给各机关人员文告，让大家好好保护人民财产。因此，北大在全体师生的保护下，校产并未受到任何损失。

（二）在新北大

1949年1月，傅作义将军托邓宝珊将军出面，邀请北大汤用彤、周炳琳、郑天挺及杨振声吃饭，探询教育界意见。大家认为必须保全北平，以民意为依归（意思即和平解放)。过了几天,傅作义又约了更多的人在中南海座谈,大家仍如此表示。1月底北平正式宣告和平解放,当天下午傅作义召集各大学及其他机关负责人宣布此事,并说第二天早晨有飞机开往南京,愿走的仍可以走。郑先生自然决定保护校产,留在北平。

2月解放军入城,文管会召集各校代表开会,北大由汤用彤和郑天挺参加。5月文管会接管北大,成立校委会,任命郑天挺为委员兼秘书长,并指定为常委会书记(秘书),仍兼史学系主任。1950年5月,他辞去秘书长工作,专任史学系主任和文科研究所明清史料整理室主任。北大校委会对郑先生服务学校之劳绩表示感谢,并请校委会主席致函郑先生慰劳。

新中国成立以后,郑先生讲授"元明清史"及"中国近代史",把精力都放在教学与研究上。1951年,由北大、清华历史系及中国科学院近代史所共同编辑《进步日报·史学周刊》(原《大公报》),他围绕近代史写了《"黄马褂"是什么?》(第25期)、《宋景诗起义初探》(第40期)、《辛丑条约与所谓使馆界》(1951.9.7)等论文。其中《宋景诗起义初探》一文后由德国汉学家贝喜发译为德文,在柏林德国社会科学院东方研究所《通报》(1956年卷第1期)上发表。他还组织整理公布北大所藏明清档案,以供大家利用,主编了《明末农民起义史料》(开明书店1953年出版)、《宋景诗起义史料》(中华书局1954年出版)等书。短短的两年,回到教学与科研的郑先生就取得了如此成绩,引人注目。

正当郑先生专心利用北大及北京研究明清史最为有利的条件大展宏图的时候,1952年全国高校院系调整,将清华大学历史系、燕京大学历史系并入北大历史学系。9月,院系调整北京大学筹备委员会发出正式通知,公布新北大负责人名单,历史学系主任为翦伯赞。郑先生则接到调往天津南开大学历史系的通知,他思想上波动很大。50多年来,他基本在北京生活,热爱北京;如到天津,就要与在京的子女分开,过孤单的生活;北大及北京的清史资料浩如烟海,决非其他地区所及。但是,经过郑重考虑后,郑先生决定不考虑个人的生活及其他方面的变化,只身来津任教。

四、郑天挺的晚年

郑天挺奉调南开大学,任历史系教授、中国史教研室主任、系主任。从此郑先生成为南开大学历史学科的奠基人之一，为南开史学的进步与繁荣做出了巨大贡献。1956年，他主持筹建了全国高校系统首个明清史研究机构——明清史研究室，为南开的明清史研究打下了坚实的学术基础，为新中国历史学教育事业辛勤耕耘，培养了大批历史学教学和研究人才。1955年，郑先生受教育部委托，与武汉大学唐长孺一起，主持编写了全国高等院校《中国古代史教学大纲》，受到教育界和历史学家的普遍好评。1963年，郑天挺被任命为南开大学副校长，从1961年夏到1966年6月，郑先生参加教育部文科教材的编选工作，任历史组副组长，和翦伯赞共同主编《中国通史参考资料》、《史学名著选读》等。

"文化大革命"期间，郑先生被停止工作，直至1979年，他又被重新任命为南开大学副校长。该年郑先生接受教育部委托，在南开主持明清史进修班，主编《明清史资料》。从1979年起，他受中国社会科学院邀请，出任《中国历史大辞典》总编。1980年3月，中国史学会恢复活动，郑先生以最多票数当选常务理事，并于次年为首任主席团执行主席。1980年夏，郑先生发起并主持了在天津召开的明清史国际学术讨论会，会议取得了巨大的成功，影响非凡。同年，其文集《探微集》和专著《清史简述》相继出版，由其主编的《南开史学》创刊。这一年，郑先生加入中国共产党。1981年，郑先生参加了国务院学位委员会会议，为历史组主持人。这年下半年，郑先生异常繁忙，不断出席各种全国性会议，终因积劳成疾，病逝于12月20日，享年82岁。

郑先生一生未脱离教学、研究，也未脱离教育行政工作，各方面严格要求自己，其道德文章，堪称师表，和他相处数十年的人称颂郑先生是旧社会的君子、新中国的模范。郑天挺先生以其高尚的人格和卓越贡献而受到学术界和教育界同仁、后学的广泛敬仰。1981年10月，适逢其执教六十周年，南开大学为他举行了隆重的执教业绩庆祝大会，北京大学、西南联大的师友和教育部的领导与会，大家高度评价了郑先生哺育数代学人的功绩和学术贡献，表达了由衷的爱戴之情。1999年9月1日，由北京大学、南开大学以及天津社联在津隆重举行了"郑天挺教授诞辰百年纪念会"，同时进行了郑先生塑像揭幕仪式。雕像采用四川产汉白玉，象征郑先生一生廉洁自律、清白无垢的崇高人品，底座的泰山产墨色花岗岩，表示郑先生一生成就卓著、功追泰山。2009年9月18日，南开大学、北京大学、中国社会科学院联合举办了"郑天挺先生诞辰110周年中国古代社会高层论坛"，百余位专家学者齐聚一堂，深切缅怀郑天挺先生的光辉业绩和对中国高等教育事业、历史学发展做出的杰出贡献。

沉酣经史探鸣沙，学究敦煌自大家[①]：向达教授传略

韩策　陈浩

向达（1900~1966），湖南溆浦县人。先后求学于长沙明德中学、南京高师（东南大学的前身）、东南大学等校。曾任职上海商务印书馆、国立北平图书馆，曾赴英、法、德交流学习。又历任浙江大学、西南联合大学、北京大学教授，北京大学图书馆馆长、中国科学院历史研究所第二所第一副所长、学部委员。学问渊博，尤精中西交通史和敦煌学。著有《唐代长安与西域文明》等，流传颇广，影响深远。

一、出身及学历

向达，字觉明，笔名方回、佛陀耶舍（"佛陀耶舍"，梵文Buddhayaśas，即觉明），土家族，1900年出生于湖南湘西溆浦县的一个小官僚家庭。祖父向师棣，字伯常，曾入曾国藩幕府。父亲向学耿，清朝末年曾任广东梅县知县。光绪三十三年（1907），向达随家来到广东，宣统元年（1909），父亲病故于任上，次年，又随母亲舒和玉及兄弟姐妹回到了溆浦家乡[②]。

回到家乡后，向达在溆府小学堂和常德第二师范附小读完了小学，1914年进入由湘西人创建的长沙兑泽中学。当时学校闹风潮很流行，兑泽也闹风潮，结果他被

[①] 语出赵朴初先生为《向达先生纪念论文集》所赋诗。

[②] 引自"向达自填履历"。此"自填履历"系沙知先生据北京大学档案中1952年和1956年的向达自填履历表整理而成，见沙知编：《向达学记》，"编后记"，三联书店2010年版，第324~325页，并参向达：《向达的自传》，均收在《向达学记》。下文关于向先生生平的叙述，多有依据"自填履历"和《向达的自传》之处，凡依"自填履历"和《向达的自传》者，除直接引文外，恕不一一注出。

开除。后他又转入外国语学校，也没待多长时间，便于1915年考进了当时湖南全省闻名的长沙明德中学。中学期间，向达学习刻苦，成绩优秀，生活朴素。1917年中学毕业后，本该升大学，但经济上"有点担负不了，所以他在家里休息一年，自己补习"①。当时读师范学校不用家里花钱，所以1919年向达就考入了南京高等师范学校数理化部，据说还是第一名，主修化学，思"实业救国"，但不久便弃理从文②，改入南高文史地部，受到柳诒徵、陈鹤琴等先生的赏识，于1923年毕业。南高升格为东南大学后，向达又在东南大学学历史一年，于1924年毕业，获文学学士学位。

二、学术之路：上海、北平、伦敦、巴黎

大学毕业后，虽然"找工作相当困难"③，但是向达凭借文史与英文方面的超凡学识，成功考入了上海商务印书馆编译所，当编译员。当时的商务负责人王云五和编译所所长何炳松计划编一部百科全书，要求馆员每日至少译1500字，当天任务没有完成的，第二天必须补上，工作量长期不够要扣工资。向达自来勤奋，白天在馆里翻阅资料，晚上则背诵英文字典。在完成馆方任务的同时，他还阅读了大量的中外史籍，并逐渐进入了中西交通史的研究领域④。向达在商务期间，除了工作上的翻译成果之外，还翻译了《勒柯克高昌考古记》、《印度现代史》，并和梁思成等学者合译了韦尔斯的《世界史纲》。他还发表了《龟兹苏祇婆琵琶七调考原》、《元代马可孛罗诸外国人所见之杭州》等论文⑤。《龟兹苏祇婆琵琶七调考原》一文是向达第一篇正式发表的学术论文，详细探究了秦汉至隋唐龟兹与天竺音乐文化交流的概况，阐明了龟兹人苏祇婆所传的"琵琶七调"实际上来源于印度北宗音乐的观点。

1929年8月，国立北平图书馆新馆在北海文津街落成，由蔡元培、袁同礼出任正、副馆长，袁代理馆务。1930年秋，经赵万里的介绍，向达进入北平图书馆，任

---

① 向达：《向达的自传》，收在沙知编：《向达学记》，三联书店2010年版，第1页。
② 关于向达先生弃理从文的原因，有几种说法：有谓激于五四新思潮的余波，改变了单纯"实业救国"的初衷（比如阎文儒、阎万钧：《向达先生小传》，阴法鲁、萧良琼：《中国敦煌学的开拓者：向达》，分别见《向达学记》，第6页、第17~18页）；有谓因参加课外活动，误了正课，受老师责难，不服气，一怒之下退出理科，改习文史（比如何兆武：《缅怀向达先生》，收在《向达学记》，第156页）。据向先生哲嗣向燕生回忆，向先生"后来又按自己的兴趣转入了文史地部，学了历史"（向燕生：《爱国者、学者、长者：回忆我的父亲向达教授》，收在沙知编：《向达学记》，三联书店2010年版，第262页）。向先生弃理从文，似乎更多的是兴趣使然。
③ 向达：《向达的自传》，收在沙知编：《向达学记》，三联书店2010年版，第1页。
④ 参见阎万德、阎万钧：《向达先生小传》，收在沙知编：《向达学记》，三联书店2010年版，第6页。也参阴法鲁、萧良琼：《中国敦煌学的开拓者：向达》，收在沙知编：《向达学记》，三联书店2010年版，第18页。
⑤ 阎万钧编：《向达著译目录》，收在沙知编：《向达学记》，三联书店2010年版，第310~319页。

编纂，参与编辑馆刊。当时，馆长蔡、袁极重视人才的吸收和培养，北图迅速聚集了一批风华正茂的青年学者，后来多数成为学术名家，如孙楷第、王庸、谢国桢、刘节、贺昌群、王重民、赵万里、谭其骧等先生。这批北图的学者，加上北大、清华的一些学者，如钱穆、贺麟、浦江清、张荫麟等，形成了一个学术圈子。他们经常聚谈，切磋砥砺，同逛旧书肆，淘书藏书。

据贺昌群先生的女儿贺龄华讲，1930年向先生刚到北平，与贺家同住在中南海欢喜庄一个院子里（那时的中南海还是平民百姓的住地）[1]。又据浦江清日记1932年1月9日条，有向先生"出南海，同赴觉明寓处，觉明寓府右街妞妞房甲一号"的记载。府右街妞妞房即在今天的中南海博学胡同附近。可见，向先生刚到北平的时候，住在中南海。1932年1月9号这天，浦江清先赴北图，在图书馆的梁任公纪念室与向达（觉明）、王庸（以中）、谢国桢（刚主）、刘节（子植）聚谈，饭后同游南海，出南海后，又同赴位于中南海的向达家里畅谈。之后，浦江清前往钱稻孙家，"方夜饭"，王庸夫妇电话坚邀浦江清去他们家，浦遂雇车去北河沿二道桥王庸家里。而"以中与钱宾四（钱穆）同居，宾四亦来谈"。关于此点，钱穆恰有回忆称"王庸夫妇亦曾居赁二道桥余家前院"[2]。当天晚上，浦江清即在王庸家"火炉旁设榻"。第二天向达来访，午餐小酌，"葡萄酒二盅"下肚，"微醺"的感觉上来了。向达"欲邀同志数人组织一团体，参观北平各学术机关作印象及批评文学"，钱穆谓"游历名胜名刹为上"，浦江清提议"办一杂志，以打倒高等华人、建设民族独立文化为目的，名曰《逆流》。逆流者，逆欧化之潮流也"。向达、王庸、钱穆均表赞同，只是"不知何日能发动耳"。向达有些担心："恐出而后无销路，奈何？"[3]

这几位中，王庸与向达为南高同学，同受业于柳诒徵先生。浦江清1926年毕业于东南大学，为吴宓的学生，也可算是校友。而王庸、谢国桢、刘节又同为清华国学研究院毕业生。向达与谢国桢即是通过王庸认识的[4]。同时，王庸又与钱穆关系密切。这是因为，一则王庸的夫人姓殷，为顾颉刚的内侄女（顾夫人名殷履安），所以王、顾是亲戚，而钱穆又是由顾颉刚介绍到北京来教书的，钱、顾关系非比寻常；其二，如前文已提到的，王庸与钱穆曾是邻居。钱穆、王庸的关系密切，很快拉近了钱穆与北图其他几位学人的关系。所以钱穆称"时北平图书馆有研究员向

---

[1] 贺龄华：《向达先生与我的父亲》，收在沙知编：《向达学记》，三联书店2010年版，第269页。
[2] 钱穆：《八十忆双亲 师友杂记》，三联书店2005年第二版，第183页。
[3] 浦江清：《清华园日记·西行日记》，三联书店1999年第二版，第59～60页。
[4] 谢国桢：《我与向达之友谊关系》，收在沙知编：《向达学记》，三联书店2010年版，第123页。

达、王庸、刘盼遂等五六人，集居馆中之地下室，余时去其处，极相稔熟"，又道"同在北平……研讨商榷，过从较密者，如……向觉民、赵万里、贺昌群等"①。

据贺龄华讲，由于向达和贺昌群家里都添了小孩，居处稍嫌狭窄了，1933年9月他们搬进了北京辇儿胡同的一处两进四合院，"虽前后院为邻，但却如一家人似的相处"。这两进的四合院便成了他们经常举办学术沙龙的地方，"除了北图的青年学人是常客，还有就是清华、北大的贺麟、钱宾四、浦江清、张荫麟等"。他们聚在一起便是谈论中外古今的学术话题，时常到半夜三更意犹未尽，夜宵是经常需要的。有时谢国桢先生会对着厨房大唤"拿蹄髈来！""还有什么好吃的快拿出来！"贺母就会不断地送酒上菜，为他们助兴。清华在城外，贺麟、张荫麟、浦江清来访，多是雇了驴车、马车进城的，谈到鸡鸣时分回不去了，就在向达、贺昌群的四合院里下榻。他们也经常一起去逛书肆，琉璃厂、隆福寺、宣武门晓市、东安市场，都是经常光顾的地方，淘得佳品，共同欣赏，其乐无穷②。向达先生的淘书之勤、鉴书之功、藏书之富，是出了名的。

这批学人之所以能经常聚谈，彼此交流，形成一个学术圈子，同学、同事之谊是一个原因，同时也是因为他们无一例外都是认认真真做学问的。另外，一个不可忽视的重要原因是，在对于中西文化关系的认识这一时代问题上，他们大抵上是持一种接近于"一方面吸收输入外来之学说，一方面不忘本来民族之地位"（陈寅恪语）这样的态度。

在北图的几年，对于向先生的一生来说是十分重要的一段。丰富的藏书资源、便捷的学术信息、经常的学友切磋，当然少不了的是向先生的天赋和勤奋，这一切使得先生的学问大进。期间，他不仅发表了包括代表作《唐代长安与西域文明》在内的几篇十分重要的学术论文，还确定了他一生治学的大致范围。《唐代长安与西域文明》描绘了一幅长安与西域文明互相影响、吸收的绚丽画卷，涉及宫室、服饰、饮食、绘画、乐舞、马球、宗教等方面，史料翔实，图文并茂，在附录中还论及柘枝舞以及"大秦景教碑"出土地点等问题。向先生的好友贺昌群先生专门为此文撰写了书评，认为"觉明君此篇，个人多其捃摭疏通之勤，而惜其少独发之功，虽然，此岂易言哉！处此惯于戕折人才之社会，此岂易言哉！"③

1934年3月，国际联盟世界文化合作中国协会与北平图书馆合作，合办《图书季刊》期刊，"分中、英文本和中英文合订本三种出版，以向国内外人士传达中外学

---

① 钱穆：《八十忆双亲 师友杂记》，三联书店2005年第二版，第182~183，173~174页。
② 贺龄华：《向达先生与我的父亲》，收在沙知编：《向达学记》，三联书店2010年版，第269~270页。
③ 贺昌群：《唐代长安与西域文明》，收在沙知编：《向达学记》，三联书店2010年版，第36页。

术界之消息，藉谋万国人士在知识上之谅解，以为人类和平开辟未来之新路"，而"季刊由北平图书馆负编辑之责"。编委会成员有五人：谢礼士（Ernst Schierlitz，德国人，辅仁大学教授兼图书馆主任，中德学会成员）、翟孟生（R. D. Jameson，美国人，清华大学教授）、曾觉之（广东人，留法，北平中法大学教授）、顾子刚、向达①。顾、向二位为北平图书馆代表。编辑了三期之后，向先生奉命去英国"整理海外敦煌本古籍"②，所以从《图书季刊》第一卷第四期开始，他的编辑职务遂由贺昌群先生接替③。《图书季刊》创刊后，向先生有数篇书评和新书介绍发表在该期刊上。

1935年，向先生由北平图书馆派到牛津大学图书馆作交换馆员，为牛津图书馆整理中文图书，次年7月抵伦敦，在大英博物馆内研究敦煌出土的卷子和太平天国文书。当时的英藏敦煌文书尚未整理编目，查阅、抄录和拍照都很困难。在此期间，受到了馆员翟里斯（Livnel Giles）的刁难，但是向先生据理交涉，不辱使命，浏览了500余件敦煌卷子，后来根据这些资料，撰写了《记伦敦所藏的敦煌俗文学》和《伦敦所藏敦煌卷子经眼目录》等对于唐代俗文学研究具有重要意义的学术论文。在英期间，向先生在工作之余积极投身到海外留学生的救亡运动中去，与人合办油印报纸，宣传抗日。1937年底，向先生来到巴黎，在法国国家图书馆研究巴黎所藏敦煌出土的卷子以及明清之际天主教的一些文献，直到1938年8月。在巴黎的工作开始之前，他顺便游历了德国，在柏林的普鲁士科学院查看了吐鲁番出土的古代文书，并参观了德累士登（Dresden）和慕尼黑（München）等地的画廊、博物馆。

三、联大教书和敦煌考察

1938年8月，向先生从法国回国，取道香港、越南，经昆明、贵阳，回到溆浦与妻儿团聚。其时北平图书馆迁至昆明，缩小了规模，向先生辞去了图书馆的职务。1939年3月，由南高文史地部同班同学张其昀介绍，向先生至浙江大学史地系任教授，时浙大迁至广西宜山。1939年7月向先生受聘为北京大学教授，任刚刚恢复的北大文科研究所导师，8月到昆明西南联合大学，任历史学系教授，直至1946年夏西南

---

① "编辑部启示"，《图书季刊》，第一卷第一期内封面，1934年3月出版。
② 《巴黎敦煌残卷叙录》，《图书季刊》，第三卷第四期第257页，1936年12月出版。
③ "本刊编辑部【成员】"，《图书季刊》，第一卷第四期内封面，1934年12月出版。

联大解散，三校复员，期间他一直任历史学系教授[①]。

向先生在西南联大历史学系开设的课程有中西交通史、印度通史、印度史和明清史。向先生1939年8月到西南联大时，1939至1940年度的课程已经排定，所以他到校第二年，于1940至1941年度开第一门课，即中西交通史。该课有六学分，面向二、三、四年级学生，为选修课，大约要讲两学期。1941至1942年度，向先生开了门新课，名为印度通史，六个学分，面向三、四年级学生，计划讲两个学期。1942年，向先生奉命参加西北史地考察团，两次赴敦煌等地考察，至1945年冬始回到昆明。向先生考察期间，1943至1944年度，钟道铭先生开设了印度史一课，该课有四学分，上学期上课，每周有一小时的讨论，与向先生的印度通史课设置有所不同。1944至1945年度，钟先生仍开设印度史课程，这次六个学分，面向三、四年级学生，未规定只上学期上课，与向先生的印度通史课设置一致。1945至1946年度，向先生考察归来，重新开课，只是这次课名比之前的印度通史少一通字，与上年钟先生的课名同称印度史，其他设置则无变化。向先生后来自填履历，写自己新中国成立前开过的课程有印度史，而不提印度通史之名，估计是由于自1944至1945年度开始，此课名称已经统一为印度史的缘故。1944至1945年度，姚从吾先生亦开设过中西交通史一课，不过该课为四学分课程，面向三、四年级学生，只下学期授课，与之前向先生所开的同名课设置上非常不同[②]。另外，材料显示，向先生在1945至1946年度还讲过明清史一课[③]，但向先生后来的自填履历中却无此记录。此中缘由或许如下：此课之前一直由郑天挺先生讲授（1943至1944年度由郑天挺先生和何鹏毓先生合开），面向二、三、四年级学生，分上下两学期，每学期三学分。而这次郑先生的大名正好不在本年度的"学程表"中，可知郑先生本年因故不开课，然而明清史虽是选修课，但之前郑先生已经连续开讲多年，已是颇为固定的选修课程，不便因郑先生临时有事而停开，于是，系里遂邀请在明清史领域尤其是明清中国与耶稣会士关系方面造诣极高的向先生"代为"开课，所以，向先生后来的自填履历中，新中国成立前所开课程中便没有明清史一目。

据当时在西南联大求学的何兆武先生讲，1941年他本科三年级时，需要选修一门国别史课程。这时，陈锡荣学姊向他推荐向先生的印度通史课，说向先生是当时

[①] 1940至1946各年度《国立西南联合大学教员（教职员）名册》，收在北大、清华、南开、云南师大编：《国立西南联合大学史料》（四·教职员卷），云南教育出版社1998年版，第86、121、137、160、183、239页。

[②] 1940至1946各年度"国立西南联合大学历史学系必修选修学程表"，收在前引《国立西南联合大学史料》（三·教学、科研卷），第208、240、312、345、379页。

[③] 前引《国立西南联合大学史料》（三·教学、科研卷），第378页。

毛子水　姚从吾　钱　穆　郑天挺　**向　达**
雷海宗　张荫麟　吴　晗　邵循正　孙毓棠

研究中西交通史的权威。何先生又曾听罗常培先生讲过，治中西交通史，必须精通敦煌学，而当时治敦煌学的权威则首推本校向达先生。于是，何先生便选修了印度通史这门课，据说选课的人只有五六个。向先生原计划将课分为四部分讲，即古代印度、中世纪印度、近代印度、中印文化交流史。但为了照顾学生的兴趣，就把第四部分中印文化交流史放到最前面讲。向先生以一详尽的绪论开篇，放眼于世界历史的大背景，纵论印度在现代世界政治和世界文化中的地位，几周之后转入中印文化交流史。何先生称"这是向先生毕生学术研究中最为当行出色、可称之为海内独步的绝学"。何先生的印象是，向先生讲课极其细致，但常能以小见大，直指一个时代文化精髓的核心，期末每人写一篇读书报告，作为该课的考试。第二学期本该开始讲印度古代史了，恰在这时，向先生忽然奉命参加西北考察团，要去敦煌等地考察了，"于是课程只好中断"①。

1942年至1944年间，向先生代表北大（时为西南联大一部分）参加西北史地考察团，两次赴敦煌等地，在十分艰苦的条件下进行考察工作②。在莫高窟考察过程中，向先生目睹了画家张大千等人出于个人目的，肆意毁损宋元时期壁画的行径，愤然拟就《论敦煌千佛洞的管理研究以及其他连带的几个问题》一文，经由傅斯年推荐，署名方回，于1942年12月27、29、30日重庆《大公报》上连载。文章在"历历如数家珍"（傅斯年按语）般地介绍了敦煌文物的原委之后，提出了五点看法：一、呼吁千佛洞亟应收归国有；二、收归国有后，应由纯粹学术机关管理，设立一千佛洞管理所；三、对于敦煌艺术应注重比较的研究；四、在技术问题没有得到圆满的解决以前，在千佛洞作研究或临摹工作的人，不可轻易动手剥离画面（此点即直接针对张大千一行人）；五、盼望学术机关能在河西设立工作站，从事于历史、考古，以及地理、气象、地质、森林、人类学的调查和研究工作③。

此文一经发表，立即引起各界人士的注意。贺昌群先生很快撰文《敦煌千佛洞应归国有赞议》④，支持和响应向达的倡议。不久，甘肃省政府主席谷正伦电饬敦煌县长："张君大千，久留敦煌，中央各方，颇有烦言。敕转告张君大千，对于壁画，勿稍污损，免滋误会。"⑤向先生在写给中央博物院研究员曾昭燏的一封信中

---

① 何兆武：《缅怀向达先生》，收在沙知编：《向达学记》，三联书店2010年版，第157～158页。
② 关于两次考察的详细经过和学术意义，可参考荣新江：《惊沙撼大漠——向达的敦煌考察及其学术意义》，《敦煌吐鲁番研究》（7），中华书局2004年。此文也收入《向达学记》。
③ 重庆：《大公报》，1942年12月27、29、30日连载。其中收归国有后，由纯粹学术机关保管的提议，傅斯年在文前所加按语中，认为"此恐不便"。傅主张应由行政部门如教育部（或会同内务部）组织一保管机关，慎选主持人为之，至于保管技术及监理责任，则应设一保管委员会，其中须有精研佛教美术、古建筑、敦煌文物者和工程建筑师等学界中人。
④ 重庆《大公报》，1943年1月7日。此文收入贺昌群：《贺昌群文集》（第三卷），商务印书馆2003年版，第200～203页。
⑤ 李永翘：《张大千全传》（上），花城出版社1998年版，第217页。

称,"西北苦寒,生活极为寂寞"①。但即便是在如此艰苦的境况下,他依然继续考察洞窟工作,抄录敦煌文书。考察结束后,他根据收集来的资料,撰成"瓜沙谈往"系列的四篇文章,后收入他的代表作《唐代长安与西域文明》一书中。向先生曾把他在河西搜集、抄录的文献辑成《敦煌余录》稿本,惜久未刊行,2010年向先生诞辰110周年,北大荣新江教授将此《敦煌余录》编入《向达先生敦煌遗墨》一书中,由中华书局出版。除了发表或未发表的文献资料外,向先生河西之行另一个不容忽视的学术成果是他收集的各类文物资料,这些文物资料曾在"北京大学五十周年纪念敦煌考古工作展览"上展出②。结束敦煌等地考察后,向先生于1945年回到昆明,继续在西南联大任教。

四、向达教授的后半生

　　1946年夏,西南联大解散,三校复员北上。9月,向先生携家眷回到北平,居住在东四十条的北大宿舍内,在北大任教。1947年7月到8月,向先生得到一年的休假,可以去美国讲学,并且能得到一笔可观的经费。但他放弃了,而选择了去南京任中央博物馆专门委员,协助筹备赴台湾展览的工作,并兼中央大学历史系教授。1948年底,北平被解放军包围,校长胡适和图书馆馆长毛子水相继南下,汤用彤、周炳琳、郑天挺组织维持小组主持校务,受汤先生的委托,向先生暂时照管北大图书馆的事务。

　　1949年2月北平和平解放,军管会入主北大,仍然要向先生管理图书馆,任馆长。1951年,向先生参加中国人民第一次赴朝慰问团。朝鲜归来后,他前往陕西、甘肃和新疆做传达工作。受到北大"自由与民主"思想的影响,他对新政权发表了自己的看法:"我们现在要监督执政党,使他做得好,不让他变坏。"③1954年5月,经北大方面同意,向先生被任命为中国科学院历史研究所第二所第一副所长。1954年他当选北京市人大代表,1955年被提名为第二届政治协商会议委员,6月任中国科学院哲学社会科学学部委员。

---

① 向达致曾昭燏函(1943年1月13日),收在荣新江编:《向达先生敦煌遗墨》,中华书局2010年版,第388页。
② 荣新江:《惊沙撼大漠——向达的敦煌考察及其学术意义》,《敦煌吐鲁番研究》(7),中华书局2004年版。又收入《向达学记》,第114～117页。
③ 周清澍:《回忆向觉明师》,收在沙知编:《向达学记》,三联书店2010年版,第213页。

史学大家的风范

毛子水　姚从吾　钱　穆　郑天挺　**向　达**
雷海宗　张荫麟　吴　晗　邵循正　孙毓棠

1957年"大鸣大放"的时候，向先生对史学界只研究"五朵金花"的现象提出批评，被人扣上"诬蔑党领导下历史学界的成就"的罪名。后来，他以政协委员的身份提议湘西土家族单独成立自治地方，于是有人说他想当土家族自治州的州长，又被诬以破坏民族团结和反党的罪名。1958年向先生被戴上"右派分子"的帽子，成为史学界第二号"大右派"（第一号据说是雷海宗先生），其科学院历史所第二所副所长及北大图书馆馆长等职务被解除，教授职称也由一级降为二级。

划为"右派"之后，向先生不再批评时政，潜心于中西交通和周边民族历史的研究。向先生拟定了一份《中外交通史籍丛刊》的计划，准备陆续整理出版。计划中的第二种书是玄奘的《大唐西域记》，但是由于整理该书的工作量较大，没有学校领导的支持不能贸然进行。与此同时，上海的章巽和范祥雍二位也向中华书局提出校注《西域记》的计划，得知此事后，向达慷慨地允诺贡献出自己所藏有关《大唐西域记》的材料。后来，北大又提出和上海方面合作校注《西域记》，但迫于政治压力和人事方面的因素，该计划也最终流产①。

1959年12月向达的"右派"摘帽之后，向先生以前系统校注却没法出版的《西洋番国志》、《两种海道针经》、《蛮书校注》、《郑和航海图》等书，于1961～1962年间由中华书局陆续出版。于是，他又重提《大唐西域记》的整理，打算以余生的精力来独立完成此项宏业。为了更方便地查阅相关资料，他独自移居到中国佛教协会的广济寺内，专心从事《大唐西域记》的校注。正因为此事，向先生与陈寅恪先生于1964年在令人神往的中山大学康乐园会面了。两个在新社会下还不时发"不当言论"的"资产阶级学术权威"分处天南地北，在那个"不容易"的时代，这样的会面真是太珍贵了。

陈寅恪在1963年3月与杨东莼会晤时，表达了他想和向达共同研究玄奘去印度取经的历史，甚至将没有机会与向达合作称为遗憾②。经过1963年的极度忙碌之后，1964年春，向先生自费来到广州，登门拜访与他关系在师友之间的陈寅恪，请教和探讨《大唐西域记》中一些涉及梵文的问题。陈、向二人结交始于何时已很难考，但两人曾同为北平学人，研究领域亦相近，学术成就海内瞩目，而知识人的超然和耿介在他们的性格中都有很明显的体现。向对陈的尊敬有加自不必说，陈对向也是极为欣赏。据说，1954年向先生出任科学院历史所第二所副所长，就是由辞不就所

---

① 谢方：《二十六年间——记〈大唐西域记校注〉的出版兼怀向达先生》，原载《书品》第2期，中华书局1986年版，后收入《向达学记》，第88～89页。

② 陆键东：《陈寅恪的最后二十年》，（台北）联经出版事业股份公司1997年版，第405页。下文陈、向会面的叙述多据该书第404～415页。

长之职的陈寅恪所推荐。陈寅恪1948年南下后，两人仍时有联系。1959年12月，向先生"右派"摘帽时，据说陈寅恪有信致贺。而这一次，向、陈二先生先是谈了《大唐西域记》的问题。当然，他们谈了好些次，还有很多话题，可以想见，世变下双方十几年的痛苦经历、南北学界的生态等等，是少不了谈的，而此中的细节，今天已经很难知道了。向先生在广州至少待了十来天，曾受邀给中山大学历史系作了一场题为"敦煌学六十年"的学术报告，并且"有幸"在"右派同人"端木正的陪同下游览了广州的一些名胜古迹。

向先生来访期间，陈寅恪写下了《甲辰春分日赠向觉明》三首绝句，赠给向先生，兹录如下。其一曰："慈恩顶骨已三分，西竺遥闻造塔坟。吾有丰干饶舌悔，羡君辛苦缀遗文。"其二曰："梵语还原久费工，金神宝枕梦难通。转怜当日空奢望，竟与拈花一笑同。"其三曰："握手重逢庾岭南，失明膑足我何堪。倘能八十身犹健，公案他年好共参。"[1] "丰干饶舌"句，用《传灯录》典故，说自己虽然名声在外，而现在却只能羡慕向达校注《大唐西域记》这部书了。可惜陈寅恪没能等到八十岁，就在大字报的包围和大喇叭的聒噪中，怀着太多的"奢望"去世了。

向先生回京后，首先将《大唐西域记》三种古本残卷的影印编辑工作完成，撰写了前言，交给中华书局。但是1964年随着全国"社会主义教育运动"的开展，形势又不妙了。中华书局主编以向达在前言中称玄奘为"法师"，称伯希和、羽田亨为"教授"等理由拒绝出版。当责任编辑谢方于1964年10月去看望向达时，他更是牢骚满腹，称查阅资料困难，研究工作举步维艰[2]。"文化大革命"一开始，向先生就被折磨致死，时隔26年之后，由季羡林等学者重新校注的《大唐西域记》方由中华书局出版。

据北大考古系邹衡先生回忆，1966年6月的一个太阳似火的下午，向达被几个造反派按在房檐瓦上"坐飞机"，折磨持续达几个小时。目睹自己年迈的老师惨遭如此折磨，邹衡只能无奈地躲在暗处偷偷落泪[3]。向先生的历史系同事邓广铭先生透露了一些有关向先生去世的细节：1966年国庆节前夕，向先生被派下乡，分配在罪行严重的"牛鬼蛇神"小组。患有尿毒症的向先生腿肿，走路疼痛，而医生却不给治，只开了消炎片，结果越吃越坏[4]。向先生于1966年11月24日病逝，享年66岁。

张广达先生将向达先生毕生的学术研究范围概括为五个方面：一是唐代中外关

---

[1] 陈寅恪：《陈寅恪诗集》，三联书店2001年版，第150页。
[2] 谢方：《二十六年间》，收在沙知编：《向达学记》，三联书店2010年版，第87页。
[3] 邹衡：《永远怀念向达先生》，收在沙知编：《向达学记》，三联书店2010年版，第188页。
[4] 杨宪益：《与向达的交谊》，收在沙知编：《向达学记》，三联书店2010年版，第138~139页。

系史研究；二是敦煌文书和敦煌地区史地研究；三是古代中国与南海国家的关系，特别是明末清初中国和耶稣会士的关系；四是国内少数民族史的研究；五是目录学及书评[①]。

1966年春天，向先生草拟了一份《自明初至解放前（Cir. 1405~1948）中国与非洲交通史料选辑说明》。虽然他最终没有能够完成这份庞大的学术计划，却为中非关系史研究规划出了轮廓与方向，为后学省去了不少精力。

向达先生凭着卓越的禀赋和毅力辛勤耕耘，留下了丰厚的学术遗产，是我国"敦煌学"研究的开创人之一，在中西交通史领域与我国著名中西交通史学者冯承钧先生、张星烺先生鼎足而三[②]。

[①] 张广达：《向达先生文史研究的贡献》，收在沙知编：《向达学记》，三联书店2010年版，第76~77页。
[②] 陈玉龙：《关于向达先生遗稿〈自明初至解放前（Cir. 1405~1948）中国与非洲交通史料选辑说明〉的说明》，收在沙知编：《向达学记》，三联书店2010年版，第42页。

一个史家的浪漫与现实：雷海宗传略

江 沛　马瑞洁

雷海宗（1902~1962），字伯伦，河北省永清县人。1919年，考入清华学校高等科。1922~1927年公费赴美国芝加哥大学留学，获得哲学博士学位。1927年回国后至1949年，先后在中央大学史学系、武汉大学史学系及哲学教育系、清华大学历史系、西南联合大学历史系、清华大学历史学系任教授。其发表有《中国文化与中国的兵》、《中国通史选读》（6册）、《文化形态史观》（与林同济合著）等论著，与人共同主编过《中央大学》半月刊、《战国策》、《大公报·战国副刊》等，主编过《周论》（44期）等刊物。雷海宗是"战国策"派的代表人物之一。中华人民共和国成立后，雷海宗仍任清华大学历史系教授。1952年秋院系调整中，雷海宗调任南开大学历史系教授、世界史教研室主任。其后，他编有《世界上古史讲义》教材。1957年，雷海宗遭到全国点名批判并被错划为"右派"分子。1961年末，雷海宗摘除了"右派"分子的帽子。1962年初，雷海宗抱病重上讲台，讲授外国史学名著选读、外国史学史两门课程。1962年12月25日，雷海宗因尿毒症及心力衰竭在天津病逝。

"只见走来的是一位温文尔雅的白面书生，年纪大约三十以上，头上平顶头，身穿一件褪色的旧蓝布长衫，足着一双尖口布鞋……这位新教授不带丝毫洋气，真像一位乡村塾师。"①

"他走进教室，摘下那顶旧呢帽放在台子角上，一枚校徽老是倒插在上面。他真没工夫管这些。你看他，喘着气，脸上的红潮还来不及退，他

---

① 赵亚芬：《纪念雷海宗师》，南开大学历史学院编：《雷海宗与二十世纪的中国史学》，中华书局2005年版，第115页。

毛子水　姚从吾　钱　穆　郑天挺　向　达
雷海宗　张荫麟　吴　晗　邵循正　孙毓棠

就在黑板上写了一个'战国之社会经济'，信口讲了下去，讲来又是那么的轻快、流利、生动，使历史上一个个人物都活了起来，一件件事都在墙壁上来回地撞……"①

他，就是雷海宗先生。

一、负笈留洋　心忧家国

雷海宗出身耕读人家。父亲雷鸣夏在当地基督教中华圣公会做牧师。受此影响，雷海宗从8岁入蒙学堂起直到1917年入北京崇德中学，都是就读于有教会背景的学校。由于其成绩优异，雷海宗获得教会公费资助续读大学。

雷海宗也许是那种天生的读书种子，其勤奋与用功是大学同学所公认的，对人文社科的知识体系也有着某种天生的悟性。1919年五四学生运动爆发时，刚刚考入清华学校高等科的雷海宗，也积极参加了反日学生游行。他回忆说，之前自己甚少关注政治，此时"对外反抗的爱国思想，可说是惟一的政治思想"；"对于'五四'以后所倡导的'民主'与'科学'，当然也接受，但远不由行动中反抗日本所产生的爱国情绪那样热烈"②。在那个激荡的年代里，雷海宗那一代人年轻的心灵里，读书求知的欲望与救国救民的情怀，始终是紧密相关的；而探求西方发展根源以为中国进步借鉴，同样是青年一代共同的心声。

1922年，雷海宗考取了赴美国芝加哥大学公费留学的资格。他在主科历史之外，选择哲学作为副科研习，这为他后来形成"有哲学意味"（刘崇鋐先生的评价）的史学研究③奠定了良好的知识背景。1924年，雷海宗进入芝加哥大学研究院历史研究所攻读博士学位，期间深得导师、著名史学家詹姆斯·汤普逊的器重。3年后，雷海宗以题为《杜尔阁的政治思想》的博士学位论文顺利通过答辩，获得哲学博士学位。这篇论文以英文写就，主要利用法文资料，足见雷海宗扎实的外语功底和开阔的研究视野。诚如其高足王敦书教授所言："与外国学生相比，中国留学生

---

① 黄振萍整理：《教授印象记》，《清华暑期周刊》第9卷第8期（1934年）。转引自雷海宗编著：《中国通史选读》，北京大学出版社2006年版，第Ⅳ页。
② 《我的思想转变——补充"参加土改总结与一年学习总结"》（1950年3月31日），雷海宗个人档案，卷宗号RS-591，第1件，5类5号，南开大学档案馆藏。
③ 齐世荣：《忆一代名师雷海宗》，南开大学历史学院编：《雷海宗与二十世纪的中国史学》，中华书局2005年版，第63页。

自然以中国学问见长，雷海宗以纯外国历史为研究对象而获得优秀成绩，这是难能可贵的。"①

雷海宗自陈，在美求学五年中他"日以继夜的读书研究，不问外事"②。其当年的同窗好友黄钰生教授回忆，雷海宗不但"专心读书，毫不旁骛"，还常常劝诫其他中国留学生珍惜学习机会③。不过身在异国的雷海宗时刻关怀祖国，他先后参加过两个中国留学生社团，前者主张推行民主政治、反对外力干涉，后者则以"谈话会"的形式议论国是。雷海宗还在"谈话会"上做过"八十年国耻小史"的报告④，殷殷赤子之心可见一斑。

雷海宗在美国留学期间，父亲突然病故。雷海宗是长子，另有三个弟弟、两个妹妹。当时只有二弟雷海澄在邮局有一份工作，其余弟妹尚在中、小学念书，家中虽有教会资助，但经济上非常困难，雷海宗也尽力从生活费中每月节省5美元寄回补贴家用。雷海宗"感觉用教会的钱，心中十分不畅"⑤，1927年他甫一回国，即不让家中再领教会津贴，自己每月拿出大半工资，独力负担弟妹学费。这份长兄义务，他一直坚持到所有弟妹都毕业就职为止。

雷海宗先生获美芝加哥大学博士学位照

二、中西贯通　声誉鹊起

1927年学成归国后，年仅25岁的雷海宗受聘为南京中央大学史学系副教授，两

---

① 王敦书：《学贯中西 桃李天下——雷海宗先生的生平、学术成就和治学特点》，南开大学历史学院编：《雷海宗与二十世纪的中国史学》，中华书局2005年版，第299页。

② 《我的思想转变——补充"参加土改总结与一年学习总结"》（1950年3月31日），雷海宗个人档案，卷宗号RS-591，第1件，5类5号，南开大学档案馆藏。

③ 王敦书：《学贯中西 桃李天下——雷海宗先生的生平、学术成就和治学特点》，南开大学历史学院编：《雷海宗与二十世纪的中国史学》，中华书局2005年版，第299页。

④ 雷海宗个人档案，卷宗号RS-591，第1件，1～19号，南开大学档案馆藏。本文件撰写日期不详，然在雷海宗于1954年所写的《历史思想自传》中曾提及："在忠诚老实运动中，（我）把一切的社会关系、思想活动，凡是稍有政治意义的，都表列说出"。鉴于档案中雷海宗所撰各类检讨中只有此一份"表列"形式的文件，再加上本表列文件所述内容最晚涉及1949年后的"三反运动"，发起时间亦在"忠诚老实运动"之前，特别是本表列文件的内容也的确是关于"一切的社会关系、思想活动"，根据以上四个理由，笔者推测本文件的写作时间应当就在1952年上半年的忠诚老实运动中。此表列甚为具体，许多事件写有具体日期和参加者，应为雷海宗对照当时日记整理所得。

⑤ 何柄棣：《雷师母张景茀的回忆》（1989年7月），何柄棣著：《读史阅世六十年》，广西师范大学出版社2009年版，第112页。

毛子水　姚从吾　钱　穆　郑天挺　向　达
雷海宗　张荫麟　吴　晗　邵循正　孙毓棠

年后又担任史学系主任，同时受邀在金陵女子大学兼课。1931年又受聘为金陵女子大学中国文化研究所研究员。期间，雷海宗发表的学术文章主要有《评汉译〈世界史纲〉》、《克罗齐的史学论——历史与记事》以及《孔子以前的哲学》等。

当年就读中央大学的蒋孟引教授回忆说："那时雷先生还很年轻，却是全校宣扬的名教授……雷先生讲课，不用讲稿，更无教本，板书也极少，全凭流利的口才论述史事，精辟分析，滔滔不绝，娓娓动听，极其引人入胜，真是如坐春风。"①

1931年，雷海宗转任武汉大学史学系及哲学教育系合聘教授，讲授欧洲通史和中国哲学史。现存于武汉大学图书馆善本书室的《欧洲通史（二）》，是雷海宗当年在武大的授课提纲。这份提纲经王敦书先生整理成书后竟逾30万字，所列外文参考书目合计300余种②。提纲打破国别界限和王朝体系，以宗教、哲学、科学、文学、市民社会之诞生等历史变革为主线，串联整个欧洲特别是西欧的历史，最后一节更由西洋文化普及全球，预言"人类命运之打成一片"——于70年前即已明示自西方工业革命后开始的经济与技术的现代化，势必形成"全球化"的进程，只此惊鸿一瞥中体现出来的学术敏感，亦足以令人叹服了。

这一年，雷海宗发表了曾引起广泛关注的论文《殷周年代考》，把思考的视角延入先秦史的研究。在此文中，雷海宗把其对中国史料研读的功夫与西方史学多学科互证的特长融为一体，根据温带人类生理和平均寿命推算的分析方法，考证古本《竹书》对于盘庚迁殷为公元前1300年、周室元年为公元前1027年的记载是可靠的。这一论断在今天已渐成学界共识，著名史学家何炳棣认为，这一年代应称之为"雷海宗的年代"③。

崭露头角的雷海宗，引起了史学家蒋廷黻的注意。蒋廷黻于1929年由南开大学移任清华大学历史学系主任以来，励精图治，欲使清华历史学系与国际一流大学接轨，走"历史学和社会科学并重，历史之中西方史与中国史并重，中国史内综合与考据并重"的发展道路。像雷海宗这样中西兼修、富有创见的学者，正是必欲延揽的人才。接到母校聘书，雷海宗格外欣喜。1932年秋，一领青衫、文质彬彬的他重回阔别十年的清华园。是年，雷海宗年方而立。

从今天来看，"五四"时代成长起来的一代知识分子，多数既有士大夫那种"天下兴亡，匹夫有责"的传统精神，也有面临"千古未有之变局"解民倒悬的民族使命感，在近代中国民族危亡之际，他们无论是从政、经商或致力学术，都会表现出强烈

---

① 蒋孟引：《雷海宗先生给我的教益》，南开大学历史学院编：《雷海宗与二十世纪的中国史学》，中华书局2005年版，第113页。
② 王敦书：《〈西洋文化史纲要〉导读》，雷海宗撰，王敦书整理：《西洋文化史纲要》，上海古籍出版社2001年版，第14页。
③ 何炳棣：《读史阅世六十年》，广西师范大学出版社2009年版，第121～122页。

的民族主义情感,也多数会把自己的志业与时代需求相联。雷海宗就是其中之一。

1932年秋到1937年7月中日战争爆发止,生活在清华园里的雷海宗,一方面是徜徉在学术海洋中的学者,他的全部精力和兴趣都在历史教学与研究上。他承担了中国通史、中国上古史、西洋史、史学方法等多门课程。他特别为中国通史一课精心汇编了近90万字的史料元典,以"中国通史选读"命名发给学生课下阅读。这部讲义每节起始都有他亲自撰写的简明评述,既体现了讲授者注重时代文化的总体特征和不拘于朝代更迭的治史风格,又将相关原典串联一体,启发学生通过基本史料的阅读,完成自己对历史的思考,令学生颇感耳目一新,受到了广泛好评①。

耐人寻味的是,在归国后一段时间内,以西洋中古史研究善长的雷海宗,何以把精力放在了中国史的研究上呢?

一种说法是:雷海宗甫一回国任教,即广获学生好评,有冬烘先生妒忌不过,讽议他国学底子不深、国史学问不够,只能讲讲西洋史而已。"这当然不是雷先生所能容忍的。所以随即大写中国史文章,并讲授中国史,无不大得好评,誉满全国,这远非冬烘先生之流所能望其项背。"②

用事实回击谣言的学界轶事听来格外痛快、合乎逻辑,冬烘先生也可能确有其人。雷海宗虽博闻强记、天资过人,但要迅速进入一个新领域,"随即大写中国史文章,并讲授中国史",绝非一日之功。雷夫人张景苾曾经回忆道:

> 海宗在美国学的是西洋史,回国后,他认为要做一个历史学家,应兼通中外历史,故他自己1927年回国后在南京中央大学任教时,即着手研究中国历史。每当他想到关于中国历史的问题时,都即时写下来,由此积累了不少资料。1932年,他回到清华母校任教时,夜以继日地编写中国历史教材,每天都要工作到深夜三四点钟,最后终于完成了一部中国通史讲义,共六册(注:实为七册)。③

依笔者所见,雷海宗研究中国历史,特别是后来由议国史而论时政的根本动力,并非只是要自我证明那么简单,也不仅是单纯的自我完善。稍稍翻检雷海宗关于中国史的著述,就会有一种强烈的感受:作为亲历中国百年变局,深怀爱国热情的史学家,雷海宗追问求索的始终是中华民族的复兴之路。他几乎总是把中国历史

---

① 季平子:《忆雷海宗师》,南开大学历史学院编:《雷海宗与二十世纪中国史学》,中华书局2005年版,第53~54页。
② 蒋孟引:《雷海宗先生给我的教益》,南开大学历史学院编:《雷海宗与二十世纪的中国史学》,中华书局2005年版,第113页。
③ 何炳棣:《雷师母张景苾的回忆》(1989年7月),何炳棣著:《读史阅世六十年》,广西师范大学出版社2009年版,第112页。

放在全球文化的大视野中去观察,为此不惜大刀阔斧地拓去历史"细节",只关注反映大时代特征的文化变迁。他的史学视野何以如此之"大"、如此之"阔"、如此之"高"?答案其实很简单——登高方能望远。雷海宗史学研究最根本的问题意识就是"民族前途"四字,其在知识体系上也拥有最恰当、最适宜的立足点"世界文明"。他深知,近代世界的大势由率先进入工业化的西方主导,近代中国的命运也与全球经济一体化的世界化大势紧密相关,没有中西兼修的知识体系,无法做出超越前人、洞悉大势的判断;没有对中国文化与历史的特征的深入理解,也无法真正回应近代"中国向何处去"这一时代主题,自然也不能从中西比较的历史考察中"眺望"中华民族在20世纪乃至21世纪全球竞争中的前途。一言以蔽之,雷海宗眼中的中国是世界视野下的中国,雷海宗眼中的世界是关乎中国的世界。

显然,雷海宗一直在思考着中国文化的命运这一时代主题。近代中国积贫积弱的现实、"东亚病夫"的耻辱、日本侵略日益迫切的压力,都使其难以坐稳书斋。他在思考着中国历史的特征与规律,也在尝试着从西方工业革命后世界现代化进程的视野去看世界文化的发展特征及中国文化于其中的命运。在这五年中,雷海宗先后发表了《皇帝制度之成立》、《中国的兵》、《无兵的文化》、《中国的家族制度》以及《断代问题与中国历史的分期》等一系列重要论文,深刻剖析了中国的帝王制度,中国文化自汉以后"武德"衰退的状况和家国一体的社会特征,初步完成了他对中国文化结构的批判性认识体系。雷海宗指出,中国古代"秦以上为动的历史,历代有政治社会的演化更革,秦以下为静的历史,只有治乱骚动,没有本质的变化,在固定的环境之下,轮回式的政治史一幕一幕的更迭排演,演来演去总是同一出戏,大致可说是汉史的循环发展"[①]。雷海宗是中国封建社会长期停滞学说的较早提出者之一,这一观念在促使史家深入理解中国社会发展形态上,具有启发意义。

此外,雷海宗此时在思想上受到了德国哲学家斯宾格勒(Oswald Spengler,1880~1936)"文化形态学"(Cultural morphology)的极大影响。文化形态学强调对于世界各区域间的文化进行比较研究、综合考察的视角,认为文化与自然界万事万物一样,均有生老病死的规律,异质文化没有优劣之分,具有文化相对主义的倾向。按照斯宾格勒的理论,世界上已有的埃及、巴比伦、印度、中国、古典、阿拉伯、墨西哥等7种文化都已死亡,仅余的一种历史遗迹——西方文化,也处于持续的战争与动乱中。西方文化正处于日渐没落期。但当有新因素进入,或许可以重生[②]。

---

① 《无兵的文化》,雷海宗著:《中国文化与中国的兵》,商务印书馆2007年版,第102页。
② 江沛:《战国策派思潮研究》,天津人民出版社2001年版,第75~76页。

留学美国的雷海宗，在对欧洲哲学的梳理中不可能不接触斯宾格勒的学说，但难以确定雷氏何时接受这一学说。从这一时期雷海宗所发表的文章看，至少在1936年时，雷海宗已有较为系统的文化形态史观则是无疑的[①]。在1936年10月发表的《断代问题与中国史的分期》一文中，雷海宗将中国文化的发展周期，以淝水之战为标志一分为二，强调北方胡人入侵、印度佛教西来对于中国文化再生的重要意义。雷氏还指出，"最近百年来，西化东渐，中国文化的各方面才受了绝大的冲动，连固定不变的政治社会制度也开始动摇"，认为中国文化第二周行将结束，并展望中国文化发展第三周的可能性[②]。这些文章，充满了对中国文化未来发展的焦虑，秉承了五四新文化运动对国民性的批判精神，以斯宾格勒"文化形态学"为母体，既打破了传统史学研究的王朝体系，又冲破了近代西方中心论的叙事樊篱，视角独特，眼界宏阔，创新叠出，在引发争议的同时，也使得雷海宗在中国史学界声名日益显著。

三、知识报国　婉拒赴美

1937年7月，卢沟桥的炮声遽然打破了清华园的平静，平津告急。为保护国家人才培育机构，教育部决定清华、北大、南开等校南迁长沙。雷海宗回忆道："日本多年以来对中国的一贯侵略，使我心中有极深的仇日感，灭亡日本的前途使自己心中悲愤苦闷，达于极点。"[③]因此全面抗战开始后，想到未来可能就此收复东北、将日本势力赶出中国的前景，他"也与全国大多数的同胞一样，兴奋热烈"[④]。雷海宗告别妻女，随清华师生转移至长沙。11月1日，由北大、清华、南开三校联合的长沙临时大学正式开学。由于清华大学战前始建的长沙校舍尚未完工，"临大"租用的长沙韭菜园圣经学校亦校舍不足，文学院遂设于南岳[⑤]。11月18日，雷海宗接替刘崇鋐就任"临大"历史社会学系教授会主席。此时，他和多数教授一样，仍未与家眷团聚，暂住在岳麓山上的集体宿舍，每次上课或吃饭都要走300多级台阶。在《存

---

① 江沛：《战国策派思潮研究》，天津人民出版社2001年版，第77页。
② 雷海宗：《断代问题与中国史的分期》，《社会科学》第2卷第1期（1936年10月）。
③ 《历史思想自传》（1955年11月），第2页，雷海宗个人档案，卷宗号RS-591，第1件，南开大学档案馆藏。
④ 《我的思想转变——补充"参加土改总结与一年学习总结"》（1950年3月31日），雷海宗个人档案，卷宗号RS-591，第1件，5类5号，南开大学档案馆藏。
⑤ 西南联合大学北京校友会编：《国立西南联合大学校史》，北京大学出版社2006年版，第365～366页。

人书屋捫掌漫记》中，潘光旦记录了雷海宗和自己共盼家书的窘况①。

是年年底，国民政府首都南京陷落，武汉震动，临时大学决定西迁昆明。雷海宗随文学院先迁还长沙，后与金岳霖、叶公超、吴有训等各系负责人一道赴广州、香港购买书籍和仪器，为入滇办学做进一步的物质准备。

"临大"大部员生历经两个月的长途跋涉，于1938年4月28日抵达昆明，临时大学正式更名为"国立西南联合大学"。此时的办学条件十分艰难。最初，西南联大因校舍不敷使用，不得不租借昆明各校乃至会馆、使馆的房屋，文、理、工、法商各院分散达四处以上，文学院和法商学院更远在600多里外的蒙自，直到三个月后才迁回昆明。1938年夏，西南联大新校舍落成，各院才算安顿了下来②。

西南联大的播迁历时年余，路途多舛，生活艰苦，一些师生甚至付出了鲜血与生命的代价。然而目睹全国军民浴血奋战的雷海宗，精神上无比振奋。他一度坚定地相信：中国抗战短期内即可获胜，并部分修正了自己过去专注于批判中国文化的做法，认为"前此的注意力集中于传统文化的弱点，对于中华民族的坚强生力，只略微提及，并未特辟一篇去解释，因为夸大的文章历来很多，无需再加一人去凑热闹。但抗战开始以后，这种缄默已不能继续维持了"③。1938年2月，在为《扫荡报》撰写的专论中，雷海宗表现出了无比高亢的情绪。

> 此次抗战不只在中国历史上是空前的大事，甚至在整个人类历史上也是绝无仅有的奇迹……其他古族在将亡时，都颓靡不振，不止没有真正抵抗外患的力量，甚至连生存的意志也大半失去。它们内部实际先已死亡，外力不过是来拾取行尸走肉而已。至于我们此次抗战的英勇，是友邦军事观察家所同声赞许的，连敌人方面的军事首领有时也情不自禁地称赞一声。我们虽然古老，但我们最好的军队可与古今任何正在盛期的民族军队相比，这是值得大书特书的。④

1938年底，雷海宗着手整理《中国的兵》等文章，增加了《建国——在望的第三周文化》和两篇总论，合编成《中国文化与中国的兵》一书，交商务印书馆于

---

① 《存人书屋捫掌漫记》，《潘光旦全集》，第11卷，北京大学出版社2000年版，第153页。
② 西南联合大学北京校友会编：《国立西南联合大学校史》，北京大学出版社2006年版，第369~375页。
③ 《总论——抗战建国中的中国》（1938年12月），雷海宗著：《中国文化与中国的兵》，商务印书馆2007年版，第168页。
④ 《此次抗战在历史上的地位》，原载汉口《扫荡报》，1938年2月13日，收入雷海宗著：《中国文化与中国的兵》，商务印书馆2007年版，第171页。

1940年出版。该书分为上下两编：上编侧重对中国文化的批判及展望，下编则是雷海宗对于中日战争在中国文化发展史、中国近现代历史上举足轻重地位的分析，集中体现了雷海宗所借鉴"文化形态史观"的独特理论方法、"中国文化二周论"的文化思想及敏锐的社会批判意识，是其作为"战国策"派核心人物的重要作品。

雷海宗认为，秦汉以来王权日益巩固，民众地位严重下降，导致中国社会如一盘散沙般缺乏向心力。他在书中细数自春秋、战国直至东汉时代的兵制，指出中国古代军队的构成由贵族、良民到贫民、流民，再到囚犯、外族，乃至"想用法术一类的把戏去打仗"①，终于陷入"兵匪不分，军民互相仇视的变态局面"。无兵的文化导致"外族的势力根深蒂固，无从斩除；中国内部的病势过于沉重，难以根治"，外族入侵不断使社会时常陷入大动乱，全凭汉文化对游牧文化的优势勉强应付。至清末，面对文化上更先进的西洋外族，中华民族终于面临了没有文化优势的前所未有的严重挑战。他由是断言"这种长期积弱的原因或者很复杂，但最少由外表来看，东汉以下永未解决的兵的问题是主要的原因"②。

雷海宗为何以"兵"为例证解释中国传统社会的逐渐衰落呢？只要思考一下他作文成书的时代背景，一切都不言自明。

19世纪中叶后，中国军队因无力自卫，一任西方列强横行，割地赔款，丧权辱国。民国伊始，军阀干政，拥兵自重，各霸一方。兵与"兵匪"、"兵荒"、"战乱"等紧密相连，"兵"为人所不齿。正值中日战争如火如荼，如不改变国人对于"兵"的厌恶，不对军队在保卫国家中的重要性加以深切认识，必将严重影响未来战争的走向。尤需注意的是，雷海宗明言："没有真正的兵，也就是说没有国民，也就是说没有政治生活。"③可见，在他看来，所谓"兵"的内涵是全体国民，兵的精神就是国民精神。雷海宗以兵的精神状况"明了民族盛衰"④，既强调研究的学术意义又充满现实关怀的思考，体现了一位史家怀负"天下兴亡"的责任心。

在《建国——在望的第三周文化》一文中，雷海宗表达了抗战必胜的信念。一方面他承接前文对无兵文化的批判，申论"旧中国传统的污浊、因循、苟且、侥幸、欺诈、阴险、小器、不彻底，以及一切类似特征，都是纯粹文德的劣根性。一个民族或一个人，既是软弱无能以至无力自卫，当然不会有直爽痛快的性格……处世为人，小则畏事，大则畏死。平日只知用鬼鬼祟祟的手段去谋私利，紧急关头则

---

① 《中国的兵》，雷海宗著：《中国文化与中国的兵》，商务印书馆2007年版，第37页。
② 《中国的兵》，雷海宗著：《中国文化与中国的兵》，商务印书馆2007年版，第49页。
③ 《无兵的文化》，雷海宗著：《中国文化与中国的兵》，商务印书馆2007年版，第102页。
④ 《中国的兵》，雷海宗著：《中国文化与中国的兵》，商务印书馆2007年版，第2页。

以'明哲保身'的一句漂亮话去掩饰自己的怯弱"①。另一方面，他充满激情地指出，"此次抗战有涤尽一切恶劣文德的功用"，"犹如塞翁失马，在表面损失的背后，隐藏着莫大的好处"②。

雷海宗"无兵的文化"观点一出，即激起学术界褒贬不一的反应。张其昀阐述了两千年来中国兵役与兵制的常态后，对之提出质疑③。然而，不少文化人对中国文化的特质有着与雷海宗同样的感受，受雷氏观点启发者也不在少数。当时极具"赤化"色彩的郭沫若，也有"中国在前诚然有轻武的实际"，"汉以来的'流俗'一直维系到民国二十年代"的议论④。梁漱溟则认为，雷海宗触动了中国古典文化的一大症结：中国"无论其积弱之因何在，总不出乎它的文化。看它的文化非不高，而偏于此一大问题，少有确当安排，则调用之'无兵的文化'，谓其积弱正坐此，抑有何不可？"梁氏指出："从历史引出许多证据，以明其不然。其实至多不过证明常态变态相间互见，固不能把变态否认掉。中国历史原多往复之象，尽管未曾一变到底，而变态之发见不亦尽够严重了吗？即此已足显示其文化之特殊，有大可注意论究者在。"⑤

实际上，除了廓清中国文化特征并加以改造的目的外，雷海宗对恶劣"文德"的批判，也是针对抗战相持阶段与日媾和逆流和妥协之风的。这篇文章写作之时，全面抗战已近一年半，战事之惨烈、损失之严重、失地之迅猛在大多数人的料想之外，有些人由此发生了动摇和彷徨。雷海宗却从民族文化转入第三周的角度，指出"我们是在进行一件旷古未有的事业，绝无任何类似的前例可援"，发生巨大困难亦在情理之中。因此，"每个国民，尤其是处在社会领导地位的人，必须文武兼备。非如此，不能有光明磊落的人格；非如此，社会不能有光明磊落的风气；非如此，不能创造光明磊落的文化。此点若不能达到，将来我们若仍与以往二千年同样的去度纯文德的卑鄙生活，还不如就此亡国灭种，反倒痛快！"⑥雷海宗慨然道：

……生逢二千年来所未有的乱世，身经四千年来所仅见的外患，担起拨乱反正、抗敌复国、变旧创新的重任——那是何等难得的机会！何等伟

---

① 《建国——在望的第三周文化》，雷海宗著：《中国文化与中国的兵》，商务印书馆2007年版，第180–181页。
② 《建国——在望的第三周文化》，雷海宗著：《中国文化与中国的兵》，商务印书馆2007年版，第178页。
③ 张其昀：《二千年来我国之兵役与兵制》，《思想与文化》（遵义）第13期（1941年8月1日）。
④ 《告鞭尸者》，原载《新蜀报》（重庆）1941年9月17日。转引自郭沫若：《郭沫若全集·文学编》第18卷，人民文学出版社1992年版，第371～372页。
⑤ 梁漱溟：《中国文化要义》，中国文化书院学术委员会编：《梁漱溟全集》第3卷，山东人民出版社1990年版，第160页。
⑥ 《建国——在望的第三周文化》，雷海宗著：《中国文化与中国的兵》，商务印书馆2007年版，第181页。

大的权利！何等光荣的使命！无论何人，若因意志薄弱或毅力不坚，逃避自己分内的责任，把这个机会平白错过，把这个权利自动放弃，把这个使命轻易抹煞，岂不是枉生人世一场！"①

如此慷慨悲歌固然振聋发聩，然而最令人感佩的，是雷海宗的以行践言。

1943年，时任美国驻华使馆文化官员的费正清与清华大学美籍教授温德联名给洛克菲勒基金会写信，反映中国学者在战争中的艰难处境，建议基金会分批资助一些最著名的人文学科教授赴美讲学，如此既可以改善他们的生活，又可以提升美国的中国学研究水准。此建议被采纳后，资助名单由中美政府共同拟定，分为A、B两批。A批名单上雷海宗赫然在列——这一批学者被认为是"不但著名而且最有创造力的教授"。除雷海宗外，同列此批的学者还有闻一多、费孝通、冯友兰、梁思成、罗常培等人，他们多数受邀赴美，并在此期间做出了重要的学术成果。然而，雷海宗却婉拒不就。洛氏基金会档案中的一封公务信件提及梅贻琦校长曾亲自动员雷海宗接受邀请，但他决心已定，答复说学校正在最困难的时期，自己不宜出国②。

这件事雷海宗在1951年3月23日的思想汇报里也曾提及。当时他为证明自己绝无期盼美军借朝鲜战争打入中国大陆的"幻想"，表明自己对祖国的一贯忠诚。他以尾注的形式，比较详细讲述了这件"过去向来不愿向人深谈"的事。雷海宗回忆道：

> 第一次，美国学校指明特别请我去讲学，那时抗战正酣，昆明的生活甚苦，敌机有时也来轰炸，按一般情形讲，此时往美国讲学，既可使个人生活改善，又可躲避敌机轰炸的危险，似无拒绝邀请的必要。但我仍决定拒绝……我认为国家既在艰苦抗战时期，同胞的生活困难而又危险，除非出国真能对国家有很大的好处，自己就当留在国内，与同胞共甘苦。如果只为个人的便利，轻易出国，就等于临阵脱逃，是最可耻的事……第二次，约请的电报中说明希望我或另外一人去讲学，我当时也毫无犹豫的让那另外一人去应聘。③

在说明自己历史问题的另一份汇报中，雷海宗谈及"抗战时与美国大学的关系"，其中写道：

---

① 《建国——在望的第三周文化》，雷海宗著：《中国文化与中国的兵》，商务印书馆2007年版，第184~185页。
② 资中筠：《关于雷海宗先生二三事》，南开大学历史学院：《雷海宗与二十世纪的中国史学》，中华书局2005年版，第137页。
③ 《我的新认识》，雷海宗个人档案，卷宗号RS-591，第1件，南开大学档案馆藏。

史学大家的风范

毛子水　姚从吾　钱　穆　郑天挺　向　达
雷海宗　张荫麟　吴　晗　邵循正　孙毓棠

（欧柏林大学）[①]有信给联大常委会转我聘我去教书。考虑了十天。当时生活很苦，也诱惑了我。然而与梅讲：抗战未结束时如非与国家特别之理由，或求学业中，最好不出国，当时对美已无太大好感。不久×××[②]知道了，他叫我介绍他去，我拒之。约胜利前后，另一大学电报聘或我或罗，去教中国文化，他去了。[③]

要了解这份美国大学的聘书对雷海宗意味着什么，只要明白战时联大的工作及生活究竟处于怎样的困境即可明了。1942年之前，日军对昆明空袭不断，以致"跑警报"成了联大生活的一部分。汪曾祺先生曾经记述过联大的一个笑话，说雷海宗先生每回上课前总先问学生："我上次讲到哪里了？"然后接着上节课的内容滔滔不绝地讲下去。有一天，雷海宗课前又照例一问，结果一位记笔记最勤的女同学打开本子看了看，说："你上次最后说：'现在已经有空袭警报，我们下课。'"[④]这个传闻足以说明昆明警报之多。联大甚至一度为此改变了上课时间，并将家属和部分教授疏散到远离校园10里外的岗头村，雷海宗的家眷也不例外。据吴大猷先生回忆："疏散来做短期居住的张景钺太太和孩子、雷海宗太太和她的女儿，他们挤在像门房似的更小的一间屋子里……"[⑤]

1942年，美国志愿援华航空队的到来，基本解决了昆明的空袭危机，但战时飞腾的物价又成为更严重的威胁。以1937年教授的平均薪水350元法币为基准，至1943年下半年，由于通货膨胀，教授3697元的平均月薪只相当于1937年的8.3元！[⑥]教师大多拖家带口，不少人温饱堪虞。雷海宗夫妇只有一女，但因还要负担弟、妹的学业开支，生活也相当窘迫。在此生活境遇下，学术追求渐成奢望。有的理科教授实验室里只有一台用三棱镜和木架自制的分光仪，有的文科教授无奈中请求学校收购自己的藏书[⑦]。无怪1941年联大教授会写给教育部的报告直言："同人等昔已为涸辙之

[①] 因为原文是表列的形式，此处"欧柏林大学"是在本段表头处写，此处所录为保持语义完整，故根据原义补充完整。
[②] 原文此处提供了姓名，但考虑到雷海宗不去美国固然是其爱国思想的体现，但别人要求出国或应约出国也未必就是逃避战乱。为避免不必要的歧义和纷争，笔者将此姓名隐去。
[③] 雷海宗个人档案，卷宗号RS-591，第1件，1～19号，南开大学档案馆藏。原件中没有注明时间，笔者推定此为1952年上半年《忠诚老实运动》中所写，推定依据请参阅本文注8。
[④] 汪曾祺：《跑警报》，汪曾祺著：《人间草木》，江苏文艺出版社2005年版，第176页。
[⑤] 吴大猷：《回忆我在西南联大的日子》，西南联大北京校友会编：《我心中的西南联大——西南联大建校七十周年纪念文集》，清华大学出版社2008年版，第188页。
[⑥] 贺祥麟：《西南联大教授们的道德和人格力量》，西南联大北京校友会编：《我心中的西南联大——西南联大建校七十周年纪念文集》，清华大学出版社2008年版，第43页。
[⑦] 前者如吴大猷教授，后者如吴晗、费青教授。

鱼，今更将入枯鱼之肆矣……"①

哪个平常百姓不企望安宁与温饱？哪个胸怀抱负的学者不企望更高的学术提升？雷海宗说他"考虑了十天"——看似简短却又绵长，如此轻松又实在深沉，其胸襟坦荡令人肃然！而且一旦做出了选择，雷海宗即视为当然，决无任何炫耀之心，甚少与人谈及②。他真如所言，将"拨乱反正、抗敌复国、变旧创新"，视为"难得的机会"、"伟大的权利"、"光荣的使命"，不肯平白错过。

战火中婉拒赴美讲学，可谓光风霁月的壮举，这是雷海宗民族激情的集中表现。对国家、民族的深爱，早已熔铸入他的日常生活中，也是其学术探索的动力源泉。

1943年，为配合美军训练中国军队、中美协同反日的计划，西南联大和战地服务团决定成立昆明译员训练班，培养军事翻译人员。译员班以英语学习为主，兼及军训、体育、社会、文史知识教育，每期为时八周。译员班没有设在联大校内，授课又要占用不少时间，所以联大教授多不愿从事此项工作，甚至被视为"不务正业"③。然而从1943年译员班开班，直到1945年8月正式结束，雷海宗参与了全部九期培训。他教授英国史、南洋与中国、印度史、英文四类课程，是译员班最重要的教员之一④。雷海宗为什么要坚持做这些别人不愿从事的工作？在现存档案中我们没有找到他的解释。不过，时任译员班主持人的吴泽霖教授在力邀同事为训练班兼课时，曾反复说过一段话，或许可以作为一种答案。吴泽霖说："抗日战争时期的大学教授，既要拿笔杆子，也要用笔杆子帮助拿枪杆子来反攻日本。"⑤也许，这种爱国的热忱就是雷海宗忘我无私、矢志不渝工作的动力。雷海宗先后十余次为驻昆美军演讲，为他们编写全套"中国史"小册子，亦可为一种旁证——他只是淡淡地说"当时是为盟国作的，认为应该"⑥，而我们从中体会到的，却是一个知识分子倾己所能为抗战贡献力量的爱国之心。试想，谁又能处此境而置身世外、坐视生灵涂炭呢？

---

① 贺祥麟：《西南联大教授们的道德和人格力量》，西南联大北京校友会编：《我心中的西南联大——西南联大建校七十周年纪念文集》，清华大学出版社2008年版，第44页。

② 雷氏档案中仅存的两次讲述，后者是将此作为其与"帝国主义"的历史关系向组织交待。而叙述较详的前者，则是为了表白自己从未期盼美军借朝鲜战争打入大陆。深怀爱国热情的雷海宗，需要以此证明自己对祖国的情感，真是情何以堪。

③ 戴世光：《吴泽霖老！我在继续向您学习》，西南联大北京校友会编：《我心中的西南联大——西南联大建校七十周年纪念文集》，清华大学出版社2008年版，第236~237页。

④ 雷海宗个人档案，卷宗号RS-591，第1件，1~19号，南开大学档案馆藏。

⑤ 戴世光：《吴泽霖老！我在继续向您学习》，西南联大北京校友会编：《我心中的西南联大——西南联大建校七十周年纪念文集》，清华大学出版社2008年版，第237页。

⑥ 雷海宗个人档案，卷宗号RS-591，第1件，1~19号，南开大学档案馆藏。

四、"战国"一派 自成体系

1940年4月，雷海宗与云南大学文学院教授林同济、西南联大外文系教授陈铨等20余位"特约执笔人"，在昆明共同创办《战国策》半月刊①。刊物的名称，源于他们以文化形态史观推演出当今世界乃是古代中国"战国时代的重演"。积极入世的他们，希望纵论时局，甘为国家、民族的"策士"，故名"战国策"②。1941年7月，昆明版《战国策》在出版17期后，因"空袭频仍，印刷迟缓，物价高涨"而宣告停刊③。随后，他们与设在重庆的《大公报》社商定，自12月3日起每周三在《大公报》上开辟《战国》副刊。至1942年7月，《战国》副刊共出版了31期。雷海宗在这些报刊上先后发表了《张伯伦与楚怀王》、《历史警觉性的时限》、《中外的春秋时代》、《战国时代的怨女旷夫》、《历史形态》、《三个文化体系的形态》、《独具两周的中国文化》等文章。他和林同济、陈铨等人因"战国时代重演"的观点，引起了学术界极大反响，"战国策"派的称呼不胫而走。

除上述报刊外，雷海宗参与编辑的《今日评论》，陈铨主编的《民族文学》及《军事与政治》也是"战国策"派学人发表论著的主要园地。另有一些与他们观点接近的学人，如贺麟、何永佶、陶云逵、沙学浚、沈从文、公孙震、吴宓、王赣愚、冯友兰等也常在这些刊物上发表观点，彼此回应。这些学者多为自由主义知识分子，在改造国民劣根性、反对国民党政治腐败、坚持抗战等问题上他们与战国策派观点一致，但在战时文化重建这一关键问题上又各有见解。由此可见，"战国策"派实际上只是对一个松散的学术集合体的笼统称呼④，台湾学者王尔敏先生甚至认为"'战国策学派'一词，乃形容我国抗战期间关心世界大局且具威望警觉之学者言论……但凡有强烈民族主义意识，从而自世界列强现势而作学理与形势探讨者，即被人目为'战国策学派'"。⑤

可是，雷海宗等人强调的战时"民族至上"、"国家至上"，主张国共两党捐弃政争，全力抗战，甚至认为战时中国应该有"英雄崇拜"等观点——在当时引起

---
① 1941年1月起，还发行了《战国策》上海版，将昆明版《战国策》上的文章辑录发表，只断断续续出版了几期。
② 江沛：《战国策派思潮研究》，天津人民出版社2001年版，第12页。
③ 《〈战国策〉停刊启事》，《中央日报》（贵阳）1942年4月4日。
④ 江沛：《战国策派思潮研究》，天津人民出版社2001年版，第18页。
⑤ 《沙学浚先生与地缘政治学之开山学风》，王尔敏著：《20世纪非主流史学与史家》，广西师范大学出版社2007年版，第49页。

了众多争论,也受到了中共南方局领导的一些文化人基于政治立场的批判①,"战国策"派的学术主张、文化思考也被冠以"宣扬法西斯主义"和"为国民党张目"之名,被不加区别地予以谴责。

事实上,雷海宗等人并非极端的民族主义者,在呼吁"民族至上"、"国家至上"的同时,他们坚持中国文化的自救绝不能走复古之路,必须全面吸收近代西方文化的基本精神,"需要'列国酵素'"的刺激②,是以中华民族能否在现实世界生存、发展为指归的,并没有民族主义常常难以避免的激进排外情绪,也没有文化保守主义的固步自封。

雷海宗特别强调中国文化对西方文化主导的新"战国时代"的迅速适应③。他早就意识到了"二战"在世界及中国文化发展中的划时代意义,认为随着工业时代资本主义的全球扩张及西方文化的强势凸显,世界已开始呈现出经济与文化全球化的趋势,任何一种文明都无法回避或独立于其外。以中国文化适应西方现代性为主导的世界文化,这只能看做是一种号召中国文化前进的冲锋号,而不是后退的鸣金令。

雷海宗反对畸形的文德过剩,但这和"鼓吹法西斯"完全风马牛不相及。雷海宗明确地写道:"我们绝不是提倡偏重武德的文化,我们绝不要学习日本。文德的虚伪与卑鄙,当然不好;但纯粹武德的暴躁与残忍,恐怕比文德尤坏。"④

与此同时,雷海宗等人也并未在价值层面否认过民主政体的地位。雷海宗以近代民主共和的观念批判了古代中国政治集权史,其倾向性相当明显。他甚至有些牵强地将中国古代儒家士大夫看做一个政党,并由此嘲讽道:"由此看来,一党专政在中国倒算不得稀奇!"⑤他声称:"今日的世界,在西洋文化的笼罩下,呈现一个人类开化后的空前现象,就是世袭君主制的大致消灭……政治上任何实权者的世袭制度,在今日的世界绝无地位。"⑥可见他对世界政治体制走向民主化的大趋势亦是了然于胸的。

值得一提的还有,按照雷海宗给出的时间表,西方国家从1815年左右进入"定于一"的帝国主义时代,应在2065年左右完成"大一统"⑦。时下欧盟的组合、欧洲国家主权与民族意识的淡化、欧洲议会、欧洲宪法、欧元的相继诞生、欧洲在政治、

① 如胡绳:《论反理性主义的逆流》,《读书月报》(重庆)第2卷第10期(1941年1月1日),收入《胡绳文集(1935~1948)》,重庆出版社1990年版。汉夫:《"战国"派的法西斯主义实质》,《群众》(重庆)第7卷第1期,1942年1月25日)。
② 《卷头语》,林同济、雷海宗著:《文化形态史观》,大东书局1946年版,第3页。
③ 《卷头语》,林同济、雷海宗著:《文化形态史观》,大东书局1946年版,第2页。
④ 《建国——在望的第三周文化》,雷海宗著:《中国文化与中国的兵》,商务印书馆2007年版,第181页。
⑤ 《无兵的文化》,雷海宗著:《中国文化与中国的兵》,商务印书馆2007年版,第112页。
⑥ 《世袭以外的大位继承法》,雷海宗著:《中国文化与中国的兵》,商务印书馆2007年版,第186页。
⑦ 雷海宗:《历史的形态与例证》,林同济、雷海宗:《文化形态史观》,大东书局1946年版,第34~36页。

文化上脱离美国的独立趋势均表明，作为一个整体的欧洲，"大一统"的轮廓日益清晰。雷海宗曾在给学生的题词中写道："前不见古人，历史可以复活古人；后不见来者，历史可以预示来者。"①——可是，真能从把握世界文化发展规律入手，进而形成对现代世界格局及趋势超强，且具备准确预判能力的历史学家，古今能有几人？雷海宗独特的理论方法及学识，难道不值得我们认真研究、深长思之吗？

需要指出的是，抗战的危局、国民党的内部纷争、英美等为战争建立的危机政府以及德、意、日法西斯国家的暂时得势，终于使雷海宗得出了"共和制度与民主主义是两回事，两者可合可分"的结论。他认为共和与民主"并无绝对必要的联系"，"凡不终日闭眼在理想世界度生活的人，都可看出今日的大势是趋向于外表民主而实际独裁的专制政治"②。在这里，雷海宗的自由主义理念因时局影响而倒退，他将民主政治与民主主义理想硬性割裂，将民族生存与民主政治部分对立，其主张的实质是先以集权御外侮，后以民主行建设。至于如何保证战时集权体制增进效能、稳定秩序而不是相反，如何有效地限制权力并防止其滥用，如何保证战时集权体制与和平建国时的民主政治间的顺利转换，雷海宗等人均未有明确答案。近代中国救亡与启蒙的两难、观念与现实的纠缠，在雷海宗的思想中有明显的体现。

这种书生之见一旦与现实政治结合，便有导致威权泛滥的可能。事实上，国民党战时集权体制的腐败、堕落和专制也是"战国策"派学人万分憎恨的。雷海宗曾激愤地写道："难道向日处在社会领导地位的人，对于生死的意义与价值，也无半点了解？生，固然可贵；但是不惜任何代价以求苟生，还不如死！"③他在向学生批评国内政治时，讲到激动处一抖长袍说："我只此蓝布长袍一件，不怕逮捕，该讲的还是要讲……"④

1942年春天，雷海宗应林同济之邀赴云南大学讲演历史周期论。讲完以后，林同济赞美说："这真是the romance of a historian（一个历史学家的浪漫）。"⑤——也许知己的评价更切近雷海宗学说的本相。但无论初衷与理想如何，这种主张在某种程度上确可被国民党威权主义政治利用，自然也会遭到左翼文化人的严厉批判。1949年后，雷海宗、林同济、陈铨等"战国策"派代表性人物被迫对此反复检讨，同戴"右派"大帽。学界早已将"战国策"派思潮定性为"反动思潮"或国民党

---

① 何兆武：《缅怀雷先生》，南开大学历史学院编：《雷海宗与二十世纪中国史学》，中华书局2005年版，第62页。
② 《世袭以外的大位继承法》，雷海宗著：《中国文化与中国的兵》，商务印书馆2007年版，第186页。
③ 《总论——抗战建国中的中国》，雷海宗著：《中国文化与中国的兵》，商务印书馆2007年版，第168页。
④ 吴铭绩：《联大生活琐记——叙永和昆明》，西南联大北京校友会编：《我心中的西南联大——西南联大建校七十周年纪念文集》，清华大学出版社2008年版，第386页。
⑤ 何兆武口述，文靖撰写：《上学记》，三联书店2008年版，第152页。

的"文化帮凶",甚至以反动政党视之。直至1990年代后,学术界才开始重新审视"战国策"派,并对其思想观念进行认真的学术考察,诸史对"战国策"派思潮的评价方重归原位。

王尔敏先生曾为雷海宗等战国策派学人抱不平:"他们在这样艰危的国难时代,表现出对国家有信心,对西方文化有批评,对西方历史考察透熟,有全面全程评估,对西方文学哲学也有批评,所站是中国知识分子立场。鄙人多年治史所见,战国策学派成员是20世纪的百年人才精英,为最杰出学界领袖,抱负中国文化使命,以中国为主体。然而却在抗战之后面对国际主义潮流,一一被人诬为法西斯主义,而备遭难堪对待,下场可悲。"①

五、投身政治　书生精神

进入1940年代,雷海宗似乎愈加热心于政治。他不仅是《战国策》的主要撰稿人(1940~1941),还先后或同时为《当代评论》(1941~1944)、《生活导报》(1942~1944)、《云南民国日报》(1944~1945)、《昆明中央日报》(1945~1946)、昆明广播电台(1945~1946)等媒体撰写时评和社论。这些报刊、电台大多有国民党或三青团背景,他本人也于1943年1月加入国民党,1944年就任昆明西南联大直属区党部执行委员。

以学术之身跳入政治漩涡,今人观来此举实为雷海宗人生之败笔,不免替他心生遗憾。然而雷海宗为何要作此选择?在他眼中,学术独立与政治间到底关系如何呢?

雷海宗加入国民党,要"归功"于同为西南联大教授的"坚贞党员"姚从吾的反复游说。由于雷海宗犹疑不定,姚从吾、王信忠乃请在学界颇有影响的国民党中组部部长朱家骅亲书邀请函,雷海宗终于默许②。一些联大教授加入国民党的过程与动机各异③,雷海宗是在赞同三民主义理论的前提下受私人情谊推动最终加入的。

首先,雷海宗当时已是知名学者,又未打算从政,并无借入党与朱家骅等党政要人攀附关系的动机。国民党则有拉拢学者入党以扩大社会基础,进而影响青年学

---

① 《前言》,王尔敏著:《20世纪非主流史学与史家》,广西师范大学出版社2007年版,第6页。
② 《姚从吾、王信忠致朱家骅函》,1942年11月(该函原件无时间,年月系王奇生先生据其内容推断);《朱家骅致雷海宗函》,1942年11月28日;《雷海宗复朱家骅函》,1942年12月31日。均转引自王奇生:《战时大学校园中的国民党:以西南联大为中心》,《历史研究》2006年第4期。
③ 王奇生:《战时大学校园中的国民党:以西南联大为中心》,《历史研究》2006年第4期。

生的政治考量。在雷海宗入党的问题上，国民党比学者积极主动得多。诚如姚从吾给朱家骅的信中所言："联大文学院史学系主任雷海宗先生（字伯伦）……名德硕望，影响宏巨。且著述宏富，青年尊仰，生等久欲邀其入党，共策进行。今已蒙默许，欢情无任。"①

其次，当时联大教授普遍希望保持一种超然政治、教育独立的姿态，甚至"斥结党为营私，讥入党为猎官。不肖者顺口倡之，贤者有心无心和之"②。不仅有冯友兰等人当面揶揄闻一多"听说民盟是共产党的尾巴"③，国民党籍教授也"均以名列党籍为讳"，不愿公开党员身份④。在这样一个氛围中，成为国民党员并不会提升雷海宗在联大同仁中的声誉。

再次，虽然国民党因掌握政府开支，常常借办刊物、搞演讲等活动拉拢教授，以稿费、会餐等形式给参与其中的教授一些经济补贴；但这类活动终归还是打着学术研究的旗号，虽少不了"主义与国策"的套话，然而党化色彩并不浓厚，对时政亦不乏尖锐批评⑤。站在教授立场上看，这种补贴是正当劳动所得，可以接受。为了彰显思想独立与学术自由，此类活动并不拒斥甚至欢迎相对中立的非国民党籍教授参加。像雷海宗这样卓有声望、口才特佳、中间偏右的学者，大可不必为此而入党。既然可以放弃赴美改变生活状况的机遇，那稿费、聚餐这些蝇头小利应该不会打动雷氏。籍此联络感情尚可，以此拉名教授入党则不可想象。

最后，雷海宗入党虽非主动，却也无证据表明他受到强迫。当时虽有"大学院长以上的人都必须是国民党党员"的说法，但现存档案中并无此项明文⑥。因此这项说法很可能只是约定俗成的"行规"，约束力有限。事实上，陈序经、竺可桢等拒绝入党后，各自职位并未变化，何况雷海宗当时尚未代理西南联大文学院院长，并非"必须入党"的对象。

如果将雷海宗入党理解为外力强迫或者图谋某种现实"好处"的话，我们将无法解释他何以要在1948年国民党败局已定的情况下，重新履行党员登记手续。雷海

---

① 《姚从吾1942年和1943年间给朱家骅的信》，朱家骅档案，宗号95，册号1。转引自王晴佳：《学潮与教授：抗战前后政治与学术互动的一个考察》，《历史研究》2005年第4期。

② 朱家骅档案，全宗号95，册号1。转引自王晴佳：《学潮与教授：抗战前后政治与学术互动的一个考察》，《历史研究》2005年第4期。

③ 闻黎明：《闻一多传》，人民出版社1992年版，第377页。转引自王晴佳：《学潮与教授：抗战前后政治与学术互动的一个考察》，《历史研究》2005年第4期。

④ 《姚从吾致朱家骅函》，1943年2月20日、1940年2月27日、1942年8月10日。转引自王奇生：《战时大学校园中的国民党：以西南联大为中心》，《历史研究》2006年第4期。

⑤ 参见桑兵、王奇生、王晴佳等学者的相关研究。

⑥ 《关于各校区党部之筹设》，台北中国国民党党史馆藏，卷号：特3～26.1。转引自王奇生：《战时大学校园中的国民党：以西南联大为中心》，《历史研究》2006年第4期。

宗说："（当时）已感到国民党是要垮台了，（但）我感觉党员是有二办法，一是有新认识与国民党对立，一是无认识还不如登了记。"①——可见，加入国民党是雷海宗的个人选择，至少在1949年前，他还没有什么"新认识"。

1950年代，雷海宗对加入国民党的解释是："一因多年就把希望寄托在国民党身上。二因我已开始感到革命的威胁，我一向就有的统治阶级思想和反动思想使我发生了对前途的疑虑。三处在当时的西南，接受了反动的宣传，相信反动国民党是抗战的主力，在当时那种反动的所谓'爱国'情绪下，认为加入反动组织就是'爱国'的表现，是积极拥护抗战的表现。"②这段话出于压力下的一份检讨中，具有自我开脱或贬低的意味，但对照雷海宗生平也可找出一些可信之处。

抗战时期，作为中国中央政府的国民党政权坚持抗战，是民族与国家的象征，对于雷海宗乃至绝大多数人而言，将抗战胜利的希望寄托在国民党身上是顺理成章的，何况此时国民党尚无后期腐败成风的败象。因此，在当时的历史时空中，加入国民党以支持政府抗日是可以理解的行为。西南联大约半数教授加入国民党，后来以"民主斗士"著称的闻一多，1943年也曾作此考虑③，事实恐怕与雷海宗所述不无关系。

战时国民党暴露出来的种种弊端和腐败，当然令雷海宗不满，也时有批评性政论发表，但作为一名具有西方教育背景并生存在体制内的知识分子，他对"三民主义"所勾画的民族、民权、民生的国家未来非常熟悉而向往，希望由训政到宪政的和平过渡，本能排斥暴力革命。抗战的特殊背景，也进一步强化了他的这一认识。雷海宗将"乱世结党"称为士大夫最典型的祸国之举，"起初的动机无论是否纯粹，到后来都成为意气与权力的竞争；大家都宁可误国，也不肯牺牲自己的意见与颜面，当然更不肯放弃自己的私利。各党各派所谈的都是些主观上并不诚恳、客观上不切实际的高调……"④由之，雷海宗把国共在国家前途与意识形态上的分歧，理解为纯粹的政治集团利益之争，"感到革命的威胁"，"发生了对前途的疑虑"，此非虚言。

雷海宗最终加入了国民党，但他对政治的兴趣始终是超然的——这种兴趣与一般人所谓做官的兴趣不同，也即"无政治野心，且不以从政服官为业，但对于政治

---

① 雷海宗个人档案，卷宗号RS-591，第1件，1~19号，南开大学档案馆藏。
② 《历史思想自传》（1955年11月），雷海宗个人档案，卷宗号RS-591，第1件，南开大学档案馆藏。
③ 《1943年5月9日日记》（题目为笔者所加），朱乔森编：《朱自清全集》第10卷，江苏教育出版社1997年版，第240页。
④ 《无兵的文化》，雷海宗著：《中国文化与中国的兵》，商务印书馆2007月版，第113页。

却表现一种纯正的兴趣"①。最有力的证明是,1946年清华复员返平后,国民党北平党部主委吴铸人力邀其出任北平党部执委,但雷海宗坚辞。雷海宗坦言,这一决定"不是进步,而是旧道德观点:对联大党部中人尚看得习惯,对党棍子则看不惯不能与之共事"②。

所谓"对联大党部中人尚看得习惯",是指他曾在1944年1月至1945年1月间担任了西南联大直属区党部执行委员的职务(随后学校党部撤销,未再举行选举)。据雷海宗回忆,任党部委员的一年,他们共开会三次:"一次决定举办学术讲演,一次漫谈,一次聚餐。"③当时联大区党部的宗旨是"以学术办党务",在联大教育自由的风气中,学校党部尚能与左翼师生和平相处。姚从吾曾暗示雷海宗利用职务之便发展学生党员,但雷海宗并未这样做④,因为他一贯主张信仰自由、思想独立。1945年3月蒋介石视察昆明,雷海宗和陈雪屏、姚从吾、查良钊等七位联大党部执委受到召见。雷海宗在会谈中直言物价通胀,建议增加学生的公费,"事后究竟曾否增加,已没有印象了"⑤。可见雷海宗对于时局的关心仍然不脱一个大学教授的立场和局限。

雷海宗对政治最大的兴趣,还是表现在撰写政论时评和发表演讲上。1941年末到1944年3月,他为《当代评论》撰写了多篇社评,如《埃及战争》、《法属非洲——西方的第二战场》、《罗邱会议》、《突尼西亚盟军大捷》、《法国解放委员会与法兰西前途》、《苏捷协定与波兰前途》、《德舰沙恩霍斯特号沉没》、《苏联采用新国歌》、《阿根廷与轴心绝交》等,还先后发表了《海战常识与太平洋战争》、《战后世界与战后中国》、《平等的治外法权与不平等的治外法权》、《欧洲战后人的问题》、《战后的苏联》等专文。另据雷海宗回忆,1941~1946年间,他在校内外做了约40次公开演讲,其"内容主要地还是那旧的一套,特别是国际关系中强权政治的说法"⑥。

的确,审视雷海宗的时政论文可知,他的立论思想基本一以贯之,并未因加入国民党而发生质变。尽管对他的政治观点乃至行为选择存在争议——但他对政治的

---

① 《政治与修养》(写于1946年),贺麟著:《文化与人生》,商务印书馆1988年版,第255页。
② 雷海宗个人档案,卷宗号RS-591,第1件,1—19号,南开大学档案馆藏。
③ 《思想检讨》(1952年3月1日,1960年6月12日重抄),雷海宗个人档案,卷宗号RS-591,南开大学档案馆藏。
④ 雷海宗个人档案,卷宗号RS-591,第1件,1~19号,南开大学档案馆藏。
⑤ 《思想检讨》(1952年3月1日,1960年6月12日重抄),雷海宗个人档案,卷宗号RS-591,南开大学档案馆藏。
⑥ 《思想检讨》(1952年3月1日,1960年6月12日重抄),雷海宗个人档案,卷宗号RS-591,南开大学档案馆藏。

兴趣无关私利。用贺麟①的话讲，这种政治兴趣源于普通国民的权利和义务，他们"拥护某一执政当局，并非由于私恩，或由于他是他的私人。他反对某一执政者，亦非有何私怨。完全视他的政见政策是否为他所赞成，道德文章是否为他所钦佩，施政效果是否令他满意……这种政治兴趣，其出于人的本心，基于人的本性，其普遍性与必然性，简直与人皆有之的是非之心，或羞恶之心相同"②。

雷海宗曾言，不问世事的"清谈"，是乱世士大夫的第二种祸国行为："今日弄世丧志的小品幽默文字，与一知半解的抄袭西洋各国的种种主义与盲目的号呼宣传，可说是两种不同的二十世纪式的清谈。"显然，雷、贺共同期许的是以学统、道统推动政统的路径，他们相信学术可以做到既关照政治，又不会被现实所玷污。他们并不会"跳入政治漩涡"，反而视之为"天下兴亡，匹夫有责"的社会担当。

在昆明时期，雷海宗还有两件与政治相关的事情值得关注。

其一是雷海宗在1946年2月积极参加了反苏大游行。这次运动长期被视为是由国民党操纵的反苏反共事件，雷海宗在1950年代也多次检讨，叙述最详的一次，是在1952年的思想改造运动中。雷海宗写道：

> 我当时认为这是出于少数人的提倡与多数人的响应。我现在只能坦白我所参加过的事。反动国民党报纸发动了反苏宣传，我当时极为激动，我站在反动政权的立场，认为东北机器问题的发生是对反动政权的一个重大的打击，我当时只认识统治阶级的"国家"，认为这个国家受了重大的损害。二月二十一日，吴泽霖③先生请吃晚饭，说东北问题。当时在座的我只记得还有蔡维藩④。次日晚，蔡维藩又请了一些人到伪昆明广播电台去谈，我也在内，其他被邀的人已没有印象了。当时由蔡维藩拟了一个反苏的宣言，决定明日分头请联大教授签字，我也曾拿一张去征求签字。当时联大教授只有一百几十人，签字的超过一百人，占大多数，因为一般知识分子，特别是高级知识分子，在当时都只有一个敌我不分的和模糊不清的所谓"国家"观念，在反动国民党的欺骗宣传下，大家认为这个字是应当签的。
>
> ……我在此事上的反动责任高过一般联大的人，因为我还有宣言以外

---

① 贺麟时为西南联大哲学心理学系教授。他和雷海宗同由姚从吾介绍加入国民党。贺麟与雷海宗同为《战国策》、《当代评论》等刊物的重要撰稿人，同为《周论》(1948年)编辑和主要撰稿人，也同为"战国策"派代表人物。贺麟还是《思想与时代》的主要撰稿人，这份杂志曾由蒋介石拨款14万筹办出版。可以说，贺麟与雷海宗在政治选择上颇有共通之处。

② 《政治与修养》(1946年)，贺麟著：《文化与人生》，商务印书馆1988年版，第255~256页。

③ 雷海宗在1960年重抄这份检讨时，特别在此以尾注写明当年自己作此检讨时吴泽霖在场。吴泽霖时为西南联合大学社会学系教授。

④ 蔡维藩时为西南联大历史学系教授。

的反苏活动。宣言发表后的一两天,我曾为"联大法学会"及"东北问题研究会"召开的"东北问题讲演会"讲话,我是被邀参加的,其他的事我都不知道。在我及另外几个人作了反苏讲话后,我又参加了反苏游行。再过一天,我又为联大学生自治会讲东北问题,当时曾痛哭。我坦白承认,我只有那一次是真正恨苏联,因为在我当时的反动立场上,我认为所谓"国家"受了重大的损害。此后我又曾讲过三次话,都是对中学生,一次为联大附中,两次为云南地方的中学,都是学校当局请去讲话的。①

笔者曾以1946年春的反苏运动为研究对象,查阅了大量相关史料和档案。以笔者所见,这场运动是一次以学生为主体基于民族主义情绪的自发行为。它肇端于错综复杂的国内外政治背景下,爱国护权自始至终是这场运动的主旋律。运动客观上促使国民政府通过外交努力加速苏联从东北撤军。从运动主流看,这是一场维护民族尊严、捍卫领土主权的正义运动。在复杂的群众运动中,固然出现了一些反共标语和口号,甚至发生了捣毁《新华日报》营业部的事件,但后者已被明确证实是特务所为,与学生无涉;前者也不代表运动的主流和方向。这些不协调的言行,不应该影响到对1946年春反苏运动爱国护权性质的基本判断②。

当年苏军进入东北作战,既有迅速结束"二战"的重大意义,同时也内蕴其国家利益甚至损害中国利益的动机。在此背景下,不应简单否定雷海宗在这一运动中所怀抱的爱国之心与民族情感,更不应把雷海宗在此次运动中的行为视为"在昆明扮演的一幕丑剧"③。

另一件事情发生在三校复员北返前夕。抗战期间联大乃至云南还算宽松的政治气氛,在抗战胜利后国共政争情势下逐渐紧张起来:1945年底发生了"一二·一"惨案;1946年夏天,李公朴被暗杀;1946年7月15日,闻一多在出席民盟云南省支部为李公朴遇刺举行的记者招待会后,返家途中遭特务狙击,身中数弹而亡。闻一多只是一个学者和诗人,无任何政治背景,他的死让云南的白色恐怖达到了前所未有的程度。美国领事馆甚至将张奚若、潘光旦、费孝通等人接到馆里保护。西南联大匆匆举行了一个简单的追悼会,雷海宗是"闻一多教授丧葬抚恤委员会"的成员之一,另外四位分别是黄钰生、沈履、查良钊、贺麟。7月24日下午3时,留昆师生在昆北教室举行闻一多先生追悼会,"梅贻琦主祭,雷海宗宣读由罗庸起草的祭文并

---

① 《思想检讨》(1952年3月1日,1960年6月12日重抄),雷海宗个人档案,卷宗号RS-591,南开大学档案馆藏。
② 参见江沛:《1946年春反苏运动述评》,《江西师范大学学报》(哲学社会科学版)2003年第1期。
③ 窦莫夫:《雷海宗在昆明扮演的一幕丑剧》,天津:《天津日报》1957年8月31日第2版。

报告生平"①。当年还是联大学生的何兆武参加了这场追悼会。据他回忆，几位先生的发言"都不涉及政治，没有人说他是民主烈士"，第二位发言的雷海宗，"是拿着一张纸来念闻一多的年谱，纯学术式的生平介绍"。②由此来看，雷海宗等勇气有限，不能和闻一多生前做"最后一次演讲"的气概相比。在1950年代的检讨中，雷氏也对此表达了懊悔之情："若真不赞成此事而思想又真一致，就当立即脱离国民党，既不脱离，在精神上就对此事也当负责。我当时曾为闻先生悲痛，现在我知道我根本没有资格为他悲痛……"③

不过当时还发生了一件鲜为人知的事情。闻一多遗体火化后，僧人在骨灰中拣出了疑为子弹残余的四枚铁丸，说是凶物不能入瓶，预备丢弃。雷海宗拿过来交给了丧葬抚恤委员会，但委员会也不知如何是好。在无地可交的情况下，因雷海宗是唯一一位来自清华的教师，丧葬抚恤委员会决定将此物交予他，要他以人格担保作最妥当处理。丧葬委员会的记录中只记载发现铁丸，并未记录交给了谁。雷海宗秘密保管着这四枚铁丸，直到1952年上半年的忠诚老实运动。雷海宗说：

> 复员后，解放前无法拿出。我佩服闻先生为人，视为好朋友，又认为他将来总有出头一天，此物对他是纪念。初解放又想此问题，但不愿交出。个人主义思想，不愿叫人看我藉此要功。一年前闻先生骨灰在烈士公墓下葬，我参加了。当时想若交出来太匆忙了，未拿出。当晚找潘光旦谈，潘叫寻机会详写交出【原文如此】。三反晚期成了包袱。当时觉得不好在此时谈此问题后谈【原文如此】。今日看来应如何交出如何处理皆不知。今日我觉得我不应再保留了。④

应当说，在血案接连发生、政治压力气势逼人的情形下，有勇气参加闻一多追悼会的人并不多，丧葬抚恤委员会的几位先生虽然各有职责⑤，也算得上有所担当了。雷海宗不是反国民党的斗士，也不是如闻一多那样同情革命。他能够接受并保存这四枚子弹残余，与其说是对特务暴行的无声抗议，莫若说是对亡友的敬重与同情。

---

① 《大事记（1937.7～1946.7）》，西南联合大学北京校友会编：《国立西南联合大学校史》，北京大学出版社2006年版，第430页。
② 何兆武：《回忆闻一多——人如火，诗如旗》，http://wen.org.cn/modules/article/view.article.php/1689，"人文与社会"网站，2010年4月5日访问。
③ 《思想检讨》（1952年3月1日；1960年6月12日重抄），雷海宗个人档案，卷宗号RS-591，南开大学档案馆藏。
④ 雷海宗个人档案，卷宗号RS-591，第1件，1～19号，南开大学档案馆藏。
⑤ 当时黄钰生为校常务委员，查良钊为训导长，沈履为代理总务长，雷海宗为代理文学院院长，贺麟为代理哲学心理系主任。参见《国立西南联合大学教职员名录》，西南联合大学北京校友会、校史编辑委员会编：《国立西南联合大学校史资料》，北京大学出版社、云南人民出版社1986年版，第78、80、82、90、97页。

史学大家的风范

毛子水　姚从吾　钱穆　郑天挺　向达
雷海宗　张荫麟　吴晗　邵循正　孙毓棠

1946年当联大宣布使命结束的时候，《观察》杂志撰文认为："联大容忍精神最好的表现，就是它包容了各党各派的教授与学生。"文章列举了各类不同政治立场的教授，将雷海宗列为"国民党开明分子"。《观察》说："在联大这许多教授中，有一件可喜的事，就是联大没有顽固派的分子。"① 这也许是一个更为中肯的评价——雷海宗，毕竟只是一介书生。

六、为师重教　恪守职责

雷海宗一生严于律己，宽以待人，终身践履先人后己的原则。何柄棣先生曾慨叹："据我一生观察，雷先生是真正兼具基督教和儒家品德的学人。"②

战时西南联大历史学系主任之职，一直由刘崇铉与雷海宗轮流担任（1943年后一直由雷海宗先生担任）。据校史记载，每当刘崇铉先生有事离校时，必请雷海宗代理。而刘先生返校后，雷海宗则必行工作交接。二人既有相互谦让之风，也有义不容辞、勇担重任之德。

联大立校于战乱，校务繁多，但雷海宗和大多数兼责行政的教授一样，并未因此而稍减教学工作。这一时期，他开设了中国通史、秦汉史、西洋（欧洲）中古史、西洋近古史（16～18世纪）、罗马帝国制度史、西洋文化史、西洋史学史等七门课程，同时兼任历史系主任、师范学院③史地系主任、教授会代表、新生资格审查委员会委员、一年级学生课业指导委员会委员等若干职务，其工作之繁忙可以想见。

1942年，鉴于昆明物价飞涨，教育部决定给主管各级校务的教授每月发放"特别办公费"。按理说，这些教授额外承担了行政工作，多拿报酬也是天经地义，可他们却联名上书教育部"未便接受"。信上说：

> 同人等献身教育，原以研究学术、启迪后进为天职，于教课之外兼负一部分行政责任，亦视为当然之义务，并不希翼任何权利……且际兹非常时期，从事教育者无不艰苦备尝，而以昆明一隅尤甚。九儒十丐，薪水

---

① 《西南联大任务完成，化整为零》，《观察》第1卷第6期（1946年10月5日）。
② 何炳棣著：《读史阅世六十年》，广西师范大学出版社2009年版，第115页。
③ 西南联大师范学院是1938年遵教育部命令增设的，以培养合格的中学教员为任务。雷海宗被聘为该院史地系兼任教授，1940～1942及1943年以后兼任史地系主任。

尤低于舆台，仰事俯畜，饔飧时虞其不给。徒以同尝甘苦，共体艰危，故虽啼饥号寒，尚不致因不均而滋怨。当局尊师重道，应一视同仁，统筹维持。倘只瞻顾行政人员，恐失均平之谊，且令受之者无以对其同事。①

此信签名者25人，雷海宗位列第四。

在艰苦的战争岁月，为国家教育不取额外报酬，为学校团结情愿共体时艰，不正是一种神圣的献身精神吗？有人说25位教授"高风亮节，彪炳万里，正气凛然，令人景仰"②，诚足信矣！

作为系主任，雷海宗有排课的权力，但他的中国通史从未列入甲组课程。当时的考虑是甲组较详于史实与制度，适合历史系学生的需要；乙组和丙组则更强调宏观视野，适合非历史专业的文科生及理工科学生的需要。分类标准并无高下之分，但授课对象的不同又使这种分类隐然有抑扬之别。更何况雷海宗研究方法独树一帜，难免会有反对意见，个别同事甚有讥弹讽议③，但雷海宗毫无介怀。联想到他曾经批评中国知识分子普遍缺乏临难不苟的气魄，"后方的情形一旦略为和缓，大家就又从事鸡虫之争；一个炸弹就又惊得都作鸟兽散。这是如何可耻的行径！"④两相对照，他的不争与雅量，恐怕亦有学术自信之外的依据所在。

雷海宗授课内容丰富，逻辑紧密，不落成规，极富启发性，颇受学生好评。雷海宗上课从不带讲稿，走上讲台即滔滔不绝。在他的讲述中，一个个历史事件和历史人物生动具体，前因后果格外清晰透彻，而且常有妙语警句令人省思。例如，他在讲《堂吉诃德》这部名著的重大意义时说："它使全欧洲在一阵大笑中结束了骑士文学。"⑤曾在西南联大念书七载，横跨四个院系的何兆武教授回忆说："雷先生讲课非常动人。巴金的爱人萧珊那时候叫陈蕴珍……有一次我听见她跟一个同学说：'雷先生讲课真有意思，好像说故事一样。'"⑥雷海宗板书不多，只偶尔在黑板上写写人名、地名，但谈及年代时，必同时说出中国历史纪年和公元纪年。他一堂课要说十多个甚至20多个年代。有同学疑心他只凭记忆无法说对而暗自记录下来

---

① 冯宗璞：《冯友兰先生与西南联大》，西南联大北京校友汇编：《我心中的西南联大——西南联大建校七十周年纪念文集》，清华大学出版社2008年版，第59～60页。
② 贺祥麟：《西南联大教授们的道德和人格力量》，西南联大北京校友汇编：《我心中的西南联大——西南联大建校七十周年纪念文集》，清华大学出版社2008年版，第45页。
③ 何炳棣：《读史阅世六十年》，广西师范大学出版社2009年版，第116页。
④ 《君子与伪君子——一个史的观察》（1939年1月22日），原载《今日评论》第1卷第4期，转引自雷海宗：《中国文化与中国的兵》，商务印书馆2007年版，第217页。
⑤ 齐世荣：《忆一代名师雷海宗》，南开大学历史学院编：《雷海宗与二十世纪中国文学》，中华书局2005年版，第63页。
⑥ 何兆武口述，文靖撰写：《上学记》，三联书店2008年版，第150页。

史学大家的风范

毛子水　姚从吾　钱　穆　郑天挺　向　达
雷海宗　张荫麟　吴　晗　邵循正　孙毓棠

以工具书核对，证实无任何错误，包括中西历互换都分毫不爽①。学生们在叹服雷海宗天赋异禀的同时，以至于私下议论应等雷海宗去世后解剖他的脑子②。

不过，学生们虽然推崇雷海宗的授课艺术，却不意味着都接受他的文化形态史观的观念。例如何兆武先生就持怀疑态度，认为"讲者动情，听者动容，并不等于可信"③。这种独立自主的科学精神，很好地体现了西南联大兼容并包的学风。雷海宗本人也对此表示认可。他治史视界宏阔、不拘小节，但并不否认传统史学方法的价值。他曾和钱穆联袂举行学术讨论，比较罗马帝国和秦汉帝国的衰颓灭亡；他对学生选修陈寅恪先生的课极为肯定，称赞陈寅恪是教授中的教授④。另外，他也非常鼓励学生博采各家之长，独立思考。他讲授西洋文化史、史学方法等课时，采用讨论班的办法。第一堂课即公布长长的书目，均为英文名著，要求学生任选一本精读，一个月后轮流发表读书心得。这些书分属不同学派，观点各异。课堂报告的时候，同学们相互辩难，雷海宗间或提问，最后再做总结。一学期下来，每个学生至少精读一部名著，通过别人报告同时了解了其他经典，促使学生通过阅读完成自主思考，使学生大有长进。

雷海宗对学生亲切负责。他每次下课总要停留片刻，确认没有学生提问才离开教室。无论课堂内外，面对学生的求教，他总是十分耐心。1934级学生许亚芬说："我有时无课，便常去海宗师府上请教……每一次求教，海宗师总是亲切接待，轻言细语，说古道今，娓娓而谈，使我获得许多历史知识，顿开茅塞……每一次同海宗师的谈话，都如胜读十年书，有时我贪婪地听着，不觉已到饭时，还劳雷师母留饭。"⑤雷海宗先后主编过《史学》、《中央大学学报》半月刊、《社会科学》等学术期刊，一些学生习作常经雷海宗修改和推荐发表在刊物上，这种提掖后学之举，令不少学生忆念至今。

雷海宗十分关心学生生活，但他又含蓄内敛，充分理解学生的自尊心。何柄棣是雷海宗在联大时期最器重的学生之一。1941年初冬，何柄棣留学初试失败，父亲又在天津去世，何柄棣情绪非常低落。有一天，雷海宗在联大院墙外平静地对他说："千万不要误会我的意思，从公从私的立场我觉得不能不向你一问，你是否愿意去旁的学校做讲师或副教授？不幸的是联大教西洋史的教授相当多，你虽有教西

---

① 丁则民：《怀念伯伦师》，南开大学历史学院编：《雷海宗与二十世纪中国文学》，中华书局2005年版，第126页。
② 魏宏运：《雷海宗教授的南开十年》，南开大学历史学院编：《雷海宗与二十世纪中国文学》，中华书局2005年版，第66页。另据王敦书先生所书，雷海宗死后将大脑捐给了天津市总医院。
③ 何兆武口述，文靖撰写：《上学记》，三联书店2008年版，第150页。
④ 王永兴：《怀念雷海宗先生》，南开大学历史学院编：《雷海宗与二十世纪中国文学》，中华书局2005年版，第50页。
⑤ 许亚芬：《纪念雷海宗师》，南开大学历史学院编：《雷海宗与二十世纪中国文学》，中华书局2005年版，第116页。

洋通史的能力，因未曾留学，轮不上你教。如果旁处有机会教西洋史，你是否考虑？"何炳棣回答说，自己不在乎名义和待遇，更看重联大的师友融洽、学术空气浓厚。雷海宗这才颇感欣慰地说："你这样决定，我很高兴，不过因为职责所在我不得不问你一问。"又一次，何炳棣回金华老家处理家务，偶然在浙赣路上遇见了回福建奔妻丧的学长王文杰。王文杰告诉他，自己的大部分路费都是雷海宗先生提供的[①]。齐世荣先生当年在清华念书的时候，生活也很困难。一天下课后，雷海宗忽然找到他说，美国波摩那大学来了一个研究生，学中国近代史，想写关于梁启超的论文，需要提高中文，推荐齐世荣去给补习，同时可"借机会练练英文，也增加点收入"。齐世荣有些担心自己用英文讲不了梁启超的文章，可雷海宗鼓励他说："不要紧，去试试吧，有困难再找我。"时隔半个多世纪，齐先生忆及此事仍十分感动："不知道老师如何知道我最近生活困难……通过这件事，可以说明雷先生是多么地爱护学生。"[②]

1940年代的昆明，通货膨胀极其严重，百姓生活困难。联大的寒苦学生常常"枵腹上课"，影响到学业难以为继，教师薪金也大大缩水，雷海宗自不例外。但据雷夫人张景茀说，"海宗自己虽已负担很重，但如有青年考取大学，经济有困难者，若向他求援，他都尽力帮助他们完成学业。"[③]上述之事，真不知道还有多少。

1946年西南联大复员北上，雷海宗全家乘机由昆明飞往重庆。在重庆机场，雷海宗见有两位女同事的行李很多，无人帮忙，就跑去先将她们的行李安顿好，才转回来拿自己的行李。一行人在重庆住了一个多月，等待飞往北平的飞机，可这趟飞机后来停航了，于是只好改去南京。到了南京才知道京浦路尚未恢复通车，他们只能再转去上海，计划由上海乘海轮到塘沽，再转火车去北平。这时，滞留上海要到北方去的学生已经有三四百人，都要乘这艘去塘沽的海轮。临开船时，原本带队的教授忽然说先不走了，将学生交给雷海宗。雷海宗没有推辞，承担了这突然而至的艰巨任务。张景茀先生回忆道：

> 很不幸，船至途中遇着大风浪，几乎沉没。在这险境下，海宗组织同学分队、分组，井井有条。船抵塘沽后，换乘火车去北京。火车抵北京站时已深夜12时。海宗让我乘三轮车先回他二弟家中，他留在车站，把每一个同学的行李都安排妥当，他才回到他弟弟家中，已是凌晨三点多了。自

[①] 何炳棣：《读史阅世六十年》，广西师范大学出版社2009年版，第115页。
[②] 齐世荣：《忆一代名师雷海宗》，南开大学历史学院编：《雷海宗与二十世纪中国文学》，中华书局2005年版，第64页。
[③] 何炳棣：《雷师母张景茀的回忆（1989年7月）》，何炳棣：《读史阅世六十年》，广西师范大学出版社2009年版，第113页。

那时起，我发现他的体力大降。①

在雷海宗而言，这种恪尽职守是对学校、学生的负责，并无政治立场的考量。1947～1948年间，教育部要求高校在"训育委员会"下设立"学生课外活动委员会"，以压制学生政治运动为责。当时国民党战后接管中的腐败让青年学生极度失望，学生运动接连不断，因此学校同仁谁也不肯负责这个费力不讨好的工作。后来，清华校长梅贻琦找到雷海宗要他负责，雷海宗虽然一贯强调学生应以学业为重，认为"罢课"的最大受害者是学生自己，但他同时又将此视为学生的权利，"只要学生不破坏学中制度应任其自由活动"，"教育设会限之，我不同意"。可看到必须完成教育部指令的校方确实"寻人不易"，他还是为"维持学校"而接受了这个工作②。虽然他声言在先，亦并未做任何强压学生政治运动的工作，但这终又成了他的政治污点之一。

1948年底北平解放前，梅贻琦、刘崇鋐等多次动员雷海宗南下，雷海宗也相当彷徨，但他最终没走。他对梅贻琦说："我决定不走了。共产党来了，若不要我，我把应当交代的事情交代清楚再走。"这可能不是雷海宗所有的想法，但他"的的确确是想，自己在学校所负的责任，虽然不大，但扔下就走，总觉得是说不过去的"③。——这份让人唏嘘的责任心，的确是雷海宗人生原则的写照。

随着国民党政治日益腐败堕落、丧失民心，雷海宗中间偏右的政治立场与时代潮流愈加格格不入，本来很受学生拥戴的他，与青年学生逐渐拉开了思想和感情上的距离，威信也大大下降。

1947年夏天，清华大学学生自治会打算邀请一些教授举办暑期讲座，潘光旦在7月28日的日记中写道："自治会同学来约定暑期作系统演讲……与论约请讲员，应以学问人品为主，不应以政治见解之倾向为轩轾，坚属其添请伯伦加入。"④可见，学生们原先的邀请计划里并没有雷海宗，且原因就在于学生不认同他的政治立场。

浦江清先生在解放前夕的一则日记也提供了一则佐证。当时清华大学中文系师生对教材编选标准颇有争议，浦江清在日记中谈及自己已有相关一文发表在《周论》上，但称《周论》为"雷海宗先生所编，正是学生们所认为反动的，所以他们

---

① 何炳棣：《雷师母张景茆的回忆（1989年7月）》，何炳棣：《读史阅世六十年》，广西师范大学出版社2009年版，第111页。
② 雷海宗个人档案，卷宗号RS-591，第1件，1～19号，南开大学档案馆藏。
③ 《思想检讨》（1952年3月1日，1960年6月12日重抄），雷海宗个人档案，卷宗号RS-591，南开大学档案馆藏。
④ 《1947年7月28日日记》（题目为笔者所加），《潘光旦全集》第11卷，北京大学出版社2000年12月版，第277页。

不会看到……"①

1951年,一位从前的学生当面说雷海宗给她带来了很坏的影响。雷海宗听了,"心中刺痛,话也说不出……当时没有勇气详细向她追问,因为心中实在太痛苦了"②。雷海宗如此看重自己的导师身份,希望成为青年的引路人,希望自己可以从学术角度为中华民族寻找复兴之路,但迥变的政治气氛,却让他的期许几乎完全落空,这大概是他一生最大的悲剧。

七、主持《周论》 忐忑未来

复员之初,百废待兴。兼任清华大学文学院代理院长的雷海宗忙于各种校务,直到"1947年夏季才又开始写稿,主要地是为胡适所主持的'独立时论社'撰稿"③。1948年1月,他开始主编政论性周刊《周论》。

《周论》发行人及社长为国民党北平市党部主任委员吴铸人,雷海宗、贺麟、朱光潜为该刊主编④,雷海宗更为该刊撰写了全部社论稿件计60篇⑤。《周论》前后存续不到一年,然因其载文几乎全部出自清华、北大领军学者之手⑥,甫一创刊即"轰动清华园"⑦,在平津教育界具有相当影响力⑧。

按照曾虚白对国民党党报的分类,为"澄清青年思想配合动员戡乱"⑨的《周

---

① 浦江清著:《清华园日记 西行日记》,三联书店1987年版,第242页。
② 《思想检讨》(1952年3月1日,1960年6月12日重抄),雷海宗个人档案,卷宗号RS-591,南开大学档案馆藏。
③ 《思想检讨》(1952年3月1日,1960年6月12日重抄),雷海宗个人档案,卷宗号RS-591,南开大学档案馆藏。
④ 吴寿金:《为周论社声请登记恳请鉴核转呈由》(1948年1月21日),见于《周论社、军事新闻通讯社等单位关于登记备案、更换发行人的呈文及社会局的批示》,全宗号J2,案卷号648,北京档案馆藏。
⑤ 《思想检讨》(1952年3月1日,1960年6月12日重抄),雷海宗个人档案,卷宗号RS-591,南开大学档案馆藏。雷海宗说:"实际编辑的事都由我负责,那五个人(指名义上共同参与编辑工作的朱光潜、贺麟、戴世光、赵凤喈、崔书琴教授——引者注)并没有做什么事情,社论也都是我一人写的。""雷海宗主编周论"这一情况在当时的《大公报》报道中(见"文化圈内",《大公报·天津版》1948年2月20日报道)及上述浦江清日记中也都得到了证实。因主编《周论》被认为是雷海宗"解放前最尖锐的反共罪行",承认"实际主编"一事显然于他不利,不过雷海宗在解放后的历次检讨中从未否认过这一点,大致相同的说明也见于《历史思想自传》,雷海宗个人档案,卷宗号RS-591,南开大学档案馆藏。
⑥ 如雷海宗、朱光潜、贺麟、戴世光、樊际昌、谁士荃、崔书琴、赵凤喈、郑华炽、王成组、冯友兰、潘光旦、王铁崖等。少数例外,但亦多与清华、北大有渊源,如张清常先生时为南开大学教授,于1937年毕业于清华大学,林庚先生时为燕京大学教授,于1933年毕业于清华大学,蔡维藩先生时为昆明师范学院教授,抗战时为西南联大历史系教授。
⑦ 《文化圈内》,《大公报》1948年2月20日。
⑧ 例如当时尚在天津北洋大学电机系就读的学生陈之藩因在《周论》发表了一篇专论,随即就引来胡适、金岳霖、冯友兰、沈从文等人对他的关注。参见李怀宇:《访问历史:三十位中国知识人的笑声泪影》,广西师范大学出版社2007年版,第41页。
⑨ 吴铸人语。见于《新闻纸杂志登记声请书》,《周论社、军事新闻通讯社等单位关于登记备案、更换发行人的呈文及社会局的批示》,北京档案馆藏,全宗号J2,案卷号648。

论》似可被列为"国民党同志主办的"非正式党刊①。然而细读《周论》全文,《周论》强调的仍是个人自由和个性价值,主张以宪法法律和适度干预的市场经济为社会基础;强调社会秩序,主张以渐进的方式推进社会改良;视宽容为社会生活重要价值标准②。雷海宗为实现编辑独立,使《周论》"不属于任何党派",还以"经费独立"、"不用党费"为出任主编的前提③。——这些似乎表明《周论》仍然算得上自由主义思想的产物。官员吴铸人固然希望借《周论》影响青年,稳定时局;学者雷海宗等人却又想借它表达对时局的独立思考。双方虽对"三民主义"理想存在共识,但毕竟一者为政党利益,一者为民族大义;一者为党国天下,一者为自由主义,两者的区别显而易见。只是这群自称"惟一没有政治意味的教授"④试图在民族利益、政党歧见与学术独立之间寻求平衡的最后努力,注定要碰壁于现实。

1948年11月,雷海宗在《周论》杂志最后一期发表长文《人生的境界(一)——释大我》。雷海宗讲到:宇宙是时间与空间的无限,人和宇宙相比非常渺小;然而宇宙虽大,其意义却由人赋予,从这个角度说"我心即宇宙";也许在无边的宇宙中尚存更高的智慧,他们心中的宇宙将更大更有意义,远超人类的想象。由此雷海宗总结说,真正的宗教家"都是生于此世而又超过此世的非常人物。他们并非厌世,而是看此世为无关宏旨,宇宙间另有更高的道理的所在"⑤。

这篇文章似乎包含着雷海宗超越现实、退回内我、在形而上层面寻求心灵自由的一种尝试。然而,现实无可逃避也无法超越。1948年中央研究院院士初选时,雷海宗被列入名单,是其学术水准获得学界认可的标志,随后他又被蒋介石列入"抢救北方学人"的计划中。那年冬天,雷海宗陷入了去留两彷徨的苦闷。

一些学生问他日后怎么打算,他沉吟片刻道:"今天每人只有就自己所见到的去说去作,到那一天就要在感情上准备接受对自己一切可能的后果。"其中一位同学似乎觉察到了什么,马上紧张地反问说:"雷先生,真的吗?"雷海宗本来好似

---

① 曾虚白著:《中国新闻史》,三民书局(台湾)1984年版,第462页。曾氏将战后国民党党报分为四大类,其一为中央直接主办,其二为地方党部主办,其三为国民党同志主办,其四为军报,并认为第三类虽非正式党报,但言论立场与政府较为接近,在社会上之影响力也较正式党报为大。不过,《周论》虽由吴铸人主办,其稿件编选事务却由雷海宗承担,且事先约定不接受约稿,因此与曾虚白所谓第三类党报仍有差异。

② 以上各点为不同类别的自由主义共同承认的基本思想。参见闫润鱼著:《自由主义与近代中国》,新星出版社2007年版,第39~40页。

③ 雷海宗说,吴铸人为使他同意担任主编,曾通过梅贻琦从中反复说合,雷海宗乃提出上述条件作为出任主编的前提,"吴铸人答应了,应许去募捐……我的意思是要编辑独立,不接受任何方面的派稿。吴铸人对此有点游疑,但最后也答应了"。见于《思想检讨》(写于1952年3月,重抄于1960年6月),另有类似的说明见于《雷海宗坦白材料》(1950年4月28日,这份材料并非雷海宗亲笔书,而是由其口述,由办案民警记录的),皆存于雷海宗个人档案,卷宗号RS-591,南开大学档案馆藏。

④ 社论:《北平的学潮》,《周论》第1卷第15期(1948年4月23日)。

⑤ 雷海宗:《人生的境界(一)——释大我》,《周论》第2卷第19期(1948年11月16日)。

上课般，以冷静的态度回答问题，可是经学生这么一追问，他也不禁心潮起伏，一时无语，"心中不知将来事到临头，是否仍能毫不惊慌，冷静的考虑全局"。雷海宗与那位同学注目对视片刻，终于把话锋转到另外方面，没有回答这个问题。①

走，还是不走，终究必须面对。时任教育部长的陈雪屏12月11日致信北大秘书长郑天挺，再次敦促若干关键人物早日南下，其中亦特别提及雷海宗②。

然而，雷海宗最终拒绝了南下的飞机，何以如此决定呢？他在1950年的解释是：

> 我当时判断，国民党最后必定只余台湾，无论名义如何，实际上台湾必将成为美国的殖民地……在美国殖民地下作人，是我绝不能忍受的。至于不南飞而自己的安全是否会发生问题，并非没有考虑过，但对此一点，心中并未发生太久的斗争，很快的就认定南飞将等于精神死亡，是无可考虑的……但如果共产党不是像国民党宣传的那样乱来，而是像民主人士所讲的那样宽容大量，自己就必尽全部的智力与心力，对过去作一番彻底的思考检讨，最后或者能成为一个新人。如不能成功为一个新人，那是自己能力不够，但也总比在美国殖民地作人强得多。如果成功，自己或者仍能成为一个对国家有所贡献的人。③

除此之外，他还曾经提及当时也顾及学校交接问题。另有和他关系颇为紧密的学生说，雷海宗可能有"留下来看看"的想法④。

这些解释都是可能的，那个动荡的年代中，任何人都难以把握自己的命运。对家国民族的深厚情感，对中共的猜测和希望，对国民党的无奈和绝望，对学校的责任心，对自身价值的自信心，甚至还包括一个历史学家意欲亲身体验并见证新社会发展的好奇心，帮助他在去留问题上做了最后的抉择。和多数知识人一样，雷海宗需要承担的太多太多了，决定的过程当然是矛盾而复杂的，但在故国家园中保持学者的尊严，乃是他最大的期望。

---

① 《我的思想转变——补充"参加土改总结与一年学习总结"》，雷海宗个人档案，卷宗号RS-591 5类5号，南开大学档案馆藏。
② 《陈雪屏致郑天挺函》，全宗号（七）、目录号（一）、卷宗号1231，北京大学档案馆藏。
③ 《我的思想转变——补充"参加土改总结与一年学习总结"》，雷海宗个人档案，卷宗号RS-591，第1件，5类5号，南开大学档案馆藏。
④ 《雷海宗小传》（1950年11月），材料来源文委会。雷海宗个人档案，卷宗号RS-591，南开大学档案馆藏。本材料名为"小传"，实为文委会从学生和教师处搜集的各种有关雷海宗解放前政治表现的反馈。

八、移砚南开　忧郁而终

新中国成立后，雷海宗仍任清华大学历史学系教授。抗美援朝战争开始后，他写了一组批判天主教的文章，并将稿费全部捐献国家。1952年秋，清华大学历史学系在院系调整中被取消，雷海宗奉命移砚南开大学。一种说法是：由于雷海宗与国民党关系较为密切，被列入内控分子名单，调离出京可以使其在学术界影响力下降，也便于高校的政治改造。与之境遇近似的还有被誉为"北大舵手"的明清史专家郑天挺。郑、雷两人同调南开，由此开启了南开历史学科的崛起与繁荣期。

在南开，任世界史教研室主任的雷海宗风格依旧，他请教研室其他老师先认定课程，剩下别人不愿承担或者难以承担的课程由他来讲。1952年，教育部参照莫斯科大学历史系的教学计划，决定开设世界现代史必修基础课。这门课先前在国内全无基础，各校都无专职教师，北大、北师大等校也无法立即执行新计划，可是，有雷海宗的南开却顺利如期开课。雷海宗在1940年代就从历史角度入手，写过大量论述"二战"及其影响的专文，他对这个领域有相当深入的思考和学术积累。他开设此课后，并没有像其他学校一样照搬苏联的提纲和教材。他指出，苏联教材对现代历史时段的划分并不符合东方国家的史实，是苏联中心论的产物。他从实际出发，采用专题教学法，按历史次序讲授系列专题，从而大大深化了课程内容和思想性。与此同时，他在备课中还尽可能地采用英文文献。当时流行的是俄文材料，雷海宗虽然也能阅读俄文，但他认为搞社会科学不能不注重西欧和美国的成果。雷海宗

1956年雷海宗与郑天挺先生合影

同时订阅了十多份外国杂志。他说："不看外国杂志，就不了解人家科学的一日千里。"①他还多次在私下场合提示学生和青年教师不能只看苏联小册子，甚至在文科团员大会上冒着不被人理解的危险，主张"哪个国家先进就学哪国文"②。在当时的政治氛围下，如此言行既需要一番勇气，更要有超然的眼界。

1956年，教育部计划开设物质文明史课，全国各高校都开不出来，又是南开的雷海宗率先开出此课程。在课堂上，他从生活和服装的变迁反观民族历史的发展，讲到游牧的塞其提人由于骑马征战时穿绔、长靴、马褂、风帽，后来由于绔御寒不足，就加上腰，成为开裆裤，再以后演变成合裆裤。一条裤子的演变雷海宗足足讲授了几节课，但这绝不是对历史无聊细节的穷究考据，而是延续了他从文化形态史观观察物质文明推演的治史思路。明清史专家冯尔康先生认为，这门课当时给了他很大启发，乃至潜移默化地影响到他后来对社会史的关注③。

在此阶段，雷海宗还完成了教育部委托他编写的《世界上古史讲义》。他对当时普遍采用的分区分国教学法提出了不同意见，认为这种授课方式容易让学生产生各国兴衰循环的错觉，很难形成对世界历史的整体观感。他于1956年提出采用"综合年代教学法"讲授世界上古史，并于当年率先实践，且获得了巨大的成功④。

雷海宗还担任《历史教学》编委，分管世界上古史部分。遇有教学问题需要深化或者纠谬，他就亲自撰写，予以解答。例如《关于世界上古史一些问题及名词的简释》、《世界史上一些论断和概念的商榷》、《基督教的宗派及其性质》等等，这样的"大家小文"举重若轻、深入浅出，对高校青年教师和中学教学都有很大帮助，"看似写来不难，实则非高手莫办"⑤。

只要是能够帮助青年教师尽快提升学术水平的事情，雷海宗都热心去做。他特别在家里为几位青年教师讲授两周秦汉史，王玉哲和杨志玖先生听说后也来旁听。又有同事教课不受学生欢迎，以致无法继续，雷海宗虽然课时已满，却仍然勉力中途接课，并想尽办法使随班听课的这位同事不感到难堪。这位同事听课后对雷海宗大为感佩，后来"反右"时拒绝批判雷海宗，并说"雷海宗是我最好的老师"⑥。

雷海宗十分珍惜时间。魏宏运先生回忆，每次到他家中请教或者讨论系里的事

---

① 何炳棣：《雷师母张景茀的回忆》，何炳棣：《读史阅世六十年》，广西师范大学出版社2009年版，第112页。
② 《关于右派分子雷海宗的材料》（1957年9月），第12页。雷海宗个人档案，卷宗号RS-591，干7号，南开大学档案馆藏。
③ 冯尔康：《重温于新习伯伦师的学术宏论》，南开大学历史学院编：《雷海宗与二十世纪中国史学》，中华书局2005年版，第91页。
④ 曹中屏：《让雷海宗先生的重要史学遗产发扬光大》，南开大学历史学院编：《雷海宗与二十世纪的中国史学》，中华书局2005年版，第8页。
⑤ 齐世荣：《忆一代名师雷海宗》，南开大学历史学院编：《雷海宗与二十世纪的中国史学》，中华书局2005年版，第65页。
⑥ 何炳棣：《雷师母张景茀的回忆（1989年7月）》，何炳棣：《读史阅世六十年》，广西师范大学出版社2009年版，第111页。

史学大家的风范

毛子水 姚从吾 钱 穆 郑天挺 向 达
雷海宗 张荫麟 吴 晗 邵循正 孙毓棠

务,"我看到雷先生总是伏案读书"①。曹中屏教授亦亲眼见证雷海宗直至1962年重病缠身之际仍然坚持清晨朗读英语文献②,可是当时总有很多会议和学习需要参加,雷海宗也穷于应付。有一次,一位党员同学通知他开会,雷海宗说:"你们叫我开会,我要准备功课,到底怎样好呢?"不过虽然勉强,"他还是来"③。张景茀先生则说:"海宗假如开了一天会,回到家中,第一件事,一定要拿本书看,一边说'今天整天未看过书'。他真是一个十足的书呆子。"④

雷海宗希望能将余生全部用于学术科研活动,但他终于没能躲过1957年的"反右"运动。他因提出人类社会形态发展中奴隶社会与封建社会差别不大的观点,被认为是对马克思主义五种社会形态经典理论的"修正";其主张马克思主义社会科学理论,在1895年恩格斯去世后基本停滞不前、列宁只是"在个别问题上有新的提法"的看法⑤,显然也触犯了"天条"。在康生授意下,雷海宗遭到全国点名批判并被错划为"右派"分子。时隔多年,雷师母张景茀仍然清楚地记得:

> 1957年夏,天津市内开"反右"大会,会上海宗被划为"右派"分子。会后他回家进门时弯着腰,十分沉痛地对我说'对不起你'。这突如其来的噩讯,对他打击太大了。次日他忽然便血两马桶之多,他躺倒了……⑥

雷氏夫妇"终日默默相对,食不甘味,寝不安眠",雷海宗的健康状况从此急转直下。不过妻子张景茀的陪伴还是给了他很大安慰。有人送来了从香港寄来的饼干,病中的雷海宗一块也不肯吃,全都留给妻子;有电影票、戏票,他也总是催妻子去看,并说"你能出去散散心,我就高兴了";妻子在厨房做饭,他搬个小凳子坐在旁边说"我不能帮你做,只好陪陪你";妻子外出回来稍晚,他就在校门内踱来踱去,直到她回来……⑦

被打成"右派"后,雷海宗的教学活动被勒令停止了,可他并没有放弃专业学习和科研工作。当时历史系全体教师奉命突击编写一套亚非拉历史的书,稿子虽然

---

① 魏宏运:《雷海宗教授的南开十年》,南开大学历史学院编:《雷海宗与二十世纪中国文学》,中华书局2005年版,第67页。
② 曹中屏:《让雷海宗先生的重要史学遗产发扬光大》,南开大学历史学院编:《雷海宗与二十世纪的中国史学》,中华书局2005年版,第19页。
③ 《雷海宗小传》(1950年11月),材料来源文委会。雷海宗个人档案,卷宗号RS-591,南开大学档案馆藏。
④ 何柄棣:《雷师母张景茀的回忆(1989年7月)》,何柄棣:《读史阅世六十年》,广西师范大学出版社2009年版,第112页。
⑤ 雷海宗:《天津的教授们关于"百家争鸣"的看法》,《人民日报》1957年4月22日。
⑥ 何柄棣:《雷师母张景茀的回忆(1989年7月)》,何柄棣:《读史阅世六十年》,广西师范大学出版社2009年版,第113页。
⑦ 何柄棣:《雷师母张景茀的回忆(1989年7月)》,何柄棣:《读史阅世六十年》,广西师范大学出版社2009年版,第114页。

按期完成了，但其中的错误疏漏却非常多。身为"右派"的雷海宗没有资格参编，也不能在成果上署名。可是面对系里分配给他的校对工作，他依然任劳任怨、一丝不苟。他每天坐在图书馆里查对英文资料、修补文稿疏漏，为这两本书的出版付出了辛勤劳动①。病中的雷海宗还翻译了斯宾格勒的名著《西方的没落》的重要章节。直到1962年他生命的最后几个月，他还委托助教王敦书先生从图书馆借出全套的《诸子集成》，打算研究先秦诸子，写作有关著述。

1961年末，雷海宗被摘除了"右派"分子的帽子。1962年初，雷海宗即抱病重上讲台，讲授外国史学名著选读、外国史学史两门课程，其中后者还是一门新课。这时，他患慢性肾炎已经三年，严重贫血，全身浮肿，行走困难，可他仍然用颤抖的手亲笔拟就了外国史学史讲义提纲，又让助教用三轮车带他到教室上课。他将自己的一生奉献给了历史教学和科研事业，直到最后时刻仍然保持着认真负责的专业精神。此时的雷海宗在学生眼中已经衰弱不堪，"上课铃响后，只见一位小老头拄着拐杖，一步一步地挪动着双腿，吃力地坐到讲台后的一把椅子上"，可是他一旦开始讲课，却突然振作甚至亢奋起来：

> 助手替他在黑板上写字，有中文、英文，也有希腊文。他端坐在椅子上。每当助手写完后，他头也不回，把拐杖往后一甩，有时打在黑板上，然后大声地念着，像朗诵一样，那浑厚的男中音依然那么好听。看得出来，他很兴奋，甚至有些忘乎所以……②

然而，阶级斗争的严酷气氛让学生不敢与他接近，甚至还有"左派"在他每次课后再安排"消毒"课。雷海宗的最后一课是那么孤独，"每次课后，大概兴奋期已过，雷先生显得非常疲劳。在助手的搀扶下，他拄着拐杖艰难地、默默地走出教室。教室里十分安静、冷漠，既无喝彩声，也无掌声，只有拐杖声不断地敲打着我们的心灵"③。

雷海宗的最后一课，一直坚持到1962年11月底他再也无法行动为止。12月16日他被送往医院抢救，12月25日，雷海宗因尿毒症及心力衰竭在天津病逝，年仅60岁。

---

① 张象：《忆雷海宗先生与世界现代史学科》，南开大学历史学院编：《雷海宗与二十世纪的中国史学》，中华书局2005年版，第86页。

② 肖黎：《最后的一课——记声如洪钟的雷海宗先生》，南开大学历史学院编：《雷海宗与二十世纪的中国史学》，中华书局2005年版，第111页。本文关于雷海宗最后一学期授课之细节情形皆参考自此文。

③ 肖黎：《最后的一课——记声如洪钟的雷海宗先生》，南开大学历史学院编：《雷海宗与二十世纪的中国史学》，中华书局2005年版，第111页。本文关于雷海宗最后一学期授课之细节情形皆参考自此文。

毛子水　姚从吾　钱　穆　郑天挺　向　达
雷海宗　张荫麟　吴　晗　邵循正　孙毓棠

  雷海宗是一个具有强烈爱国热情和民族情感的学者，他四十年治史不辍，铸成贯通古今、中西兼修、自成体系的史学风格；他虚怀若谷、任劳任怨、因材施教，为清华史学和南开史学的发展做出了不可磨灭的贡献。以其名字联成的"声音如雷、学问似海、史学之宗"的美誉佳句，既是史学界的佳话，也是对其学术地位的高度认可。正所谓：

> 不争二字见生平，全部工夫铸史成。
> 绕室青光如照遍，直叫中国可无兵。[①]

[①] 潘光旦，《"双飞歇浦证前因"五首（1950年7月6日）》，南开大学历史学院编：《雷海宗与二十世纪的中国史学》，中华书局2005年版，第321~322页。本诗是雷海宗的同学、好友潘光旦教授为祝贺雷海宗与张景茀同枝连理二十周年而作。

才如江海冠流辈，命比纸薄志未酬：张荫麟传略

梁　晨

张荫麟(1905~1942)，广东东莞石龙镇人，无字，笔名素痴、燕雏，著名学者，被誉为"中国近代最杰出的史学家之一"[①]。先生幼年随父诵读经典，熟稔旧学，1923年入北京清华学校中等科学习，1929年清华毕业后得庚款资助，入美国斯坦福大学攻读哲学和社会学。1933年学成返国，后任教于清华大学，被时人誉为学贯中西、融汇古今之奇才。1935年起，张先生向清华告假，专心负责全国中学历史教科书的编撰工作。1937年卢沟桥事变后，先生南下浙江，曾为浙江大学作短期讲学，后回东莞老家居住。1938年4月西南联大在昆明成立后，张先生与陈寅恪先生一道经海路从越南抵昆明，向清华大学销假，继续担任历史和哲学系教授。1940年7月，因个人原因，先生辞去联大教席，转而任教于贵州遵义之浙江大学。1942年秋，先生因肾炎不幸病逝于遵义，时年仅37岁。其禀赋极高，有天才之目，学问渊雅，为当世所重。著有《中国史纲》等，流传极广，好评如潮。

张荫麟

一、少年出盛名，勤学成通才

同近代大多著名学人一样，清末光绪三十一年（1905年）出生的张先生自幼即受严格的启蒙教育，于五经、四书、三传、通鉴、诸子书、古文辞等，无一不曾熟

[①] 语出当代著名史学家杜维运先生。参见杜维运：《〈天才的史学家：追忆张荫麟〉序言》，载〔美〕陈润成、李欣荣编：《天才的史学家》，清华大学出版社2009年版。

史学大家的风范

毛子水 姚从吾 钱穆 郑天挺 向达
雷海宗 **张荫麟** 吴晗 邵循正 孙毓棠

读成诵①，故自幼即打下了扎实的国学基础。

民国十二年（1923年）夏，先生自广东省立第二中学毕业，同年秋考入北京清华学校，入中等科三年级学习②。由此时到1929年夏留美预备部高等科毕业，张先生在清华度过了6年的学生时光。按清华规程，留美预备部毕业的学生一律资送赴美留学，而预备部于1929年停办。因此，1929年秋赴美留学的张荫麟就成为这一制度选送的最后一批学生③。

清华求学时，少年张荫麟已在学界崭露头角，可谓年少有盛名。初入清华的1923年9月，他即以一篇《老子生后孔子百余年之说质疑》，博得了梁启超先生的青睐，更在学界引起瞩目。戊戌维新之前，梁启超曾因协助康有为撰述《新学伪经考》和《孔子改制考》两书而在中国社会掀起巨大波澜。虽然这两本书于考证并不精准，其影响也主要不在学界，但梁氏对先秦诸思想家的研究和关注则早已有之。1919年，胡适先生出版了其个人代表作《中国哲学史大纲》。在该书中胡先生考证认为老子生于公元前570年左右，老子其人及其思想学说都要早于孔子。这一观点很快召来了梁启超的批评。梁先生通过六个方面的考证，认为《老子》一书应出现于战国晚期，老子其人则要晚于孟子④。而张先生则在其《老子生后孔子百余年之说质疑》一文中对梁启超论述的六个方面都逐一进行了批驳，指出其考证的错误。据张先生当年的清华同学，后来清华社会学系教授贺麟回忆，当张荫麟将此文投稿于《学衡》杂志时，编辑们都以为作者是清华国学教授，怎么也不曾想到是位未满十八周岁初进清华的中等

张荫麟先生手迹

---

① 李埏：《张荫麟先生传》，《史学史研究》，1993年第3期，第33~43页。本文中张荫麟先生生平描述，分别参考了李埏：《张荫麟先生传》，《史学史研究》1993年第3期，第33~43页；李欣荣：《张荫麟年谱简编》，载（美）陈润成、李欣荣编：《天才的史学家：追忆张荫麟》，清华大学出版社2009年版，第601~623页。此外，《天才的史学家：追忆张荫麟》一书，编者多年来收集整理的有关张荫麟先生的各种纪念、回忆和研究文章汇集成书，其中部分资料更是首次公开，书中还附有考订细致的张先生年谱以及1942年至2007年间张荫麟研究资料索引，可以说是目前认识研究张荫麟先生最完整和最权威的一部著作。本文写作的主要资料均参考于此书，在此谨向诸位作者致谢。

② 当时之清华，乃参照美国初级大学（Junior College）体制，设有中等、高等两科。清华该校章程规定中等、高等科学制分别为五年和三年，总计八年。见方裕谨编：《清政府开办清华学堂史料选》，清华大学档案馆档案，《留美学务处、清华学堂/校开办经过暨筹办大学与外交部董事会等机关的来往文书》（1909.8~1924.5），编号：1-1-03。台湾学者苏云峰研究指出，1922年起清华已决定停招中等科学生，原有中等科则到1925年全部结束办学。见苏云峰：《从清华学堂到清华大学（1911~1929）》前言，台湾"中央研究院"近代史所1996年。但此间，清华也招收具有相应学历的中等科插班生。因此1923年秋，已有中学学历的张先生是插班进入了清华中等科三年级的。

③ 《清华学校组织大纲》，《清华周刊》1927年第408期。

④ 李洪岩：《论张荫麟及其新史学》，《近代史研究》1991年第3期，第216~235页。

科新生①。此后，张先生又先后在《大公报》、《学衡》、《燕京学报》以及《清华学报》等多家刊物上发表了多篇论文，内容更是涉及文、史、哲三届②。张先生也由此声名渐起，并与钱钟书、吴晗、夏鼐等四位并称为清华"文学院四才子"。

1929年初秋，得庚款资助后，张荫麟开始留学美国斯坦福大学，先治西洋哲学，后又习社会学及伦理学。他希望通过这些新学科的学习，来扩展自身的学术视野与研究方法，为今后更好地从事历史研究做准备③。根据贺麟先生的回忆，张荫麟在斯坦福大学一共学习了4年时间，先后获得了学士、硕士学位，在履行了博士考试的手续但未获得博士学位的情况下回国。或许是因为民国大学对学位的重视程度不如当下，或是因为陈寅恪先生在帮其推荐工作时说他"在斯丹福大学得博士学位"④，又加之曾与张先生同期在美留学的谢文通先生也曾回忆看过其名为《莫尔和杜威的哲学思想比较》（Comparative Study of George Moore and John Dewey）的博士论文，因此自民国以降，学界多认定张先生是以留美博士的身份回国任教的。但近来美国学者陈润成在美国斯坦福大学学籍档案中并未查找到张先生得博士学位的记录，却发现原来张先生的硕士论文题目是《莫尔和杜威的伦理学说之比较》（A Comparative Study of the Ethical Theories of G. E. Moore and John Dewey），再结合此前贺麟的回忆，学界遂确认张先生并未获得博士学位即回国任教了⑤。不过显然是否具有博士学位本身并不影响张先生回国后治学与教学的成绩，而在美四年的刻苦学习，张先生确实逐渐具备了融会古今与贯通中西的学术基础，这也最终成就了先生一生的事业。

二、痴心治国史，著书牍三千⑥

由于张先生在美国专攻哲学，1933年底回国后，清华哲学系就想聘用他⑦。但张先生的志趣却在历史，并不愿意任职于哲学系。为此陈寅恪曾给傅斯年去信，希

---

① 参见贺麟：《我所认识的荫麟》，载（美）陈润成、李欣荣编：《天才的史学家：追忆张荫麟》，清华大学出版社2009年版，第35~52页。
② 李洪岩：《张荫麟先生传略》，载张荫麟著，李洪岩选编：《素痴集》，白花文艺出版社2005年版，第258~284页。
③ 即如1933年他给友人张其昀的信中说的那样："国史为弟志业，年来治哲学，治社会学，无非为此种工作之预备。从哲学冀得超放之博观与方法之自觉，从社会学冀明人事之理法。"参见张其昀：《敬悼张荫麟先生》，载（美）陈润成、李欣荣编：《天才的史学家：追忆张荫麟》，清华大学出版社2009年版，第9~17页。
④ 陈寅恪：《陈寅恪致傅斯年》（1933年11月2日），《陈寅恪集·书信集》，北京三联书店2001年版，第46、47页。
⑤ 李欣荣：《张荫麟年谱简编》，见(美)陈润成、李欣荣编：《天才的史学家:追忆张荫麟》，清华大学出版社2009年版。
⑥ 该句援引于陈寅恪《挽张荫麟二首》，原句为"流辈论才或未先，著书曾用牍三千"。
⑦ 战前清华的专职教员主要分为教授、专任讲师、教员和助教四等，专任讲师相当于其他学校的副教授。

望北京大学史学系或中央研究院历史文化语言研究所能够聘请他。无奈由于经费问题,此事最终未果①。后经过一番努力,1934年起②,清华哲学系和历史系决定合聘张荫麟为专任讲师,月薪280元③。这使得双方的期望都能得到一定程度的满足,从此张先生开始专心于国史的研究与教学工作。

在张先生众多的学术成果中,作为惟一著作的《中国史纲》及其对通史编纂理论的探研,是最用心也是最卓著的。1935年,受国防设计委员会的委托④,已是清华教授的张先生开始主编高中及小学历史教科书。以著名大学教授的身份去编纂中小学教科书,在当时令许多人不理解。但张先生却认为这一工作不仅是史学研究本身所需要的,更是处于大转变时代的中国社会所急迫需要的,是那个时代史学家义不容辞的责任⑤。而且,不同于一般学者的看法,张先生认为教科书的编纂有比一般学术研究更加艰巨的挑战性。他认为"大多数历史学家之不从事课本的编撰者是不能也,非不为也",因为"这种工作不仅需要历史智识,并且需要通俗的文章技巧",而能将这"两种造诣"结合起来的史学家,"从来是不多见的"。编辑教科书的工作,不仅需要"局部的专精",而且"需要全部之广涉而深入,需要特殊的别裁和组织的能力",具有这种资格的史家是"历来少见的"。因此"良好的国史课本的编撰是大家公认的急需,而目前似乎没有一个史家敢自信能独力担任此事而愉快"⑥。

为了能专心编纂这本教材,张先生向清华请了长假,放下自己手中的研究,"遍咨通人"。先由其拟订纲目,将4000年的史事分为数十专题,修改多次才确定,然后再组织各方面专家共同编写。其中汉以前由其本人亲自执笔,唐以后计划由吴晗负责,千家驹则负责鸦片战争以后的社会变化,王芸生负责中日战争,各人

---

① 陈寅恪:《陈寅恪致傅斯年》(1933年11月2日),《陈寅恪致傅斯年》(1933年11月2日)。
② 有部分论著认为张荫麟于1933年回清华任教。但据清华教员记载,张荫麟与陈之迈、李达、吴晗、潘光旦、任之恭等都是1934年来校任教的。参见庄丽君主编:《世纪清华》(二),光明日报出版社2001年版,第19页。
③ "国立清华大学1931年至1936年各院系教师名单",清华大学藏档,编号:1-2-1:112。
④ 关于委托机关,也有一说为国民政府教育部。而据李欣荣考证,最初委托编撰教科书的应是国防设计委员会。但后来国防设计委员会改组,才改由教育部聘请张先生继续编撰。见李欣荣:《张荫麟年谱简编》。
⑤ 在《中国史纲》的自序中,张先生充满使命感地写道:"现在发表一部新的中国通史,无论就中国历史本身的发展上看,或就中国史学发展上看,都可说是恰当其时。就中国史学的发展上看,我们正处在中国有史以来最大的转变关头……第一次全民族一心一体地在血泊和瓦砾场中奋起以创造一个赫然在望的新时代。若把读史比于登山,我们正达到分水岭的顶巅,无论四顾与前瞻,都可以得到最广阔的眼界。在这时候,把全部的民族史和它所指向道路,作一鸟瞰,最能给人以开拓心胸的历史的壮观。就中国史学的发展上看,过去十年来可算是一新纪元中的一小段落,在这十年间,严格的考证的崇尚,科学的发掘的开始,湮没的旧文献的新发现,新研究范围的开辟,比较材料的增加,和种种输入的史观的流播,使得司马迁和司马光的时代顿成过去;同时史界的新风气也结成了不少新的,虽然有一部分还是未成熟的果……在这抱残守缺的时日,回顾过去十年来新的史学研究的成绩,把他们结集,把他们综合,在种种新史观的提警之下,写出一部分新的中国通史,以供一个民族在空前大转变时期的自知之助,岂不是史家应有之事吗?"张荫麟:《中国史纲·自序》,上海古籍出版社1999年。
⑥ 张书学、王艳丽:《论张荫麟的通史编纂理论与方法》,《山东大学学报》2003年第1期。

完成后再由他综合融会①。

在编撰《中国史纲》的过程中，张先生首先思考了通史编纂的理论与方法，特别提出了在众多史料中进行选择的标准。他认为，"显然不能把全部中国史的事实，细大不捐，应有尽有的写进去"，要有一个选择判断或谓"笔削"的标准。其标准主要有五条：

一是"新异性的标准"即"史事内容的特殊性"，史事愈新异则越重要。

二是"实效的标准"。所谓实效即是"史事所直接牵涉和间接影响于人群的苦乐者"。

三是"文化价值的标准"。"所谓文化价值即是真与美的价值"。

四是"训诲功用的标准"。"所谓训诲功用有两种意义：一是完善的模范，二是成败得失的鉴戒。"

五是"现状渊源的标准"，即"众史事和现状之'发生学'的关系。"

这种对史实的选择和综合的理论，"反映出中国通史的理论发展已经超越了初创和模仿的阶段"②。

可惜这一宏伟的计划最终只完成了由他本人执笔的东汉以前部分，并于1941年由浙江大学史地教育研究室出版，但这一部未完稿已然是中国通史的一个典范。1945年，史家顾颉刚在评点当时多达三四十种的通史著作时就认为多数不能令人满意，仅有包括张荫麟《中国史纲》在内的少数几部较为理想③。友人谢幼伟则称赞《中国史纲》为通史家的写作建立了"楷模"。④今人赵梅春则认为，《中国史纲》及其他几部通史反映了20世纪30～40年代以进化史观为指导的中国通史著作所达到的撰述水平⑤。

此外，张先生在中国科技史、宋史、哲学等多个不同领域都颇有建树。方豪认为，除通史外，断代史方面张先生以宋史用力较多，其次为中国哲学思想史、中国科学发明史、中外文化交通史等⑥。在任教浙江大学的最后岁月中，张先生集中精力研究宋史，发表了《宋初的均富思想》、《宋初四川李顺王小波之乱》等十数篇文

---

① 参见吴晗：《记张荫麟》，载（美）陈润成、李欣荣编：《天才的史学家：追忆张荫麟》，清华大学出版社2009年版，第58～65页。
② 赵春梅：《二十世纪中国通史编纂研究》，中国社会科学出版社2007年版，第21页。
③ 其他较为理想的还有吕思勉《白话本国史》、邓之诚《中华二千年史》、陈恭禄《中国史》、缪凤林《中国通史纲要》、钱穆《国史大纲》等。参见王家范：《〈中国史纲〉导读》，载张荫麟：《中国史纲》，上海古籍出版社1999年版。
④ 黎华起：《张荫麟之史学》，载（美）陈润成、李欣荣编：《天才的史学家》，清华大学出版社2009年版，第510～562页。
⑤ 赵春梅：《二十世纪中国通史编纂研究》，中国社会科学出版社2007年版，第25页。
⑥ 方豪：《略论张荫麟先生在史学上之成就》，载（美）陈润成、李欣荣编：《天才的史学家：追忆张荫麟》，清华大学出版社2009年版，第474～481页。

章,可谓"搜宋人笔记殆遍,论宋史诸篇精审越古作者"①。而早在清华求学时,张先生就对中国科技史或科学发明史产生了浓厚的兴趣并撰写了多篇重要论文。如1923年他在《清华学报》发表了《明清之际西学输入中国考略》,第二年又在《东方杂志》发表《纪元后两世纪间我国第一位大科学家——张衡》一文。此后还有关于指南车技术的考证、对《九章算术》和汉代数学的研究,留学回国后还曾从事沈括的研究,等等。因此,张先生也被认为是"中国古代科技史研究的先驱",对这一研究领域做出了"卓越的贡献"②。

三、杏园善耕耘,桃李满芬芳

自1934年回清华任教到1942年去世,包括因撰写《中国史纲》而休假在内,张荫麟担任教师的时间前后也不过八年,可谓相当短暂。但即便如此,正如其高足李埏先生评价的那样,"他(张荫麟)不惟是一位良史,而且是一位良师"。

张先生之为"良师",首先表现为知识渊博,功底深厚,能熟练地驾驭多门内容差异巨大的课程。根据现存资料,在短短数年时间里,张先生先后为清华、北大、西南联大和浙江大学的历史系或哲学系学生开设过如中国上古史、唐宋史、历史研究法、中国通史、历史哲学、逻辑、哲学概论等多门课程,所授内容时间跨度之长,学科涉之之杂,确实非一般教师所能为。

其次,张先生于教学勤勉有方,效果优良。弟子徐规曾经上过张先生多门课程,他回忆说:"(张荫麟)授课十分认真,总是分别指定精读的史学名著和浏览的参考书,并印发自编讲义;还有讲授详细提纲,与讲义不相重复。教课富启发性,有哲理分析,有史事考证,有艺术描绘,使听者如坐春风,似饮甘泉!"③与徐规同期在浙江大学学习的管佩韦则认为张先生的历史教学,收到了"传道、授业、解惑"的效果④。如他在给学生讲解《宋史纪事本末》时,先选定60篇要学生做提要,并通过专题讲解,带领学生入门,同时,每两三周就提出一个问题,指定几

---

① 李洪岩:《论张荫麟及其新史学》,《近代史研究》,1991年第3期。
② 张云台:《张荫麟先生及其治学方法》,《清华大学教育研究》1995年第1期,第97~100页。
③ 徐规:《旷世奇才——记史学家张荫麟先生》,载(美)陈润成、李欣荣编:《天才的史学家:追忆张荫麟》,清华大学出版社2009年版,第199~208页。
④ 管佩韦:《张荫麟教授的历史教学》,载(美)陈润成、李欣荣编:《天才的史学家:追忆张荫麟》,清华大学出版社2009年版,第217~221页。

卷书，要学生从中找材料去解决提出的问题。随着课程的进展，他提出的问题也越来越难，指定的参考书也越来越多。到最后他甚至不再指定，要求学生自己提出问题，自己找书看。通过这样的训练，他使得学生们一步步学会独立做研究工作[①]。这样精致有效的教学方法，在今天的大学课堂里也属不多见。甚至在病卧在床，无法亲临课堂的最后岁月里，他仍旧心系教学、关心学生，不忘将学生请到寓所，躺在床上向他们开列课程指定的参考书，并叮嘱学生哪些要熟读、哪些需作笔记，等等[②]。凡此种种，无不令人对这位"良师"钦佩有加。

再次，张先生还长于指导学生的论文写作，孕育出了许多重要的学术成果。如他曾经读到《水床春呓》一书，发现其中记载了咸丰、同治年间的众多史事，但作者不详。于是便指导学生李鼎芳进行考证，最终确认作者为与曾国藩交往密切的欧阳兆雄，不仅解决了学界的悬案，也遂促成了李鼎芳对曾国藩的研究。张先生还曾将自己购买用于撰写《民国开国史长编》的大量史料书提供给研究生参考学习。李埏在随张先生研习宋史时，"常送习作请他执教，每次他都是立即当面批改，边改边讲，不仅改内容，而且改文字，教我怎样做文章。有时改至深夜，一再请他休息，他也不肯"[③]。正是在张先生的指导下，李埏先生在这一时期以宋代储币为课题，写就了《宋代储币起源考》等系列论文，成功地解决了交子起源等难题，为学术界所赞誉。

最后，张先生之为良师，还表现于他对学生的热情和亲切上。初到清华任教时，这位自美国留学回来的先生就完全没有一般教授的架子。他非常喜欢与学生交往，且经常请学生到茶馆喝茶或到点心铺喝豆浆，一边吃喝一边讨论。贺麟认为"他这种办法对于学生确有不小的影响"[④]。即便在抗战时期的遵义浙江大学，尽管物质条件异常艰苦，他也仍常常如此招待学生[⑤]。在学生眼里，这样亲切慷慨又学识渊博的老师实在难得，因此"亲沐其教泽者没有不思念他的"[⑥]。

由于张先生的努力与善于教学，所以尽管他亲自指导过的学生并不很多，但大多日后颇有建树，也可谓桃李芬芳了。徐规曾作《张荫麟师培养学生情况述略》[⑦]

[①] 李埏：《张荫麟先生传》，载《史学史研究》1993年第3期。
[②] 王省吾：《忆张荫麟师》，载（美）陈润成、李欣荣编：《天才的史学家：追忆张荫麟》，清华大学出版社2009年版，第81~82页。
[③] 李埏：《张荫麟先生传》，载《史学史研究》1993年第3期。
[④] 贺麟：《我所认识的荫麟》，载（美）陈润成、李欣荣编：《天才的史学家：追忆张荫麟》，清华大学出版社2009年版，第35~52页。
[⑤] 如有学生回忆当时张先生"约集同学数人，到饮食店里小吃，或到郊外野餐，师生之间无拘无束，谈话的范围也非常广泛，由学术讨论到国家大事，间或也说几个令人发噱的故事，说到高兴处，他会发出爽朗的笑声"。张效乾：《怀念张荫麟先生》，载陈润成、李欣荣编：《天才的史学家：追忆张荫麟》，清华大学出版社2009年版，第92~95页。
[⑥] 李埏：《张荫麟先生传》，载《史学史研究》1993年第3期。
[⑦] 徐规：《张荫麟师培养学生情况述略》，《杭州大学学报》1995年第3期。徐规先生所列举的张荫麟先生的诸学生应该是不完全的，例如未列出的张孝乾也曾在遵义浙江大学由张荫麟指导完成大学毕业论文。见张效乾：《怀念张荫麟先生》，载（美）陈润成、李欣荣编：《天才的史学家：追忆张荫麟》，清华大学出版社2009年版，第92~95页。

史学大家的风范
毛子水　姚从吾　钱　穆　郑天挺　向　达
雷海宗　**张荫麟**　吴　晗　邵循正　孙毓棠

一文，据此文可知算是张先生"入室弟子"的主要有以下诸位：最早是清华大学的李鼎芳和王栻。王栻大学毕业后，又跟随张先生从事研究生学习，毕业后相继任教于金陵女子大学、金陵大学和南京大学，成为国内严复研究的专家。此后先生指导过的研究生沈鉴，新中国成立后长期担任杭州大学教授。然后他又指导过丁则良和李埏两位从事宋史研究。丁则良后赴英国留学，并曾先后执教于西南联大、云南大学、清华大学和东北人民大学。李埏则曾执教于浙江大学，新中国成立后长期在云南大学任教，对中国古代经济史研究和云南大学建设贡献良多。1982年冬，李先生创建了全国第一个封建经济史研究室，1986年被批准为全国惟一的唐宋经济史博士生导师[1]。由于成就斐然，李埏被推为同门首席[2]。1940年，张先生招收西南联大毕业生刘熊祥从事中国近代史的研究。1942年刘熊祥以《清季联俄政策之始末》一文获硕士学位，此后成为西北师范大学历史系的教授。1941年张先生还招收硕士生余文豪从事宋元史研究。余先生毕业后长期在苏州大学历史系担任教授。1942年徐规随张先生从事学士论文写作，后成为宋史专家，长期任教于杭州大学。

四、性格多耿直，世事成凄凉

在治学与教学上，张荫麟先生无疑是位成功的"良史"与"良师"，但在个人性格上，张先生则有所缺陷，这也造成了他个人生活的种种不幸。

说张先生性格异常耿直，不通世故，是熟识他的朋友、学生的共同感受。其师吴宓就曾说张是"不通世故之书生"，具有"文士结习"[3]。而张先生一生最亲密的朋友贺麟更是直接指出："他（张荫麟）不是没有短处。他的短处在于太不通人情世故，不易适存于现社会，太任性，太过于自信，不求人助益，不听人劝告。他常常集中其精神，灌注于一事，或偏向于一点，而忘怀其他一切，不顾其他一切。他的短处，也就是他的个性倔强的所在。这只是对于他自己不利，使他的金钱、名誉、健康、地位受损失，对于别人却是无损的。"[4]尽管张先生耿直，不通世事的性格更应被看成是他专心研究、理智压过感情的表现；个人性格的特点后人本也不

---

[1] 关于李埏先生的学术生平，可参考林文勋：《李埏先生学术述略》，《史学史研究》2003年第1期。
[2] 徐欣荣：《张荫麟年谱简编》，见（美）陈润成、李欣荣编：《天才的史学家：追忆张荫麟》，清华大学出版社2009年版，第601~623页。
[3] 吴宓：《吴宓日记》，一九二八年五月八日，北京三联书店1998年版。
[4] 贺麟：《我所认识的荫麟》，载（美）陈润成、李欣荣编：《天才的史学家：追忆张荫麟》，清华大学出版社2009年版，第35~52页。

应过多指摘,但正因为张先生的性格,不仅给他本人的金钱、地位、感情带来了损害,更给他的健康乃至生命带来了极大损害,因此在追忆张先生时仍有必要就此做一点讨论。

  时人有论,张先生的早逝与他1940年离开西南联大,离开物质条件相对较好的昆明密切相关。而导致他离开的主要原因是"加薪事件"和"家庭事变",这两个事件的产生应该说与其性格耿直、不肯妥协、无法掩饰的个性关系甚大。

  1938年抵达昆明后,张先生向清华销假,回校继续担任教授一职。根据清华校规,教授起薪为300元每月,每满两年加薪20元①。1935年任清华教授起,张先生即每月得300元薪金。到1938年销假回校,张先生认为自己担任教授已有三四年之久,超过了加薪年限,因此希望清华校方②能按规定给自己加薪。但校方认为张荫麟自1936年即向清华告假编纂教科书,担任教授的时间仅在一年左右,清华教员休假条例规定销假教员回来后仍支原薪,故暂时无法加薪。尽管校方的决定确实也有据可依,但张先生对此则似乎全然无法接受。首先,此前他在编著《中国史纲》时,委托机构不仅支付给他月薪400元,每年还有3000元购书费,每月的收入大约600元以上。这在张先生看来是对本人工作能力的一种肯定,如今回到清华,反倒要降薪不少。而一些与他资历相同甚至稍晚的人,薪俸已经高过他了。因此,在心理上张先生对校方这一决定颇难接受。此外,西南联大的诸位先生,自北平远迁而来,初到云南后各项必需的置办多有增加;而由于战局紧张,学校经费也多有困顿,教授薪俸常常只能按7折发放③,但大后方的物价却不停飞涨,这使得包括张先生在内的众多学人生活压力巨大。因此,学校这种看似合乎规定的做法让张先生感受到的是冷漠和不尽人情的固守成规。更不幸的是,他的这种要求被同事们得知后,还引来了很多讥笑。这无疑让一生耿直、珍惜声誉却又不谙世事的张先生内心异常痛苦。

  恰在此时,张先生的个人感情也出现重挫——与发妻伦慧珠女士离了婚。尽管张先生与伦女士之间曾经有过一段充满波折且不失浪漫的恋爱史,但两人婚后的生活并不美满。两位的性格都过于倔强,难以相互妥协,相互间缺乏宽容和关心,婚后的生活更是多有争吵与负气④。可能是由于家庭生活带给张先生的是怨气多于幸福、压抑多于体贴的缘故,因此当他独自先行来到昆明后,感觉一下子失去了约

---

① 《国立清华大学教师服务及待遇规程》(1934年6月重印),载清华大学校史研究室:《清华大学史料选编》,第二卷(上),清华大学出版社,第174~178页。注:此规定曾被刊印在1937年《清华大学一览》上,本文作者也曾专门考察过现存清华大学档案中关于抗战前的各项规定,并未发现战前有晚于此的新规定,故推测这是当时清华一直较稳定的教员待遇规定,故当是校方拒绝给张先生加薪的主要依据。
② 西南联大时期虽然是清华、北大、南开的三校联合,但在教师管理和待遇规定上却是分开各自举行的。
③ 贺麟:《我所认识的荫麟》,载(美)陈润成、李欣荣编:《天才的史学家:追忆张荫麟》,清华大学出版社2009年版,第35~52页。
④ 贺麟:《我所认识的荫麟》,载(美)陈润成、李欣荣编:《天才的史学家:追忆张荫麟》,清华大学出版社2009年版,第35~52页。

束与烦恼，直至情不自禁地喜欢上了一位女学生。不久，张夫人抵昆，这段感情很快被察觉，夫妻间的隔阂也随之明显加深，争吵更是不断升级，最终不得不以离婚收场。这场波折让张先生在西南联大受到众人特别是同事太太们背地里的讥笑与指责，致使得张先生的情绪大受影响。

耐人寻味的是，张先生感情生活的波折与其师吴宓的经历出奇相似[①]。吴宓在与妻子陈心一结婚并育有三个女儿后，却不由自主地爱上了清华的一名女学生，最终与陈心一协议离婚。张先生则是在婚后育有一对儿女的情况下，也因喜欢上女学生而导致家庭破裂。熟识两人的友人也多认为，师徒二人之所以会离婚，根本上都是对纯真感情的"愚忠"和"不圆滑"。不过当年吴宓先生婚变时，青年张荫麟是颇不以为然的。他曾直接批评吴先生对妻女"了不关心"，自己"独乐一身"。为此，吴宓还曾无奈地回复道："时世之艰难，实事之困厄，恐非张君等所能洞见。"[②]相信1938年前后的张先生，一定已经完全能够理解其师的这一感慨了吧。

正当这双重的打击接踵而来之时，中央大学和浙江大学都向他发来了邀约。尽管对清华是充满眷恋的，但刚毅倔强、不肯随意屈服的张荫麟先生最终还是决定离开昆明，前往各方面条件都要艰苦得多的遵义，担任浙江大学历史系主任一职。本来生活就不规律，常常"读书入了迷，半夜天亮全不在乎"[③]的张先生，在这个时候更是"读书著恒达旦"，将全部的精力投入到教学研究中。正是过度的劳累和缺乏家人的照料，使得张先生身体严重透支并引发肾炎。尽管浙大校方多方努力，但限于当时遵义简陋的医疗条件，张先生的病竟成不治。一代史学奇才，壮志未酬却不幸早陨，一时学界广为震惊，无不为之叹息扼腕[④]。

五、奇才虽早逝，学界留余香

张荫麟先生去世后，友人们为其举办了追悼会，浙大同仁还曾计划将其遗作集结出版，既为这位奇才致敬，更为将他的成就长久贡献于学界。但此后数年，由于种种原因，不仅文集出版悄然无声，甚至其人其名都快被世人所遗忘了。有感于

---

① 柳已青：《张荫麟的悲剧》，《深圳晚报》2008年4月22日，B07版。
② 吴宓：《吴宓日记》，1926年6月14日，吴学昭注，三联书店1998年版。
③ 吴晗：《记张荫麟》，载《大公报》1946年12月13日。
④ 本文中张荫麟先生生平描述，分别参考了李埏：《张荫麟先生传》，《史学史研究》1993年第3期；李欣荣：《张荫麟年谱简编》，载（美）陈润成、李欣荣编：《天才的史学家：追忆张荫麟》，清华大学出版社2009年版，第601~623页。

此，吴晗先生特意在其逝世四周年之际，专门写就纪念文章，再次向学术文化界介绍张先生其人其学，希望这位奇才的光芒不至于如此迅速地被时间淹没[1]。但在政治风气与学术风气的大转向面前，吴先生的个人努力显然是远远不够的。直到改革开放之前，中国学术界、文化界似乎真的遗忘了这位曾经的史学奇才。有研究表明，到1980年代以前，整个大陆学界对张先生的研究与讨论几乎就是一片空白，仅在港台尚有两本文集和非常有限的几篇研究[2]。所以20世纪90年代初，有大陆学者撰文指出，"他（张荫麟）的学术贡献在大陆迄今尚无人予以研究，以至其人其学已鲜为人知"[3]。张先生身后之事的苍凉，似乎比起其自身的种种不幸更让人痛心。

不过令人欣慰的是，自20世纪80年代末以来，这种局面出现了彻底的转变。随着学术风气的转变与研究选题的多样化，首先是张门诸弟子，如徐规和李埏两先生先后撰写了纪念文章，来介绍张先生治学与生平的各方面。徐规先生更在杭州举办了多次纪念研讨会。接着有张先生的同学张云台先生编辑出版了《张荫麟文集》，同乡学人也开始为其编辑纪念文集，推动了学界对张先生的关注和研究。而一批当时年轻的学者，如李洪岩等，开始系统地、科学地研究张先生的学术贡献，使得先生的成就重得显现。一时间，对张先生其人其学的关注与研究甚至成为热潮，先生的名著《中国史纲》更是被众多出版社不停地反复出版。草拟此文时，笔者粗略统计，发现至少已有上海古籍出版社、辽宁教育出版社、山西古籍出版社、商务印书馆、九州出版社、北京大学出版社、北京三联书店、江苏文艺出版社、凤凰出版社、中国友谊出版公司、岳麓书社、陕西师范大学出版社等十多家出版社出版过该书。

因此，现在看来，尽管张荫麟先生已经故去六十八年了，但他的治学与为人不仅未被遗忘，反而成为了后人的宝贵知识财富与学习楷模，六十多年前吴晗先生的担忧似乎并为成真。这也是本书定要介绍张先生的重要原因。

---

[1] 吴宓：《吴宓日记》，1926年6月14日，吴学昭编，三联书店1998年版。

[2] 根据陈润成先生的研究，20世纪50年代至80年代，关于张荫麟先生的出版物主要是两部文集、两篇硕士论文和一篇研究论文。除一篇硕士论文出自香港外，余皆出自台湾。见陈润成：《六十年来各学者对张荫麟〈中国史纲〉的评述》，载〔美〕陈润成、李欣荣编：《天才的史学家：追忆张荫麟》，清华大学出版社2009年版，第410～435页。

[3] 李洪岩：《论张荫麟及其新史学》，载《近代史研究》1991年第3期。

史学大家的风范
毛子水　姚从吾　钱　穆　郑天挺　向　达
雷海宗　张荫麟　**吴　晗**　邵循正　孙毓棠

从学者到市长：吴晗传略

苏双碧　　王宏志

吴晗（1909~1969），历史学家、社会活动家，学部委员，浙江义乌人。1934年，清华大学历史系毕业并留校任教。1937年至1946年，任西南联合大学教授。1946年至1948年，任清华大学教授。1949年，任清华大学历史系教授，并兼历史系系主任。同年，当选为北京市副市长。其著作编为《吴晗全集》（10卷），中国人民大学出版社2009年出版。

吴　晗

一、少年时代

吴晗原名吴春晗，字辰伯，生于1909年，家乡在浙江义乌吴店苦竹塘。吴晗的父亲吴瑸珏是清朝末年秀才，在蒙童馆教过书，辛亥革命以后，又进了巡警学堂，毕业后在浙江沿海的一些县里当了几年警佐。他陆续在家乡买了三十多亩水田，盖了十几间房子，成了苦竹塘的首富。

吴晗六岁那年开始在本村的椒峰小学堂读书。他学习勤奋、刻苦，很爱读历史书和历史小说。七岁时吴瑸珏就让吴晗读《御批通鉴辑览》，有不少段落还让他背诵。这部书成为吴晗后来学习历史的启蒙教材。1916年，吴晗进了育德小学。学校在金华的傅村，离苦竹塘只有七八里地。学校里有位国文教师叫杨志冰，是吴瑸珏的世交，文章写得好，为人也正直。他很看重吴晗，说吴晗聪明、有才华、记忆力过人。后来，吴家家境愈来愈不好，杨志冰担心吴晗辍学，就对吴瑸珏说："家里再困难，也要让吴晗上学。"吴晗也很崇敬杨志冰，师生之间建立了深厚的情谊。

吴晗12岁在金华上中学。在中学，他读过梁启超的《饮冰室全集》，从书里接受了维新思想。他爱读宋明人的笔记和旧小说，对历史的兴趣愈来愈浓厚。他还靠妹妹的帮助和自己的节约，买了前四史——《史记》、《前汉书》、《后汉书》和《三国志》来攻读。

1925年，吴晗中学毕业时家里的经济情况不好，无力供他继续升学，只好在本村的椒峰小学教书。他教学虽认真负责，但仍想再求学深造。1928年暑假，吴晗向父亲提出升学的要求。吴瑸珏因家庭经济困难没有答应。父子争执之后，吴晗不辞而别，离开了家乡。

二、初入史门

吴晗离家之后，靠朋友的帮助来到杭州，考入私立之江大学预科。家里得信之后，母亲卖了结婚时陪嫁的珠花，加上宗祠提供的补助，寄给了吴晗。一年之后，之江大学停办，吴晗又从杭州到上海，考入吴淞的中国公学大学部。

当时中国公学的校长胡适亲自开课，讲中国文化史。吴晗这个来自浙江义乌农村的穷学生，一心想在文史方面闯出一条路来，对胡适这个在学术界颇有声望的名人自然很崇拜。他选听了胡适的课，对胡适的治学之道，例如埋头读古书，搞考证时采取大胆假设、小心求证的方法等等，都加以接受。他还希望胡适能在学业上对他有更多的帮助和提携。

1930年3月19日，吴晗给胡适写了第一封信，谈他准备"做一篇法显《佛国记》考或研究"[①]的文章，想争取胡适的指导并请其提供参考书籍和有关版本的方便。信里还说："明知先生很忙，不过除了先生以外，我实在想不出一个比先生更能用科学的方法来解决和指导路径的人。"吴晗认为，在中国公学里，没有一个比胡适做他的导师更合适的了。

吴晗在致胡适的第一封信之前，于1930年初写了篇题为《西汉经济状况》的学年论文，曾得到胡适的赏识。胡适离开中国公学以后，吴晗也想前往北平，就把那篇学年论文卖给了大东书局，得了80元稿费作为路费。当然，吴晗此举并不全是为

---

① 《吴晗致胡适》（1930年3月19日），原件存于中国社会科学院近代史研究所。

史学大家的风范
毛子水　姚从吾　钱　穆　郑天挺　向　达
雷海宗　张荫麟　**吴　晗**　邵循正　孙毓棠

了追随胡适，还有一个重要原因就是，北平是我国的文化中心，有北京大学、清华大学、燕京大学等名牌学府，兼有许多声望很高的名流学者，是一个学术研究的广阔天地。一心想在学术上找到一条出路的吴晗自然十分向往，所以他毅然离开了中国公学，于1930年8月到达北平。

吴晗到北平后，本想直接转学到燕京大学历史系，但由于他在中国公学的英文成绩是丙等，燕京大学没有允许他转学。他只好暂时住在北京大学文理学院附近沙滩的一个公寓里，每天步行到北平图书馆读书，等待来年再考。后来经燕京大学的中国史教授顾颉刚介绍，他到燕京大学图书馆中日文编考部工作。吴晗利用在图书馆工作之便，"读了半年线装书"。他自己也没有想到，这半年自学，竟成为他一生治明史的开端。

在燕京大学图书馆工作期间，吴晗于1931年2、3月间找到一本《婺书》，其中有吴之器撰写的《胡应麟传》。这篇传中说，"胡氏的卒年在万历三十年壬寅(1602年)，存年五十二岁"。根据这个记述，吴晗认为可以解决顾颉刚在《四部正讹序》中所提及的胡应麟存年在六十以上的存疑。于是，他翻阅了许多有关书籍，草成了一篇将近三四万字的《胡应麟年谱》，并于同年5月5日把这个初稿寄给了胡适，希望胡适"能费一点工夫，多多指教"。胡适接到吴晗的文稿后表示赞赏，第二天就给吴晗写了第一封回信。信中说，"你作《胡应麟年谱》，我听了真高兴"，"前年我曾推断胡氏'死时年约五十岁'……今你找出吴之器所作传，考定他死在万历三十年，年五十二岁，与我的假定相差甚微"[①]。吴晗的考证，证明了胡适的大胆假设基本上正确。为此，胡适对吴晗这个久已仰望自己的学生就更加器重。胡适在信里不但表示要亲自看《胡应麟年谱》，而且约吴晗"星期有暇请来谈"。大约连吴晗本人也没有想到，这么一篇《胡应麟年谱》，竟决定了他和胡适的关系，也决定了他一生从事有关明史的研究。此后，吴晗就经常找胡适请教，接受胡适的影响也就更多了。

三、进入清华　半工半读

1931年8月初，吴晗考进清华大学。他对这座美丽的校园并不甚留意，摆在面前的首要问题是如何解决生活来源。那时，吴晗的家境已进一步破落，上学的一切

---

① 《胡适复吴晗》（1931年5月6日），原件存于中国社会科学院近代史研究所。

费用都只有靠自己筹措。胡适为此事写信给清华大学代理校长翁文灏和教务长张子高，给吴晗谋得了一个工读生的位置。8月27日，吴晗在给他小学老师杨志冰的信中说："入学事近大有进展，可以无虑。"又说："允为在史学系找一工作，名义为助教或其他未定，工作为整理大内档案，报酬至少可维持生活云云。"①后来吴晗在一份自传里说，工读每月可以收入25元大洋，按当时一般平民标准计算，每人每月生活费只需4元左右，25元足可以维持生活和交学费了。

胡适对吴晗这样关照，一方面是看到吴晗在文史方面有出众之处，另一方面，也最主要的是，胡适认为吴晗学习认真刻苦，功力甚好，可以按照自己的治学道路把他培养成一个能整理明代史料的学者。这一点从1931年9月12日胡适给吴晗的信中可以看得很清楚："蒋先生(指蒋廷黻——引者注)期望你治明史，这是一个最好的劝告。""请你记得：治明史不是要你做一部新明史，只是要你训练自己作一个能整理明代史料的学者。你不要误会蒋先生劝告的意思。"②胡适在信里还向吴晗传授了多年来的治学经验，从读什么书、怎样做笔记，到如何进行研究和写文章，都作了具体的指导。这一套治学之道，对一心想做学问的吴晗来说，是很容易接受的。

四、读书与救国的矛盾

1931年"九一八"事变以后，全国掀起了抗日救亡运动。清华大学的学生在事变后的第二天成立了抗日救国会，不久，清华大学、北京大学、燕京大学等学校还组织了南下请愿团，向南京政府请愿，要求政府抗日。深受胡适"读书救国"影响的吴晗，虽然一心想钻研古书成名成家，但是日本帝国主义的侵略和国民党的不抵抗，激起了他的义愤。他赞成那些挺身而出到南京去请愿示威的同学的爱国举动。1932年，吴晗在给杨志冰的一封信里说：本校同学"日前组织赴京请愿团，已于二十二日南下，今日抵京。生以特种关系，留校服务"③。实际上当时吴晗并不一定有什么"特种关系"，后来也没有他关于"留校服务"的记载和回忆。吴晗所以向老师讲这番话，表明他为自己没有和同学们一起南下的内疚。1932年1月30日，吴晗在致胡适的一封信里说："处在现今的时局中，党国领袖卖国，政府卖国，封疆大

---

① 《吴晗致杨志冰》(1931年8月27日)，《吴晗自传书信文集》，中国人事出版社1993年版。
② 《胡适复吴晗》(1931年9月12日)，原件存于中国社会科学院近代史研究所。
③ 《吴晗致杨志冰》(1932年X月27日)，《吴晗自传书信文集》，中国人事出版社1993年版。

吏卖国，每日看报所能得到的是最初'镇静，镇静！'；次之是'政府已有最后准备，下最大决心，请信任，信任！'；现在是'一切你们所要的都答应，只要不拆我们的台就感谢不尽，无条件地屈服，屈服！'"吴晗甚至沉痛地指出："翻开任何国任何朝代的史来看，找不出这样一个卑鄙无耻丧心病狂的政府。"其愤慨之声跃然纸上。这绝不是对国难漠不关心的人所能说出来的话。吴晗和当时大多数爱国青年一样，对政府失去了信心，不抱有任何希望。但是，出路何在，他感到彷徨。他在信里继续说："看着人家大批出卖你的父母兄弟，听着若干千万同胞的被屠宰的哭声，成天所见到的消息又只是'屈服''退让'，假使自己还是个人，胸膛中还有一滴热血在煮的时候，这苦痛如何能忍受？"从这些话里，可以看出吴晗出于对国家的关心、对民族命运的担忧，其内心是十分痛苦的。吴晗虽然由衷地接受了胡适的治学之道，但他的思想和胡适却并不相同。胡适的"读书救国"、成名成家的诱饵，也没能阻挡住吴晗去关心国家和民族的命运。信的最后，吴晗还说："这苦痛不能向有党籍的人吐露，也不能告诉根本没有主张的人。"①这里所说的"有党籍的人"，自然是指国民党，而不是指其他党派。由此可见，吴晗当时不但对"政府卖国"感到愤慨，而且对加入国民党的人也是不信任的。

吴晗虽然还没有勇气丢掉书本投入抗日救亡运动，但他爱国的思想并没有淡漠。由于国难民困产生的思想矛盾和内心痛苦，几乎贯穿了他的整个大学时代。他在学习明史的过程里，很崇敬东林党人，因为东林党人坚持同邪恶的阉党势力进行斗争。吴晗知道有一本记载东林党人事迹的书，名叫《碧血录》，他很想得到它。1933年春节，他在城内厂甸逛旧书摊时发现了这本书，立即把它买了回来，并在书的扉页上写道："偶于海王村侧一小摊得此书，价才三角，大喜，持归。"吴晗很快读完了这本书，对东林党人在明朝后期大宦官魏忠贤的迫害下傲然不屈的正气十分敬佩。在中华民族处于十分危险的时刻，吴晗如此珍爱《碧血录》，这和他的爱国主义思想是分不开的。

"九一八"事变以后，吴晗的思想可以代表大部分中间学生的思想。这部分学生受"读书救国"影响较深，他们埋头读书，有强烈的个人奋斗和成名成家的欲望。但是，他们一般都关心国事，有强烈的爱国心，反对日本帝国主义的侵略，也反对国民党政府的不抵抗政策。然而，他们和那些挺身而出走上街头宣传反对日本帝国主义侵略的青年还有一段距离。在当时的学生里，"左派"是少数，右派也是少数，像吴晗这样具有明显的爱国主义思想而又摆脱不了读书成名影响的人是大多数。

---

① 《吴晗致胡适》（1932年1月30日），原件存于中国社会科学院近代史研究所。

五、刻苦、勤奋　渐露头角

吴晗在清华学习期间的写作就已不少。据现在能够查到的，仅在清华大学三年，吴晗就发表了40多篇文章。吴晗的同学夏鼐后来回忆吴晗时曾经说道："吴晗同志学识渊博，而且博而能专。他在校读书时已是明史专家，已发表过好几篇有关明史的论文。除了《清华周刊》之外，他还曾在当时几种重要学术刊物如《燕京学报》、《清华学报》、《文学季刊》等上面发表过几篇有分量的学术论文。"[①]吴晗自己也说，他上学时，开初每月有十元左右的稿费收入，"后来居然在《燕京学报》、《清华学报》发表论文了，稿费收入比较多"[②]。

吴晗学习十分刻苦，除了读书、抄写卡片、写文章之外，几乎没有什么娱乐活动。他说，那时"我自己找书读，没有人指点，读了很多好书，也读了不少坏书……自己读目录书，学目录学，自己校勘，自己研究历史地理，研究地区方言，自己试着标点，自己写卡片"[③]。在学生时代，吴晗读的书很广泛，考虑的问题也很多。他主张读书时要眼勤、手勤。他还主张抄书，认为"抄的资料多了，多看几遍，就可以巩固记忆，也容易发现问题。知识总是靠逐渐积累的，从无到有，从少到多，从片面到比较全面"[④]。吴晗在大学时代，在写文章作考订之余，遇到有关藏书家的历史，都随手抄录下来，几年间共达"十数万言"[⑤]。这种刻苦、勤奋和惊人的毅力，使他取得了不寻常的成就，很为前辈学者赏识，也得到了同学们的尊重，有人给他起了个绰号，称他为"太史公"。

那时清华大学办了许多刊物，如《清华周刊》、《清华学报》等等。吴晗充分利用这样一个环境和条件，来发挥自己的才干。入学的第二年，他就被聘请担任《清华周刊》"文史栏"主任。他善于组稿，善于联系作者，把"文史栏"办得很活跃。吴晗不仅在校内参加学术组织和学术活动，而且还受到社会上、学术界的重视。1933年秋天，郑振铎发起创办《文学季刊》，约了燕大、清华、北大等文学上有名望的人当编委，其中就有当时大学还没有毕业的吴晗。从此，吴晗和郑振铎、

---

① 夏鼐：《我所知道的史学家吴晗同志》，《社会科学战线》1980年第2期。
② 吴晗：《我爱北京》，《新观察》1959年第19期。
③ 吴晗：《我爱北京》，《新观察》1959年第19期。
④ 杨德华：《史家谈治史》，《北京日报》1962年8月31日。
⑤ 《两浙藏书家史略》，《清华周刊》第37卷第9、10期。

巴金、谢冰心、朱自清等著名的文学家结识了，并一起把《文学季刊》办了起来。在创刊号上，吴晗还写了一篇《〈金瓶梅〉的著作时代及其社会背景》。郑振铎读了很高兴，说文章"写得好，好极了！"

1934年4月间，吴晗和汤象龙等发起筹备成立一个以学生为主体的史学研究会。吴晗先找了几个志同道合的人为骨干，经过多次磋商，于5月20日正式召开成立会议，参加的人除吴晗、汤象龙外，还有夏鼐、罗尔纲、梁方仲、谷霁光等。吴晗热衷于建立史学研究会这样一个组织是有原因的。他在招募会友时曾说过："我们组织这个会的目的，是为了经常聚会一起，交换各人的心得，以便能对中国新史学的建设尽一点力量。"①史学研究会建立后，规定每月集会一次。这批想为新史学"尽一点力量"的青年，后来大多成了我国史学界的名流，为中国的新史学做出了很大的贡献。

六、任教清华　钻研明史

1934年夏，吴晗在清华大学毕业了。那时清华大学的毕业生绝大部分都想到美国去留洋。吴晗自己回忆当时的情况说："我那时候的同学，头脑里都有一个公式，清华—美国—清华。不这样想，简直是奇怪的事。"②而吴晗没有这样想，因为他知道自己是个穷人，毕业后要负担家庭的生计，同时，他认为自己是研究中国史的，到美国去能干什么呢？所以，吴晗毕业前考虑的并不是出去留洋，而是现实的工作问题。不过，这个问题并没有使吴晗作难。他由于从入学以来始终成绩优异，又写了许多文章，在学校和社会上都颇有影响，因此在毕业前夕，中央研究院就要聘他到院里去工作。但中央研究院并没有把吴晗聘走，他一毕业，就被清华大学留下来当教员，讲明史课。清华大学给他的薪俸也比别人优厚，一般助教月工资60元，而毕业不久的吴晗，月工资就达100大洋。

留在清华任教，为他继续研究明史提供了有利的条件。他在清华史学系开明史和明代社会等课，很受学生欢迎。在这期间，他先后发表了《胡惟庸党案考》、《明代靖难之役与国都北迁》、《明代之农民》等20多篇论文，受到当时学术界的重视。

吴晗除研究明史外，还花费了不少时间研究建州历史，并决心为建州史弥补空

---

① 夏鼐：《我所知道的史学家吴晗同志》，《社会科学战线》1980年第2期。
② 吴晗：《我爱北京》，《新观察》1959年第19期。

白。这是由于还在大学时代，吴晗读《明史》时就发现，清朝修《明史》时，把自己祖先300年间的历史隐没了、篡改了、歪曲了，目的是为了证明清朝的祖先从来没有臣属于明朝，没有受过明朝的封号，建州地区不属于明朝版图。为了研究建州史，吴晗博览浩瀚的明史资料，搜寻清朝大批禁毁书籍后遗留下来的蛛丝马迹，终于发现两部研究建州女真历史的重要著作——《明实录》和朝鲜的《李朝实录》。《明实录》有2900多卷，当时没有刊本；《李朝实录》是李氏朝鲜27个朝代的编年史，有800多本，记载了朝鲜的历史，也记载了从明朝洪武二十五年到清朝末年朝鲜与中国往来的一段历史，其中记载建州初期的史实极为详尽。吴晗决心把这两部书里的有关史料都抄录下来。他后来回忆说："我从一九三二年开始，每逢礼拜六和礼拜日都往图书馆里跑，一直跑了几年，足足抄了80本(这80本单指抄录的《李朝实录》)。"①

经过一段时间的辛勤努力，吴晗在研究建州史上取得了重要成果，先后公开发表了两篇有分量的文章。一篇是《关于东北史上一位怪杰的新史料》(后改名为《朝鲜〈李朝实录〉中之李满住》)②，讲的是建州女真著名领袖李满住的事。李满住称得上是建州前期历史的代表人物，所以吴晗研究建州史，先从李满住入手。再一篇是《后金之兴起》③，全面、概括地叙述了建州历史的发展和后金的兴起。吴晗的这两篇文章基本上勾勒出建州历史发展的概貌。可以说是他补白建州史的一个详细提纲。可惜后来由于种种原因，他没能在这两篇文章的基础上写出一部建州史。这个历史任务，由后来的学者在吴晗的观点和吴晗所提供的资料的基础上逐步完成了。

七、走出书斋　进入社会

抗日战争爆发的前夕，云南大学新任校长熊庆来聘请吴晗到那里当教授。吴晗应聘之后，于1937年9月离开生活八年之久的古城北平，来到昆明。不久，母亲和弟妹也都来到昆明和他住在一起。

吴晗初到云南大学时，仍然埋头教书和写作。他给学生讲明史课，写了一些与明史有关的文章，如《明代之粮长及其他》、《投下考》、《记明实录》、《明代汉族之发展》等。但是，日寇铁蹄对祖国大好山河的蹂躏与践踏，国民党政府对外屈辱退让，对

---

① 杨德华：《史家谈治史》，《北京日报》1962年8月31日。
② 《燕京学报》第17期。
③ 《越风》杂志第2卷第1、2期，1937年1、2月。

内专制镇压的政策,大后方同胞包括吴晗自己的生活每况愈下以至难以维持的现实,都使他不能再继续专心埋头做学问了。新中国成立后,他在一份《自传》中写道:

> 从一九三七年到一九四〇年,我还是和在清华时一样,埋头做学问,不过问政治。一九四〇年以后,政治来过问我了。
>
> 我的老家母亲弟妹侄儿六七口人都到了昆明,春曦上大学,浦月上高中,小妹浦星上小学。一九三九年春,袁震姐妹三人也到了昆明。
>
> 人口多了,薪资却一天天减少了,法币日益贬值,生活日渐困难。加上日机常轰炸,成天逃警报。前方尽是"转进",越打越"转进"到腹地来了,四大家族发财成为风气,老百姓活不下去,通货无限制地膨胀。
>
> 昆明这个小城市充斥了美货,蒋介石特务统治,民主自由的影子一点没有。对外屈辱,对内屠杀。对蒋介石政权的不满日益加强,在文章里,在讲坛上,写的说的都是这些。因为没有政治斗争经验,但比较敏锐,和青年合得来,常在一起,我的生活思想有了转变。

从吴晗这段自述里,可以看出他在云大三年,由于时局的动荡,"思想有了转变"。当然,吴晗的这种思想转变,还应追溯到他和袁震的结合上。1934年吴晗认识了袁震,两人感情极好。袁震也是清华历史系的学生,比吴晗高两级,因得肺病休学了。袁震思想进步,在武汉上中学时就参加了学生运动。她的姐姐袁溥之是共产党员,姐妹俩住在北京,她们的政治态度直接影响着吴晗。尽管这时的吴晗还谈不上能自觉地抗日反蒋,但他已无法安下心来闭门做学问了。

吴晗到昆明的第二年,清华大学也因战火逼迫,和北京大学、南开大学一起由北平、天津辗转长沙,最后也迁到了昆明。三个学校合在一起成立西南联合大学(简称联大)。1940年,吴晗从云大到联大教书。西南联大当局决定在四川叙永办一个分校,吴晗被派往叙永分校讲中国通史课。在这之前,吴晗已和袁震结婚。他们一同乘飞机到泸州,然后再乘公共汽车到叙永。叙永分校没有教师宿舍,条件很差,吴晗就住在马路边两间低矮的小房子里。

吴晗的通史课很有特色,总共分石器时代、殷商社会、春秋封建、战国七雄、土地制度(田制)、从募兵到征兵(兵制)、刑法制度、科举制度、鸦片战争、辛亥革命、抗战救国等十二个大问题。吴晗讲石器时代,基本上是摩尔根的《古代社会》一书的进化论观点,也接受了郭沫若《中国古代社会》一书的观点。讲各朝代的各种制度，都带有一些批判性。最后讲到"抗战救国"一题，他更是慷慨激昂，大谈全民抗战、不当亡国奴等等。吴晗的学生后来回忆说：他讲课时，"史实的叙述侧重在每个制度形成发展和失败的原因，常提到农民的痛苦生活和暴动反抗。他很少说到帝王的事迹，对李自成、岳飞、文天祥和王安石却给了很高的评价。黑板上的字迹很挺拔，讲课的声音宏大而急促"[1]，给学生留下了深刻的印象。

1941年皖南事变发生后，国民党政府在大后方也加强了恐怖统治。联大包括叙永分校的国民党、三青团分子更加活跃起来，特务到处抓人。那时的吴晗，心情更加不平静了。他讲课时很容易激动，在课堂上经常斥责国民党腐败无能，致使国土沦亡，人民困苦，但对于怎样才能取得抗战胜利，保证中国有一个光明前途，吴晗不清楚。用吴晗自己的话说，当时他们这一部分人的情况是："（一）不懂马克思列宁主义，虽然也啃过一点书，文字懂了，精神实质并不很懂。（二）不了解共产党，共产党坚决抗战，在为人民办事，我们知道，很钦佩，其他的就不清楚了。（三）恨国民党，恨它祸国殃民，无恶不作。"[2]

1941年9月，吴晗结束了在叙永分校的讲课。在回昆明时，他和袁震绕道重庆，看望了董必武。袁震和姐姐袁溥之都是董必武的学生。袁溥之当时在延安，她们姐妹之间往来的书信大多通过董必武转递。吴晗过去虽未见过董必武，但早已有书信往来。到重庆后，他们向董必武反映了昆明和西南联大的一些情况。董必武同他们讲了抗战形势，并介绍了延安的情况。

9月间，吴晗回到昆明联大。他对国民党的痛恨日趋激烈。后来他在《自传》里说：这时"对蒋匪政权由不满发展到痛恨了，讲历史一抓到题目就指桑骂槐，也开始参加一些政治性的社会活动了，走出书屋，进入社会了"。

八、加入民主政团同盟

1941年12月太平洋战争爆发后，日本帝国主义决定占领香港。抗战初期，内地很多文化人都到香港栖身，这时他们只好又从香港逃往大后方。但当时的交通工具控制在孔祥熙手里，他用民航飞机抢运他的私产，甚至几条洋狗也坐上飞机到了重

---

[1] 王一：《闻一多与吴晗》，《光明日报》1979年3月27日。
[2] 吴晗：《拍案而起的闻一多》，《人民日报》1960年12月1日。

庆，而许多文化人却因乘不上飞机被困在孤岛上。联大师生听到这个消息后非常气愤，掀起了倒孔运动。课堂上，有个学生问吴晗对这个运动的看法。吴晗激动地说："南宋亡国时有个'蟋蟀宰相'，今天有个'飞狗院长'，可以媲美。过去学生运动是虎头蛇尾，我希望这次是虎头而不是蛇尾。"①从这些话里，人们可以看到这时的吴晗已经从一名有爱国心的教授，逐步走到进步学生的行列中来了。

1943年，周恩来、董必武派华岗、周新民等来昆明工作。华岗化名林少侯，由楚图南出面向云南大学推荐，担任云南大学社会学教授。周新民的公开身份是民盟成员，并在昆明市民盟分管组织工作。华岗、周新民等主动与一些教授来往，建立联系。同周新民一起到昆明来的夫人李文宜是袁震的同乡，又和袁溥之是同学。李文宜到昆明后，党组织就派她去联系吴晗。这样，她和周新民经常去吴晗家。由于物价飞涨，吴晗家境很穷困。他后来叙述这段生活情况时说："那时候我是昆明西南联合大学历史系的教授，住在昆明府甬道小菜市场旁边的一座破楼里。说破楼，其实还是冠冕话，四面都是纸窗，上面瓦缝可见天，在楼下吃饭时，灰尘经常从楼上掉到饭碗里。下课自己买菜，煮饭，还得到门外古井里打水。""说实在话，手是在做，心里是万分不愿意的。倒不是为了失身份，身份早已经没有了，穿得破破烂烂，除了自己的学生，谁都以为你是个难民。"②一次，李文宜去看吴晗，袁震说吴晗钓鱼去了。待吴晗回来，李文宜责怪他钓鱼耽误时间，吴晗苦笑了一下，无可奈何地摇了摇头说："袁震有病，需要加点营养，又买不起，只好挤点时间钓点鱼，来增加一些营养。"吴晗叹了一口气，接着又说："国难临头，已逼到我们鼻子尖了。"

周新民、李文宜看到吴晗为袁震看病请医生要花费许多钱，就去找李公朴，请他把一位当医生的朋友介绍给吴晗为袁震治病。李公朴欣然同意。一天，李文宜带着这位医生到吴晗家，吴晗非常感激。这样，袁震看病就可不花钱了，经济上减轻了一些压力。就在这一天，李文宜和吴晗谈了许多当时的形势，并批评他说："整天发牢骚怎么行？"她告诉吴晗，民主政团同盟(后改称"民盟")这个组织是反对蒋介石独裁、主张抗战到底的，还说潘光旦已经参加了。吴晗表示愿意加入民主政团同盟。李文宜回忆当时的情况说："吴晗送我出门时高兴地说：'你给我带来了两个光明，一是介绍我参加民盟，二是给袁震介绍了医生。'过去他送我都只送到房门前，这一天一直把我送到大门口，说明他的思想是很想进步的。"③

1943年7月，吴晗经周新民、潘光旦介绍，正式加入了民主政团同盟。那时候，

---

① 王一：《闻一多与吴晗》，《光明日报》1979年3月27日。
② 吴晗：《我克服了"超阶级"观点》，《中国青年》第32期，1950年2月。
③ 1981年3月26日访问李文宜记录。

我党为帮助高级知识分子了解时事和形势，由华岗、周新民倡导组织了一个名为西南文化研究会的学术团体，民盟的主要成员都参加了这个团体。研究会会址设在唐继尧过去的公馆——唐家花园里，门口公开挂着牌子。会员每两周集会一次，一般都是公开的，就在唐家花园举行，重要集会有时也转移到滇池船上召开。每次活动都有一个中心题目，由一位与会者首先作学术报告或时事报告，然后大家座谈，各抒己见，有时还争论得很激烈。吴晗是研究会的积极参加者，他的《论贪污》、《说士》、《贪污史的一章》等文，都是在这些集会上的发言。

　　吴晗加入民盟不久，民盟云南省委员会成立，楚图南担任主席。吴晗虽然已是教授，但他还很年轻，与学生的关系又好，就被任命为民盟云南省的青年部长。我党通过民盟和进步学生建立了联系。其实，吴晗并不限于做青年工作。由于青年时代就才华横溢，他在史学界颇有名望，所以在一些年纪大些或同辈的教授里也很受尊重。因此，党组织通过他在教授中间做了大量工作。在加入民盟后，吴晗就想到了他的邻居和好友闻一多。一年以后，经他介绍，闻一多也加入了民盟。从此，闻一多和吴晗成为并肩战斗的战友了。费孝通回忆当时情况说："伟大的中国共产党给我们指明了方向，开展民主斗争。但怎样根据当时当地的具体情况，把党的号召变成我们大家的行动，要有一些理解和熟悉知识分子的人来起个桥梁作用，把党和知识分子紧密地联系起来。吴晗同志在这方面做了大量的工作。""他本身是个知识分子，而且是个知名的教授，长期生活在知识分子之中，熟悉周围的人和事，同大家有共同的语言，便于利用师生关系、朋友关系联系各种类型的群众，传达贯彻党的意图和方针政策，也能准确地把知识分子的生活、思想、感情的发展变化及时汇报给党，供制定战略策略的依据。"[①]从1943年以后，吴晗逐步成为坚强的民主战士，为党和人民做了大量的工作。

九、民主战士

　　抗日战争后期，国民党反动统治愈加腐败。中国共产党及时提出了"废止一党专政，建立联合政府"的伟大号召，国民党统治区出现了争取民主的新高潮。1944年西南联大举办的"五四"纪念活动，就成为云南民主运动新高潮的起点。吴晗积

[①] 费孝通：《信得过的人》，见《光明日报》1979年2月20日。

史学大家的风范

毛子水　姚从吾　钱　穆　郑天挺　向　达
雷海宗　张荫麟　**吴　晗**　邵循正　孙毓棠

极筹备并参加了这次纪念活动。

5月3日晚，西南联大纪念"五四"座谈会在联大新校舍南区十号最大的一个教室里举行，张奚若、闻一多、吴晗、周炳琳等教授先后在会上作了讲演。吴晗的演讲慷慨激昂。他把我们国家抗战后期的情况和"五四"时代作了分析比较，指出"五四"运动为的是要打破一个牢笼，打破一种束缚，那种束缚是打破了，然而在今天我们又面对着另一种新的牢笼与束缚。在具体地讲述了今天所受的思想与文化上的束缚、社会经济制度上的束缚之后，他希望今天的青年不能光往回看，更重要的是应该注意现在，要去冲破今天所受的束缚。吴晗这里所说的"五四"运动打破的牢笼、冲破的束缚，是指封建军阀统治的牢笼、封建思想的束缚。他所说的今天面对的新的牢笼与束缚，是指抗日战争时期蒋介石在大后方实行的法西斯特务统治。

吴晗的讲演和其他几位教授一样，博得了学生和老师们的热烈掌声。那天晚上来听讲的人特别多，教室里挤不下，很多人都站在院子里。尽管傍晚会议开始时就下着小雨，而且雨越下越大，但人们依然专心致志地听着教授们的讲演。待会议结束时，已是深夜12点多钟了。

"五四"纪念活动以后，联大校园里活跃起来，各式各样的进步社团活动，各种内容的讨论会、演讲会，都开展得生气勃勃，进步教授也参加到这些活动中来，吴晗、闻一多等成了进步学生的亲密朋友和导师。反动派为阻挠民主运动的发展，也派特务学生办壁报，请反动教授演讲，校园内经常是两种势力对台"演唱"。"有位先生在一个教室里带着几个人宣扬官方的一套。闻一多先生和吴晗同志就在对面教室里讲反独裁。听前者的寥寥无几，听后者的济济一堂。有的人听了官方宣传嗤之以鼻，听闻先生与吴晗的讲演，衷心叫好。"①

这时期的吴晗同过去越来越不一样了。他给学生开的中国通史参考书单上有了郭沫若、翦伯赞等进步学者的著作，他自己的书案上有了《新民主主义论》、《联共党史》和《新华日报》等书刊报纸。学生到府甬道家里去看他时，他常常声泪俱下地抨击时政。那时候，联大校门口的公路上经常有国民党溃兵因吃不饱而倒毙在地上。吴晗每见此状，就感叹地说："大后方真和南宋一样，是亡国现象；但我们是中国人，有责任挽救国家啊！"有些好心人为他的"火气太大"而担心，反动派竟说"吴晗是神经病！"吴晗自己叙述当时的政治态度是决心跟着共产党走。他在《拍案而起的闻一多》一文里回忆他们当时的政治态度说：

---

① 尚钺：《忆闻一多》，《光明日报》1980年7月16日。

当时，我们有一个自己的判断是非的标准，凡是共产党作的一定是好事，国民党干的一定是坏事。举例说，就在研究生考试的前些日子，国民党反动派阴谋搞了个大规模的反苏运动，发表了宣言，西南联合大学有一百多个人签了名。有人也来找一多签名，一多打听了一下，住在他家斜对面的一位签了名的教授，也是当时民主同盟的负责人，从此人口中，知道主持签名的是几个臭名昭著的国民党员。一多就来和我商量，我们就认为这一定是坏事，不但不签名，还想了个法子，通过当时被愚弄的签了名的中间分子，发表公开声明，揭穿国民党反动派的阴谋。①

国民党政府那时还想拉拢利诱吴晗。有一次，他们派了吴晗的一个同乡来做说客。这位同乡对吴晗转弯抹角地讲了半天，最后说："以你的名望，到国民党那里，完全可以当个部长……"吴晗没等他说完，就气愤地说："国民党祸国殃民，我饿死也不会到他们那里去做官。你走吧！"②那个人只好灰溜溜地走了。事后，吴晗常对朋友们说："富贵不能淫，贫贱不能移，威武不能屈，此之谓大丈夫。"

国民党当局对吴晗引诱不成，就想利用每年换发一次聘书的机会解聘吴晗等进步教授。在那时，解聘就意味着失业。1944年暑假到了，原来的北大、南开的教员都接到了聘书，只有清华的迟迟未发。传说教育部强迫学校解聘闻一多、吴晗等几位教授，而且还要暗杀他们。一些学生听说以后十分焦虑。一天下午，吴晗正要出门陪袁震去医院看病，一个学生匆匆走进他家说："解聘和别的谣言，吴先生想来都听到了，同学需要你们，你暂时少出去公开讲演吧！"吴晗瞪大了眼睛，像连珠炮似的回答说："什么？要我少讲话？解聘了，我更自由；我是学历史的，在中国历史上，每个朝代亡国时，总有些殉国的志士，今天中国到这种局面，也该有殉难的人了，我早就准备好了，有什么关系！"③开学了，由于联大师生的反对和社会上进步人士的声援，国民党当局才未敢下手，吴晗和闻一多仍旧收到了聘书。

吴晗除经常在校内外演讲外，还协助我党做了许多工作。如在团结教授方面，费孝通、邵循正、费青、向达等教授，都在不同程度上受到吴晗的影响而进步了。又如编辑进步期刊的工作，民盟云南省支部的机关刊物《民主周刊》就是由吴晗担任主编的。这个刊物在云南各地发行，在青年学生和知识界很有影响。他还协助党筹备组织了一个广泛性的青年进步组织——民主青年同盟。"民青"成立后，

---

① 吴晗：《春天集》，作家出版社1961年版，第30页。
② 朱述新：《在历史的镜子面前——记我国著名历史学家吴晗》，《文汇报》1979年3月16日。
③ 王一：《闻一多与吴晗》，《光明日报》1979年3月27日。

吴晗经常参加活动，为他们讲形势，指导他们编辑刊物。吴晗还协助我党办起了地下印刷厂。那是在1945年4、5月间，国民党加强了对印刷的控制，连民盟的重要文件也没有地方铅印。因此我党决定办一个地下印刷厂，请吴晗帮助。吴晗对此非常积极，他说："国民党越卡得紧，我们的斗争意志就要越坚强。我们只能走这条路，别无办法。"他及时协助解决了地下印刷厂的机器，使印刷厂很快就开始了工作，印刷了大量我党和民盟的宣传品，后来，还承担翻印了毛泽东的《新民主主义论》、《论联合政府》和朱德的《论解放区战场》等著作。

十、迎来抗战胜利

1945年的"五四"前夕，希特勒已绝望自杀，日本侵略者被迫从中国许多中小城市撤退。这些喜讯鼓舞着昆明的青年学生，他们决定用一周的时间举行盛大的"五四"纪念活动。吴晗怀着同样的喜悦心情，参加到这次纪念活动中来。5月3日晚，联大东食堂里举行"五四"青年运动座谈会。到会的群众十分踊跃，会堂的周围站满了人。首先由联大历史学会的代表报告"五四"以来中国学生运动的经过，接下去就是吴晗以"论'五四'运动"为题的讲演。他说："上一代的青年为了反对帝国主义，反对封建礼教，进行了斗争，上一代青年要求民主和科学。这一代青年的任务还是反帝反封建，还是要求得到民主和科学。过了二十六年了，这二十六年是血的时代。以万计，以千百万计的青年们的头颅，换得了支持民族命运的二十六年。"[①]他还从东汉的太学生清议讲起，说明我国古代历史上的学生运动都发生在亡国的前夕，"到现在颠倒过来了，在中华民国开国之初，就爆发了史无前例的五四运动，接着是五卅、三一八、九一八、一二·九，以至最近各大学的学生对时局的宣言运动。天真热诚的青年人在为国家民族的前途担忧着急，食不甘味，寝不安席的在为国事奔走呼号"，而"长一辈的上一时代某些青年呢？却脑满肠肥，装着笑脸劝导着叫'少安勿躁'，国事我们自有办法，青年还是读书第一，不必受人利用"。青年人没有听从他们的一套，面对国家民族的存亡，挺身而担负起安危重任。吴晗还指出："五四运动是继承辛亥革命，补充辛亥革命的社会的思想革命。五四运动是反帝的反封建的革命。"他要求"青年人必需要继承五四光荣的传统精

---

① 吴晗：《论"五四"》，见《投枪集》，作家出版社1959年版，第43页。

神,继承反帝的传统而反法西斯,反独裁,要求民主,要求自由,要求解放,配合着世界的民主潮流,努力于奠定人民世纪的伟业"。吴晗最后提醒青年说:"只有用人民的力量才能解决人民本身的问题。只有用人民的力量,才能奠定人民的世纪。"①从吴晗的这次演讲,不难看出他的思想有了多么大的变化。他已公开指责他的老师胡适所提倡的"读书救国",认识到国民党统治从一开始建立就是腐朽的,同时也认识到了只有人民的力量才是决定性的力量。这篇演讲当场激起许多青年的即席发言,一致要求行动起来。座谈会结束时,吴晗又作了总结发言。他说:"今天这会和过去的会最大的不同是:这真是青年自己的会了!"

第二天,昆明市青年走上街头,举行纪念"五四"争民主的大游行。吴晗参加了这次游行,他兴奋地和青年们手挽手走在队伍的前列。

1945年8月,抗日战争胜利了,亿万人民沉醉在胜利的欢乐之中。联大学生逢人就喊:"胜利啦!胜利啦!"闻一多听到喜讯后也欣喜若狂,立即到理发店去把胡子剃了。他的胡子是抗战初期留起来的,发誓要等到抗战胜利才把胡子剃掉。剃去美髯的闻一多回到西仓坡宿舍放声大笑起来,在政治上较为成熟的吴晗见了闻一多就说:"你那把胡子剃得太早了!"

十一、抗议特务暴行

1945年9月3日,日本法西斯无条件投降。9月4日晚7时,昆明社联出面联合社会青年和文化艺术界人士,在联大新校舍东食堂召开联欢晚会。吴晗针对蒋介石9月3日关于内政的"宣言"发表演讲。蒋介石在宣言中说要召开"国民大会"。吴晗指出,首先要解决的是"国民大会究由何人召开",不承认蒋介石有权召开这样的大会。蒋介石说"盼各党领袖参加政府"。吴晗说,"这一点固好,不过我很希望,莫要像今日的参政会",在二百九十名参政员中,"共产党及各党派只占二十五名左右"。他斥责国民党政府的"各党派参政",实质上是一党专政。蒋介石在宣言中高唱"军队国家化"。吴晗指出,"军队国家化后,所有军队交给谁呢?如交给现政府,当然不可能,因为现政府是一个贪污政府"。吴晗在大庭广众之下痛快淋漓地驳斥蒋介石的所谓"宣言",充分表明他对蒋介石政权的不信任和疾恶如仇。

---

① 吴晗:《论"五四"》,见《投枪集》,作家出版社1959年版,第43页。

毛子水　姚从吾　钱　穆　郑天挺　向　达
雷海宗　张荫麟　**吴　晗**　邵循正　孙毓棠

无怪当时国民党云南省社会处向国民党中央社会部的密报中说，在联大庆祝胜利的晚会上，"吴晗、闻一多、周新民等教授到会演讲。所讲之内容……均系抨击本党诋毁领袖"。在这份密报的结尾还说："奸党分子中之大学教授，吴晗、闻一多等，仍复以西南联合大学为其活动之大本营，随时集会，发布谬论。"①

日本帝国主义无条件投降后，党在国统区的任务是发动群众、反对内战，在大学里主要是把教授发动起来，扩大反内战的队伍。闻一多和吴晗等人受党的委托，毅然承担起这样的任务。他们拿着起草好的反内战宣言，从这个宿舍走到那个宿舍，劝说和动员教授们签名。

11月，中共云南省工委决定由联大、云大、中法、英专四校的学生自治会举办时事讲演晚会，反对美蒋制造内战。国民党云南代理省主席李宗黄得知后，立即召开云南省党政军紧急治安联席会议，声称要"削平学生妄动"，并宣布"凡各团体学校一切集会或游行，若未经本省党政机关核准，一律严予禁止"②。11月25日下午，李宗黄还派人到云大巡视，指令校长不准借用会场。面对着这种情况，中共云南省工委决定将开会地点由云大改在联大草坪。吴晗是这次会议的筹备者之一，联大常委叶企荪教授得知晚会要在联大召开后，立即派人通知吴晗，答应会可以在联大开，但开会时要"技术一点"。吴晗很高兴，立即通知各校学生自治会，使时事晚会得以在联大召开。

当天晚上，联大教授钱端升、费孝通、伍启元和云大教授潘大逵等，相继在时事晚会上发表演说，一致反对内战。吴晗是民主运动的头面人物，容易引起敌人注意，决定不让他在会上发言，只以会议指导者身份参加。晚会期间，国民党中统特务头子查宗藩闯入会场切断电源，进行破坏。联大与各校师生愤怒已极，坚持把会议继续开下去。国民党当局竟动用枪炮威胁恫吓，派军警用机关枪、步枪、小钢炮等轻重武器，向会场上空射击。吴晗等忙让大家安静下来。大家一起高呼："我们反对内战！"会议照常进行，通过了《昆明各大学全体同学致国共两党制止内战的通电》和《呼吁美国青年反对美国参加中国内战的通电》。最后，大家齐声唱着反内战的歌曲《我们反对这个》和痛斥蒋介石的《你这个坏东西》而散会。会后，联大学生纷纷要求罢课。第二天，我党同意组织全市大罢课。

罢课开始之后，吴晗一面在民盟成员和教授中做工作，联系他们共同支持学生的正义斗争，一面撰写了题为《抗议非法的武装干涉集会自由》一文，刊登在昆明《民主周刊》上。文章严厉斥责国民党云南地方当局武装干涉集会自由"是不合法

---

① 1945年9月云南省社会处密报社会部《关于庆祝抗战胜利情况呈文》，抄自南京中国第二历史档案馆。
② 见昆明《中央日报》1945年11月25日。

的",指出军队"只能管现役军人,管不着老百姓,更不应该干预学校和团体"。文章还说:"生活在昆明的市民,不曾做过汉奸,也从没有和敌伪合作,凭什么平白被剥夺这些基本人权!"文章最后呼吁:"组织民主的联合政府","切实保障人民的言论、集会、结社、游行、人身等自由"①。

十二、在"一二·一"运动中

昆明民主运动迅速高涨,反动当局惊慌失措。李宗黄和国民党云南警备司令关麟征等连日策划,准备进行镇压。12月1日清晨,查宗藩带领特务和军官总队的队员,分头打进云大和联大等校,肆意殴打学生,甚至投掷手榴弹,屠杀学生,结果有四人被杀害,他们是联大师院的女生、共产党员潘琰,昆华工校学生张华昌,联大学生李鲁连,南菁中学青年教师于再,另外还有几十人受伤。

吴晗听到学生被惨杀的消息后,和闻一多一起放声大哭,立即赶到医院去探望受伤的学生。第二天,联大教授会召开紧急会议,并一致通过决议,要做四项工作:(一)向军事委员会控告关麟征;(二)向重庆高等法院控告李宗黄;(三)向重庆高等法院控告云南党政军禁止集会游行的决议;(四)招待昆明全市新闻记者,说明"一二·一"屠杀学生真相。12月3日,联大学生自治会发出《致教师书》,提出"希望先生们罢教","只有先生们行动上的支持,才能给同学们带来镇静自己的勇气"②。在闻一多、吴晗等进步教授的带领下,联大、云大教授会首先罢教,接着,全市大中学校教师400余人宣布总罢教。在罢教宣言中沉痛地指出,这样的黑暗统治,"就国家言,将何以为国,何能建国;就同人言,将何以为教,何忍为教"。宣言决定从12月4日起,"一致罢教,直至学生复课日止,以示抗议"③。

12月7日,蒋介石亲自出马,发表告昆明教育界人士书,反复强调要整顿纪纲,说什么"学校学生之一言一动要遵守纪纲"。针对蒋介石的所谓"整顿纪纲"论调,吴晗立即写了《"一二·一"惨案与纪纲》一文,对蒋介石进行有力地揭露。他指出:"昆明三十万市民明明白白,清清楚楚,谁发出非法的禁止集会的命令,谁指使

---

① 吴晗:《投枪集》,作家出版社1959年版,第64~66页。
② 《国立西南联合大学自治会致教师书》,《一二·一运动史料选编》上,云南人民出版社1980年版,第163页。
③ 《为十二月一日党政军当局屠杀教师学生昆明市各大中学教师罢教宣言》,《一二·一运动史料选编》上,云南人民出版社1980年版,第167页。

军队包围以及开火,谁在组织反罢课委员会,谁指派特务捣毁学校,谁给的手榴弹,谁下令屠杀学生。"吴晗指出,所谓"纪纲问题","政府要保持纪纲,必得先明白是谁在破坏纪纲。就昆明市民所知,学生确乎尽了保持纪纲的能事,从二十五日晚到今天,秩序井然……他们没有闯入任何场所,恣行捣毁,以至杀人抢劫……罢课是军队武装干涉逼出来的,是用木棍,用手榴弹屠杀逼出来的";"反之,造成现在社会与学校无政府无秩序的状态,破坏纪纲的是本月一号以前的党政军当局。要正纪纲,得先正他们。要不贻误国家之羞,先得严惩他们"。吴晗愤慨地指出:"用正规军,用便衣特务,攻入学校,用美造手榴弹屠杀学生,甚至殴击抢劫抬送伤者、死者的学生和看护。试问这是什么法纪?见于哪一种法典的法纪?"①

1946年3月17日,昆明各界举行四烈士送葬游行和殡葬典礼。这一天大清早,昆明中等以上的学校学生都聚集到联大图书馆前的广场,还有教师、校长、工人、店员、农民等各界人士参加,共达三万多人。吴晗和闻一多、楚图南等走在主席团的行列里。这支队伍11时从联大出发,绕行了整个昆明市的主要街道,沿途各主要街道都有各界人士设的路祭,队伍一直到下午五时才转回联大新校舍东北角的四烈士的墓地。在学生宣读祭文之后,闻一多和吴晗都以陪祭人的身份在墓前讲了话。吴晗慷慨激昂地指出:

> 四烈士的墓地已经成了民主圣地,四烈士的墓地上有"民主种子"四个字,我觉得这种子应迅速发芽成长,这个地方应该成为"民主圣地"。在历史上中国有圣地,而今天的圣地是民主的圣地……我们要踏着四烈士的血迹前进,直到把反动势力完全消灭……不久,将会有许多朋友要离开这里,将来民主的、幸福的新中国来临的时候,我们永不忘记,在云南的角落上,也有一块"民主圣地"!②

十三、踏着烈士的血迹前进

1946年5月4日,西南联大举行结业仪式,宣告联大从此结束,北大、清华、南

---

① 高光(吴晗的笔名):《"一二·一"惨案与纪纲》,昆明《民主周刊》2卷20期,1945年12月25日。
② 张友仁:《烈士丹心,史家本色》,原载《社会科学战线》1980年第2期。

开分别迁回北平、天津。本来，吴晗为处理民盟的事，需要在昆明多住一段时间。但这时袁震因患子宫瘤，流血不止，急于到医疗条件好的地方做手术。在地下党组织和民盟同事的劝说下，吴晗才决定提前离开昆明去上海。临走时，吴晗去向闻一多告别，闻一多和全家人一直把吴晗送到院门外。闻一多说："两个月后北平见！"吴晗说："回到清华园时，我要先看你旧居的竹子。"话毕，两个战友依依不舍地握别了。

途经重庆时，吴晗夫妇住在特园的民盟总部，先后见到了董必武、吴玉章、王维舟、张友渔等人。经董必武介绍，吴晗天天都去出席重庆反内战、争民主的集会和到各大学去报告昆明民主运动的情况。在一次民主人士的集会上，有人说，是吴晗和闻一多领导了昆明的民主运动。吴晗连忙站起来说："大家问昆明青年运动的领导人是谁吗？那正是昆明千万青年自己。"吴晗在重庆住了一个月，除了每天去演说、宣传反内战外，还赶写了许多篇匕首般的文章，揭露蒋介石政权的黑暗统治。如《警管区！特务国！》这篇战斗性很强的文章，就是在重庆赶写并在《重庆民主报》上发表的。

6月9日，吴晗和袁震来到上海，住在弟弟吴春曦家里。当时的燃眉之急，是解决袁震住医院的问题。可是住医院要用金条作押金，吴晗到上海时只提了一只旧的黄棕色皮箱，身上穿的西服都是旧的，裤腿上还打上了补丁，哪有钱作押金呢？后来还是清华校长梅贻琦给写了介绍信，才住进一家私人医院。

吴晗在上海期间得到党组织的多方关照，其时已调任上海工委书记的华岗亲自给他送来一笔钱，作为他的路费补助。一些社会上的知名人士，如冯雪峰、史良、许广平、胡子婴、叶圣陶，也都到吴晗住处看望吴晗。

7月中旬，报上刊出李公朴、闻一多相继被暗杀的消息。吴晗看了目瞪口呆，昏沉了大半天才哭出声来。但是，吴晗毕竟是一个战士，没等痛定之后，他就含着眼泪拿起笔来，写下了具有强烈战斗性的悼文——《哭公朴》。吴晗悲痛地写道：

> 公朴你不会死，你永远不会死，死去的是一个万万人所痛心疾首的政权！
> 公朴，我替你写好了墓志铭：七君子之狱，他坐牢没有死；较场口血案，他挨打，打破了脑袋，没有死；在昆明学院坡，被暗杀，他死了。他为了团结，抗战，坐牢；他为了团结，和平，民主，挨打；他为了团结，和平，民主，而死。这是这个人的一生，为民主而生，也为民主而死，生

史学大家的风范

毛子水 姚从吾 钱 穆 郑天挺 向 达
雷海宗 张荫麟 **吴 晗** 邵循正 孙毓棠

为民主斗士，死为国殇！①

接着，吴晗又写了《哭一多》、《哭一多父子》、《闻一多先生之死》、《闻一多先生传》等许多篇悼念他的挚友的文章。在《闻一多先生传》中，吴晗说，闻一多"正如一头发怒的狮子，他大吼了！他喊出人民的苦痛，他指出解救的方法"，"他用诗一般的语言，丰富的内容，在喊：前进！前进啊！只有前进！"

吴晗在这篇文章中写出了闻一多无所畏惧的气魄：

三年前，有人说他被解聘了，他照常工作。
两年前，有人要暗算他，他照常工作。
几天前，传说他是被暗杀的第二号，他说我早已准备这一天！加紧工作！
……
他无所恐惧，恐惧的是指使暗杀他的那些人。

文章的最后表达了人民的情绪和意志，他说："我们要含泪奉告一多先生在天之灵，继起的不是千百个，而是以万计百万计的全中国人民！"吴晗骄傲地指出，民主同盟有一多这样的盟员，"这样的领导人，中国民主的前途是被保证了的"②。他决心要以闻一多的言行为"准绳"，继续同黑暗势力斗争到底。

就在举国哀悼李、闻两烈士时，周恩来特地从南京的梅园新村赶到上海招待中外记者，指出李、闻被害，"是和平民主运动中一种反动逆流"，要求中外记者用自己的"笔、口来控诉，以制止这种卑鄙无耻的暴行！"周恩来还在张君劢的住处会见了吴晗等，给吴晗以极大的鼓舞。吴晗在写《哭一多》、《哭公朴》的同时，还奋笔疾书，写下了《论法统》、《论暗杀政治》等具有强大战斗力的文章，无情地揭露国民党政府高唱什么"我们革命的目的，就是为了人民的自由"，而实际上却是"保证你有失踪，挨打，被造谣中伤，以至挨枪刺、手榴弹、机关枪，还有无声枪之自由"，"我们受骗够了，这一回再也不上当了"③。这表明吴晗正化悲痛为力量，踏着烈士的鲜血勇猛地向反动势力冲击着。

---

① 吴晗：《哭公朴》，《投枪集》，作家出版社1959年版，第177页。
② 吴晗：《闻一多先生传》，《投枪集》，作家出版社1959年版，第190页。
③ 吴晗：《论暗杀政治》，上海《民主周刊》1946年第43期。

十四、重返清华园

1946年8月底,吴晗和袁震回到北平;10月,住进清华园西院12号。这是一所供四等教授住的房子,已经有点破旧了,但吴晗认为比起昆明已经是天壤之别了,所以他还是很喜欢这所房子。后来吴晗在《清华杂忆》一文里曾经写道:"就在这所房子里我度过了两年多黑暗的岁月。尽管外面的天是黑的,这所房子里却经常有明朗的笑声,热烈的争论。"

吴晗到北平后,北平民盟的汪骏(汪行远)、张光年(光未然)、沈一帆就来找他,建立了关系。不久,北平市民盟负责人刘清扬到天津去筹备民盟河北省的地方组织,北平市民盟的工作就由吴晗主持。当时主要任务之一,就是团结一批少壮派教授和老教授。吴晗利用他在西南联大和过去在清华上学的有利条件,很快就和钱伟长、孟庆基、沈元、屠守锷等建立了密切的联系,特别是和张奚若、朱自清、潘光旦等一些著名的教授建立了深厚的友谊。后来吴晗回忆这段历史时说,张奚若"是老清华,也是清华的元老之一,在老教授和同学中间有威信。在这两年中,我们交换意见,讨论问题,共同战斗。有时候还商量修改文件。在我们发出的宣言、声明、通电中,他没有一次不签名"①。在反饥饿、反内战,以及反对美军暴行的斗争中,北平一些教授发出的通电、声明,大多是由吴晗参与起草,然后由他到老教授中去征集签名,以至像朱自清这样的名教授,一见到吴晗就问:"是签名的吧!"然后看了稿子,就写上自己的名字。

1947年初,由于国民党政府破坏和平谈判,以叶剑英为首的军调部中共代表团决定撤离北平。临别时,叶剑英、徐冰等在南弯子13号吴昱恒(北平地方法院院长、民盟秘密盟员)家举行了一次和民主党派负责人、知名人士的告别宴会,到会的有吴晗、潘光旦、费孝通、许德珩、张奚若、陈垣、徐悲鸿、钱端升、张东荪等约30人。宴会前,叶剑英首先讲话。他在论述了国际国内的形势和八路军、新四军的任务之后,表示感谢在座的朋友们,并且坚信几年之后一定会和朋友们再次见面。接着,张东荪、吴晗、许德珩在会上讲了话。军调部撤退时,徐冰把一台收音机送给吴晗。为了避免敌人的破坏,吴晗就将收音机辗转放在钱玲娟、沈一帆、袁泰等家

---

① 吴晗:《清华杂忆——在黑暗的岁月里》,《光明日报》1961年4月23日。

里。他们每天晚上派专人收听解放区的新闻广播，记录并油印出来，第二天就送到民盟成员和其他有关人员的手里。在那时，收音机的使用很不普遍，特别是要装天线，放在谁家里都是没几天就有人传说某某人"收抄解放区广播，替共产党宣传"，于是又得重换一家，有一个时期曾经把收音机放在北大物理系的实验室里。就这样，收抄解放区消息的工作一直没有间断过。

吴晗利用自己的教授身份，为党做了许多事。他的家，实际上成了地下党人和进步青年的联络点。当时在北京的地下党员崔月犁、王冶秋、马彦祥等人，也经常到吴晗家里去商量工作。王冶秋那时在国民党北平驻军孙连仲处任少将参议，他和孙连仲的设计委员会副主任余心清一起策动孙连仲起义。有一次，余心清让地下党人发电报给党中央说，"孙决心合作，请速派负责人员来商"[①]。此事由于我党在北平的地下电台被敌人破获，抄去了许多文件，让蒋介石知道了。孙连仲翻脸不认人，当即将余心清逮捕。余心清被捕后，王冶秋也暴露了。在一个大雨滂沱的早晨，王冶秋来到吴晗家里，因事情紧急，吴晗立即让王冶秋换上自己的衣服，然后把他送出清华园，经天津到达解放区。此外，当时还有一些进步青年和地下党人要到解放区去，吴晗也都尽力协助，为他们筹集路费和化装衣服，送出北平。

吴晗的革命活动，引起了敌人的注意。国民党北平市党部已经侦知他协助共产党人逃出北平的事实，并通知了当时清华大学校长梅贻琦，于是吴晗处在敌人的严密注视之中。

十五、新的起点

1948年8月17日，国民党政府正式下达在全国逮捕进步学生和民主人士的命令。19日，平津各报登载了第一批249人的名单，罪名是"危害国家"的"共匪嫌疑分子"，并限定各校在20日前交出名单上的人。当天，反动军警包围了清华大学。吴晗做好了被捕的一切准备，烧毁了文件，在家等候了几天。由于进步学生的斗争，名单上的人全都疏散，吴晗和其他进步教授也都幸免。

"八二〇"大搜捕之后，北平地下党探知，在"剿总"的黑名单上确实有吴晗，敦促他非走不可。吴晗这才下决心离开清华园。他计划取道上海经香港，会同民盟中

[①] 吴晗：《清华杂忆——在黑暗的岁月里》，《光明日报》1961年4月23日。

央的一部分在港同志,响应中共中央关于召开新政协的号召,一起到解放区去。但是,到了上海之后,由于去香港的飞机检查很严,不得成行。吴晗在上海行动也很不方便,出门都得带墨镜和化装。有一次郑振铎跟他去买一支自来水笔,铺子里问要不要刻个名字,吴晗说要,并随手写了个"吴"字,郑振铎责怪他粗心,抢过笔来写了"辰伯"两字。那时郑振铎正在编辑《玄览堂丛书二集》和《明季史料丛书》,把这些书都搬来给吴晗看,使他有事可做,不让他出门。几天之后,北平来信,说已安排好了,让他立刻回北平。于是吴晗又飞回北平,并在当天转道到天津,袁震已经先到天津等候他。两天后,崔月犁派交通员把吴晗夫妇送往解放区。当他们跨过国民党统治区的最后一条河进入解放区时,吴晗高兴极了,他说,终于"到了自由天地"。

进入解放区后,他们沿途参观学习。11月初来到中共中央所在地西柏坡,毛泽东、周恩来亲切会见了吴晗。毛泽东还认真地阅读了吴晗送给他看的《朱元璋传》修改稿,特地约吴晗谈了一个晚上。毛泽东对吴晗关于西系红巾军彭莹玉"起义成功之后忽然不见",是"功成不居,不是为了做大官而革命的说法大不以为然",认为彭莹玉"这样坚强有毅力的革命者,不应该有逃避的行为,不是他自己犯了错误,就是史料有问题"[①]。后来吴晗果然在《明实录》里找到彭莹玉是在杭州被元军所杀的史实。但这个问题的实质并不在于史实有出入,而是反映了吴晗也有"功成身退"的思想。直到全国解放以后,他才对这个问题有了彻底明确的认识。

1949年1月31日,北平和平解放,吴晗参加了人民解放军的入城仪式。几天之后,吴晗和钱俊瑞等人受党中央委托接管了北京大学,接着又以北京市军管会副代表的身份,接管了清华大学。几个月前,吴晗是在敌人的黑名单追捕之下撤离清华园的,今天却是以胜利者的身份回到了清华大学。尽管这时的吴晗已经被任命为清华大学历史系主任、文学院院长、校务委员会副主任等职,但他仍然住在西院12号,以一个普通教授的身份出现在清华大学。

10月1日,吴晗在天安门参加了开国大典,亲眼看到毛泽东主席把一面五星红旗升起在天安门广场上空。100多年来,中华民族的优秀儿女前仆后继,流血牺牲,终于换来了今日的胜利,作为一个历史学家,吴晗怎能不欢欣鼓舞呢?在这之前,即1949年9月,吴晗还参加了中国人民政治协商会议,当选为全国政协委员。当清华大学召开全校师生员工大会庆祝中华人民共和国成立时,陈毅、李秀真、张奚若都赶来参加了。全校师生员工兴高采烈地参加了庆祝大会,连一向从来不喜欢参加会议的梁思成夫人林徽因,也来参加并席地而坐。吴晗亲眼看到北京解放9个月,清华大学一

---

① 吴晗:《我克服了"超阶级"观点》,《中国青年》第32期,1950年2月。

切都变了,"教授、讲师、助教、学生、职工、工警、妇女,一切的人们都在献身于工作,都热烈地在学习","九个月来,一切都在变,新的中国,新的人民"①。

十六、从不愿"当官",到认真工作

1949年11月,吴晗应邀到苏联参加十月革命32周年纪念大会。在途中,吴晗听到自己当选为北京市副市长的消息。这一消息使他震惊——吴晗不愿从政"当官",只希望解放以后继续从事明史研究。后来,周恩来总理亲自找他谈了一整夜,吴晗十分感动,才愉快地上任了。

吴晗工作认真负责。在主管北京市的文教工作时,对搞好北京市的中小学教育花费了很大精力。他经常到学校去,找校长、教师谈话,了解情况,听取他们的意见。为了培养中小学师资队伍,北京市相继成立了北京师范学院、北京教师进修学院、北京电视大学、函授大学等,这些都与吴晗的努力密切相关。他不仅做了大量工作,还担任北京师范学院的名誉教授、电视大学校长。这些学校每逢开学、结业,他都力争出席并发表讲话,并与不少教师建立了友谊。

吴晗对青少年的成长十分关心。为了保护学生的视力,他多次到学校去检查教室的光线,督促教育部门把光线不好的教室增开窗户,或增加灯光。他亲自倡议在北京景山公园里成立少年之家和儿童活动站,在北海公园内开办少年科技馆,鼓励青少年攀登科学高峰。

吴晗除担任副市长外,还担任北京市民盟的主任委员、全国青联副主席、《新建设》杂志编委会主任、北京市政协副主席等职务。他是个永远不知疲劳的人。新中国成立后,时任中国科学院副院长的陶孟和就称赞过吴晗"有国士之风,可托任大事"②。

十七、加入中国共产党

1957年3月,经中共中央批准,吴晗正式加入中国共产党,介绍人是刘仁和张友

---

① 吴晗:《新的中国,新的人民》,《春天集》,作家出版社1961年版,第51页。
② 据吴晗的好友梁方仲教授生前回忆。

渔。加入中国共产党是吴晗多年以来的宿愿。早在昆明民主运动中，吴晗和闻一多就秘密相约"将来一起加入中国共产党"。

1948年11月，吴晗到达西柏坡后，正式向党中央提出入党的要求。1949年1月，毛泽东亲自给他回信说："我们同意你的要求，唯实行时机尚值得研究，详情恩来同志面告。"①新中国成立后，吴晗更加抓紧学习马列主义、毛泽东思想，努力改造世界观，处处以共产党员的标准严格要求自己。他在当选北京市副市长之后，立即给浙江义乌县人民政府去信，表示在苦竹塘的田地和房屋全部献给当地农民。吴晗在对待党分配给他的工作上，总是勤勤恳恳，不遗余力，生活上艰苦朴素，不搞特殊化。吴晗的表现受到党内外的赞扬，也引起党中央领导同志的重视和关心。彭真要有关的人特别照看吴晗，说他兼职多，工作忙，生活要多照顾。毛泽东还把刘仁、张友渔、吴晗请到中南海颐年堂，鼓励吴晗要"大胆工作"，并问他工作上、生活上有什么困难，还留他们一起吃了饭。周恩来也多次强调要在生活上多关心吴晗，要使他"真正有职有权"②。这一切，都使吴晗十分感动。新中国成立后，吴晗不止一次向市委提出入党的要求。1954年，他在给彭真的一封长信中再一次表达了他要求入党的迫切心情。信中写道：

> 因为我不能参加党，党对我是客气的，优容的……我没有放弃要求参加党的想法，我想以努力工作来争取，今年不成，到明年，五年不行，十年，二十年，只要不死，总有一天会达到。目的没有什么，只是要求得到教育，做好工作。③

党中央正式批准吴晗加入中国共产党之后，吴晗非常激动，他决心按照一个共产党员的要求，为共产主义事业奋斗终生。

十八、研究海瑞

1959年4月，党中央在上海开会，毛泽东在会上提出干部要敢于说真话。会议

---

① 张友渔、薛子正：《深切怀念吴晗同志》，《北京盟讯》1979年第2期。
② 张友渔：《毛主席、周总理教导我们做好统战工作》，《党史研究》1980年第4期。
③ 张友渔：《毛主席、周总理教导我们做好统战工作》，《党史研究》1980年第4期。

史学大家的风范

毛子水　姚从吾　钱　穆　郑天挺　向　达
雷海宗　张荫麟　**吴　晗**　邵循正　孙毓棠

期间，"毛主席看了湘剧《生死牌》，戏的结尾出现了海瑞。于是把《明史·海瑞传》找出来看，接着讲了一段故事。主席说，这个人对皇帝骂得很厉害，骂'嘉靖'是'家家皆净'，他还把这话写在给皇帝的上疏里，以后被关进监狱。有一天，忽然拿酒菜给他吃，他很奇怪，便问看监的老头，才知道嘉靖皇帝死了。他大哭，把吃的东西都吐出来。毛主席说，尽管海瑞攻击皇帝很厉害，对皇帝还是忠心耿耿的"①。毛泽东讲要宣传海瑞刚正不阿的精神。毛泽东的秘书胡乔木认为吴晗是著名的明史学家，就向吴晗传达了毛泽东的讲话，要他给《人民日报》写一篇有关海瑞的文章。吴晗就写了《海瑞骂皇帝》一文，登在同年6月16日的《人民日报》上。之后又写成《论海瑞》一文，比较系统地论述了海瑞的一生，对海瑞作了充分的评价。在"海瑞的历史地位"的小标题下，吴晗谈了他研究海瑞的目的。他说，"我们肯定、歌颂他一生反对坏人坏事"，"肯定、歌颂他一生言行一致，里外如一的实践精神。这些品质都是我们今天所需要学习和提倡的"，"在今天，建设社会主义的今天，我们需要站在人民立场、工人阶级立场的海瑞，为建成社会主义社会而进行百折不挠斗争的海瑞，反对旧时代乡愿和今天的官僚主义的海瑞"。

从20世纪40年代开始，吴晗的许多著作是古为今用的。这篇《论海瑞》，就是针对当时干部中存在着不敢说真话的现象而写的，是响应毛泽东主席的号召写的。文章见报之后，北京京剧团著名演员马连良就约请吴晗把海瑞的事迹编成一出戏。吴晗不懂京剧，推辞不了，但最终还是答应了。剧本原名叫《海瑞》，以海瑞逼徐阶退田为主题，以松江百姓为海瑞送行结尾，剧情低沉，没有达到高潮。有人提出退田不过是改良主义，现在宣传改良主义意义不大，建议删去其中几场戏，然后以海瑞斩徐阶之子交印罢官结尾。吴晗的老朋友蔡希陶读了剧本，也提出以"罢官"结尾的意见。吴晗采纳了这些意见之后，在1960年底彩排时，才改名为《海瑞罢官》。

这个戏从动笔到写成，七易其稿，从没有戏到有戏，从剧情低沉到矛盾尖锐冲突，激动人心。1961年剧本正式出版，北京京剧团排练演出之后，观众反响很大。《海瑞罢官》公演后，"毛主席很高兴，在家里接见了扮演海瑞的马连良，同他一起吃饭，请他唱海瑞，并说：戏好，海瑞是好人。还称赞剧本的文字写得不错"②。文史学界对吴晗这个历史学家写戏也热烈欢呼，称吴晗是"破门而出"，从姓"史"的一家走到姓"戏"的一家。

---

① 郭星华：《〈海瑞罢官〉是怎样写出来的》，见北京市民盟编：《文史资料选辑》第一辑。
② 袁溥之：《忆吴晗同志二三事》，见《北京盟讯》1981年第3期。

十九、"三家村"的一家

1961年9月，吴晗在写完《海瑞罢官》之后，北京市委机关刊物《前线》约请他和邓拓、廖沫沙三人在《前线》杂志上开辟一个专栏。他们商定专栏名为《三家村札记》。"三家村"含义是三人合作，以吴南星为笔名，即三人各取姓名和笔名中的一个字，"吴"是吴晗，"南"是邓拓的笔名马南邨中的"南"字，"星"是廖沫沙笔名繁星中的"星"字。《前线》之所以要开辟这个专栏，是为了活跃版面，给一些机关干部、工农群众增加一点文史知识，或者对现实生活中某些实际存在的问题发表一点议论，给人以思想启迪。

《三家村札记》从1961年10月开始，到1964年7月结束，历时近三年，共发表了60多篇文章。这些杂文大多文风清新，开门见山，立意明确。从内容看，有一大部分文章是歌颂党和人民的革命事业，歌颂社会主义新风尚的；有许多杂文是以历史资料为题材，以古鉴今的。文章大多以鲜明的阶级观点，以强烈的无产阶级爱憎观和是非观，批评了现实生活中不利于党和社会主义事业的因素，颂扬了那些有利于党和社会主义事业的积极因素，具有突出的战斗特点。

在《三家村札记》中，吴晗一共写过21篇杂文。其中有一部分是批评那种不按客观规律办事，善于说空话和吹牛皮的现象。如在《赵括和马谡》一文中，指出赵括"学习兵法，说话头头是道，没有人能超过他"，但赵括却缺乏战争的实际经验，把打仗的事说得轻而易举，实际上是一个纸上谈兵的人物，而马谡也是一个"没有战争的实际知识，也没有指挥军队、随机应变的经验，自以为精通兵法，不听诸葛亮所指授的军事措施"，结果这两个人都打了败仗被杀。吴晗在写这两个历史人物时发表过一番议论，他说："这种人的特点是不从具体出发，不联系实际，夸夸其谈……根据主观的愿望，想象去改变客观的实际，结果没有一个不摔跟斗的。"他在《说谦虚》一文中，从历史上的"谦受益，满招损"这句话说起，引出一个真理。他说："社会主义建设对于我们来说，是个全新的事业。""在建设工作中，犯一些错误，有一些缺点，是难免的。问题是对待错误、缺点的态度。只要能够不断发现这些错误、缺点，从错误、缺点中学会新的知识、本领，便可以达到知识、经验的不断深化、完全的过程，从而逐步掌握规律，达到胜利。"这些议论，都是说给现在的人听的，是以古鉴今的，是要让读者从中吸取教益的。

但是，吴晗的"三家村"杂文，更多的是谈学术问题，是提倡新的学风，提倡读书的。《三家村札记》开宗明义第一篇就是吴晗写的《古人的业余学习》，是要人们以古人为借鉴，在学习科学知识上只要有"坚定的决心，持久的毅力，不懈的学习，是可以克服一切困难，攀登学术高峰的"。吴晗还写过《谈学术研究》、《论学风》、《谈读书》、《谈写作》等等，他想通过这些杂文，树立一种好的学风，提倡一种勤奋的学习态度。

《三家村札记》到1964年7月结束，最后一篇文章题为《遇难而进》，表明"三家村"作者具有坚韧不拔的信心，同时也表明他们对当时在极"左"的思潮下正常的文化、学术活动遇到困难已有思想准备。"三家村"停刊的当月，康生就下令在文化学术界掀起一场大批判，把对李秀成评价、"合二而一"问题、"时代精神汇合论"等等说成是"严重的政治问题"，在全国范围里对一些学术见解罗织罪名，进行大批判，《前线》《三家村札记》专栏就是在这种形势下停止的。

二十、遭到恶毒诬陷

1965年11月10日，姚文元在上海《文汇报》发表《评新编历史剧〈海瑞罢官〉》一文，诬蔑吴晗在《海瑞罢官》里写"退田"和"平冤狱"，就是"当时资产阶级反对无产阶级专政和社会主义革命的斗争焦点。戏里那个假海瑞，就是代表地富反坏右的利益反对无产阶级专政和社会主义革命的右倾机会主义分子的化身。《海瑞罢官》大力吹捧一个因为搞'退田''平冤狱'而被罢官的'海青天'，就是支持在庐山会议上因反对总路线、大跃进、人民公社而被党和人民'罢'了'官'的右倾机会主义分子重新上台执政，为地富反坏右的反革命复辟开道"。

11月底，北京各报被迫转载姚文元的《评新编历史剧〈海瑞罢官〉》。11月29日，《北京日报》在转载的按语中严肃地强调了毛主席一贯倡导的"百家争鸣"方针，认为对《海瑞罢官》"有不同意见应该展开讨论"。11月30日，《人民日报》在转载的按语中也一再强调"希望"通过这次辩论，能进一步"发展各种意见之间的互相争论和互相批评"，"既容许批评的自由，也容许反批评的自由，对于错误的意见，我们也要采取说理的方法，实事求是，以理服人"。《北京日报》的按语是彭真亲自定稿的,而《人民日报》的按语是周恩来和彭真亲自定稿的。但是江青一伙无视周恩来和彭真的意见,在上海利用他们控制的舆论工具,一面大搞"钓鱼",声称要把反对姚文元文章观点的人从"地下'引'到上面来",采取"诱敌深入,围而不歼"的办法,一面对吴晗的所谓"批判"层层加码。吴晗的罪名从替彭德怀"鸣冤叫屈",到什么"骂皇帝",是什么"反革命",在全国报刊上遭到耸人听闻的攻击。

江青一伙对吴晗的围攻,遭到广大读者和文化思想界的强烈反对。元史专家翁独健教授指出:"姚文元给吴晗下'反党反社会主义'结论,这是莫须有的罪名,和秦桧陷害岳飞时的理由一样。"历史学家周谷城教授愤慨地指出:"这是姚文元陷人于罪。"著名历史学家翦伯赞教授说:"如果整了吴晗,所有进步的知识分子都会寒心。"李平心、郝炳衡、朱东润、谭其骧、张家驹等教授也都对姚文元的栽赃陷害表示极大的愤慨。广大读者更是怒不可遏,纷纷写信寄到各个报社,痛斥姚文元的恶棍行径。

二一、家破人亡

1966年5月8日,江青化名高炬在《解放军报》发表了《向反党反社会主义的黑线开火》,关锋化名何明在《光明日报》发表了《擦亮眼睛,辨别真假》的煽惑视听的文章,把矛头直接指向北京市委。5月10日,姚文元在上海《解放日报》、《文汇报》发表了《评"三家村"——〈燕山夜话〉〈三家村札记〉的反动本质》一文,目的是搞垮彭真和北京市委。5月16日,中央发出由毛泽东亲自主持制定的"五一六通知",十年动乱的"文化大革命"正式开始了。此后,从围剿吴晗、"三家村",扩大到在全国各地从中央到地方揪"三家村"、"四家店",揪各级的"走资派",打倒各级领导干部和党政机关,红卫兵运动席卷全国。

如果说在7月份以前,主要是从精神上折磨吴晗,那么,7月份以后,主要是从肉体上摧残吴晗了。吴晗几乎每天被揪斗、毒打。吴晗的儿子吴彰在《幸存者的回忆》一文中写道:"不久,深夜里的猛烈砸门声就常常把人惊醒了,我老吓得缩在妈妈怀里。他们翻过围墙,破门而入。整个院子贴满了'绞死'、'砸烂'的大标语。外国友人送给爸爸的礼品当做'四旧'砸烂了,电视机也不能幸免。""他们把爸爸跪绑在烈日下的枯树上，往他脖子里灌晒得滚烫的沙子。他们抡起皮带抽他，揪他的头发，拧他的耳朵，用各种想得出来的法子侮辱他。"①"三家村"的幸存者廖沫沙对这段悲惨遭遇也有过一段回忆，他说："从六六年到六八年三月这一段，我和吴晗几乎天天被揪到各单位去批斗，工厂、农村、机关、学校都去过。有时一二场，多到每天三场。每次都是倒背两手，弯腰低头(喷气式)。我有时觉得无所谓，可吴晗同志每场下来，真吃不消，他毕竟是个文人书生啊。"有一次，"晚上在食堂吃饭时，吴晗也来打饭，他慢慢走到我坐的桌子边来，这里没有别人，我看他低着头很痛苦的样子，就关心地问他：'你怎么样？'他用手指着胸口，没有说话，接着就是一场干咳，看样子他被打得重多了。"②

经过一段肉体的摧残之后，1968年3月，在没有宣布任何罪名的情况下，吴晗被逮捕入狱。

在吴晗被捕以后，袁震也立即被送进"劳改队"，关在潮湿的旧浴池里。她本来就患有几种严重的疾病，身体很不好，又要接受批斗，做体力劳动，身体被整垮了。1969年3月17日，袁震被允许回家看病，当天晚上就发病了，女儿小彦和儿子吴彰把她送到医院。因为是吴晗的夫人，医院也没有认真抢救。3月18日清晨，袁震含恨去世了。当小彦和吴彰到太平间去看她时，袁震的眼眶下面还有一滴眼泪。半年后，即同年10月10日，吴晗也被迫害致死。小彦和吴彰连死去的父亲也不让看一眼，只让他们拿回了吴晗血迹斑斑的裤子。

由于受到过度刺激，小彦一度精神失常，在黎明前的黑暗时刻，小彦也含冤死去了。吴晗一家四口死了三口，仅有吴彰一个是幸存者。

二二、沉冤昭雪　永垂青史

1976年10月6日，万恶的"四人帮"被打倒了。

1979年7月，中共中央批准了北京市委为"四人帮"及其顾问康生制造的"三家村反党集团"的冤案彻底平反的决定，为邓拓、吴晗、廖沫沙恢复政治名誉、恢复党籍。9月14日在八宝山公墓礼堂为吴晗和袁震举行追悼会，党和国家领导人叶剑英、

---

① 吴彰：《幸存者的回忆》，《吴晗和〈海瑞罢官〉》，人民出版社1979年版，第103～104页。
② 子真：《廖沫沙同志忆吴晗（访问记）》，《吴晗和〈海瑞罢官〉》，人民出版社1979年版，第32～33页。

邓小平、李先念等送了花圈，李先念、乌兰夫、方毅、胡耀邦、彭真等出席了追悼会。追悼会由北京市委第一书记林乎加主持，第三书记贾庭三致悼词，悼词说：

> 吴晗同志的逝世，是我们党和国家的损失，是我国史学界的重大损失……他治学严谨，教学认真，热爱祖国，痛恨国民党的卖国独裁统治，坚决拥护中国共产党的主张……为争取民主，反对独裁进行了不懈的斗争……为中国人民解放事业做出了可贵的贡献……全国解放后，吴晗同志怀着满腔热忱，投身于社会主义革命和社会主义建设，深得党和广大人民的信任……吴晗同志的一生，是不断革命坚持战斗的一生，全心全意为人民服务的一生。

这个悼词集中表达了党和人民对吴晗的公正评价。吴晗的道路、业绩和品德将永垂青史，人民将永远怀念他！

学贯中西的史学专家：邵循正传略

戴学稷　徐如

邵循正，1909年出生于福建省福州。1930年毕业于清华大学政治系，同年入清华大学研究院改习历史，专攻中国近代史。1934年赴欧洲留学，先后在法国巴黎法兰西学院、德国柏林大学研究蒙古史。1936年回国，连续在清华大学、长沙临时大学、西南联合大学任教。1945年受邀应聘为英国牛津大学访问教授，赴英讲学。1946年回国，续任清华大学历史系教授。1949年后仍任清华大学历史系教授，1950年兼任系主任。1952年院系调整后至1973年4月逝世前一直任北京大学历史系教授兼中国近代史教研室主任。他在高校任教数十年间，培养与造就了许多蒙古史、元史和中国近代史的专业人才。期间曾兼职中国社会科学院近代史研究所，主持编辑了中国史学会主编的《中国近代史资料丛刊》中《中法战争》、《中日战争》两部大型的史料集，随后校刊了多种清代笔记资料与其他近代史料及未刊稿等，著有《中法越南关系始末》，与翦伯赞、胡华合著《中国历史概要》，与陈庆华合著《中国史纲要》第四册，其学术论文大部分编入《邵循正历史论文集》。

他是一位学贯中西、博古通今的专家学者，又是一位忠诚于社会主义祖国的教育家。邵循正系民盟中央文教委员、北京市史学会副会长。他是全国政治协商会议第三、第四届全国委员会委员，并担任全国政协文史资料委员会委员。

一、家世与童年少年时代
——在家乡福州十七年的岁月（1909~1926）

20世纪初，是近代中国发生巨大转变的动荡年代：清王朝正处于风雨飘摇、土崩瓦解、即将灭亡，革命浪潮风起云涌，中华民国即将诞生之际。

邵循正（1909~1973），字心恒，于清宣统元年己酉十月初八日（1909年11月20日）出生在福建福州府侯官县（今福建省福州市区）一个书香门第官宦之家。曾祖邵启元，道光二十年（1840年）进士，历任安徽广德州知州，太平县、巢县知县[①]。祖父邵积诚，同治七年（1868年）进士，光绪二十二年（1896年）官至贵州省布政使，此后曾一度署理、一度护理贵州巡抚[②]。邵积诚的经历和遭遇，对邵家尤其是邵循正一生的影响较大。

邵积诚（1846~1909），字允朴，号实孚。据其会试硃卷履历，生于道光丙午年即道光二十六年（1846年）二月二十四日。他于同治七年（1868年）成进士时才二十二岁，而在此前即同治四年（1865年）全省乡试中举人时年方十九[③]，可谓是少年春风得意。同榜成进士者有福州同乡陈宝琛、叶大焯以及后任两江总督的张人骏等，此后他们互为姻亲，关系密切。邵循正的母亲陈章贞就是陈宝琛的胞弟、进士陈宝瑨的女儿，而邵循正的两个姑母又嫁给陈宝琛的两个儿子。

邵积诚中进士后初期一路顺利，由翰林院庶吉士升授翰林院编修，并充任国史馆协修，光绪初年起又升授监察御史，与张之洞、陈宝琛、张佩纶、张人骏、宝廷、邓承修等一批风华正茂的京官、御史积极揭发朝廷弊端，参奏弹劾满汉权贵和封疆大吏，意气风发，慷慨激昂，形成一股清流，号为"清流派"。以慈禧太后为首的当权派对这些清流舆论相对比较宽容，利用他们作为平衡各派、调控朝政的工具。其间邵积诚自奉廉洁，激于对丑恶现象的义愤，积极敢言，充分揭发了许多贪污舞弊案，使一部分贪官污吏受到惩处，是当时言官中很有影响的人物。光绪中期以后，邵积诚被外放西南任地方官吏，光绪二十二年（1896年）由贵州按察使调任

---

① 《邵积诚会试履历（同治戊辰科）》刻印本。钱实甫编《清代职官年表》第三册，中华书局1980年版，第1955~1962页。
② 《邵积诚会试履历（同治戊辰科）》刻印本；钱实甫编《清代职官年表》第三册，中华书局1980年版，第1955~1962页。
③ 《邵积诚会试履历》。钱实甫编《清代职官年表》第三册，中华书局1980年版，第1955~1962页。但其生年，邵家后人作1844年（道光二十四年），见邵循恕《先祖邵积诚公事略》，《文史资料选辑》（总146辑），中国文史出版社2001年版。

布政使，成为该省第二号人物，此后曾一度署理、一度护理贵州巡抚，但却一直没有能够援例接替巡抚这个省级第一把手的职务，说明他当年积极敢言、勇于揭发阴暗面的举动触犯了一些权势人物，而他本身又持身严正，不善于巴结迎合，缺乏后台奥援，不久后"任满交卸"，时方五十岁出头，正当盛年，进京陛见，也没受升迁重用，旋因母丧，丁忧回福州①。光绪末清政府进行"君主立宪"，陆润庠组阁，曾邀他参加，他未接受，随后家居，宣统元年（1909年）病逝，享年六十三岁。

邵积诚辞世之年，正好是邵循正出生之年。邵循正在家里特别是后来进大学和研究院专门研习中国近代史的过程里，对他祖父为官的史料记载自然是很清楚的，他祖父的为人处世和官场上的遭遇对他有较大影响。

邵氏源出西周召公。早在20世纪50年代邵循正在北大工作之余，就对他刚念小学二年级的女儿邵瑜指着远处淡蓝色的西山说："那就是燕山余脉，三千年前，西周初年，周武王平定天下，分封诸侯，他把他的一个名叫奭的弟弟封为召公，史称召公奭。召公在燕山脚下建立了召国，为周朝守边，抵御北方民族入侵。不久他们打败了另一个国家，把京城搬到了那个国家去，建立了燕国，原召国的臣民就以国为姓，姓了召。几千年来……一个召字，也分成了不同音、不同意、不同写法的邵、绍、招、照、昭、超、怊等不同的字，但是燕山脚下是邵族的根，天下姓邵的人当是召国臣民的后代。"他还说："唐朝末年，北方战乱，邵族的一支避乱南迁，定居河南，逐渐繁衍成一个不小的家族。北宋末年，金兵南侵，河南邵家的一支随宋朝南迁到江西，现在江西还有我们邵氏族人。明朝时，我们这一支的祖先因经营盐商，为取盐方便搬到福州，一直到现在，我们的老家还在福州，所以我们是福州人。"②邵循正治学严谨，他对邵氏家族源流的考证，经过考古发掘（实物）和有关史籍记载的验证是确实可信的。

原来福州邵家世居"（福建）省城夹道坊"，以后邵积诚在福州闽王王审知时的旧城东牙巷（今属福州市鼓楼区）购地建造一座五进大院落。邵积诚的元配夫人和侧室共生有四男三女，四房都有子女多人，人口众多。邵循正及其诸弟妹都出生在东牙巷大院里，小时候聚居在这个院落里，直到17岁和二弟循恪同时考取清华大学离家北上。

东牙巷原为闽王王审知时代的东衙门，后成为民居的街巷。东牙巷邵家大院盖得很亮堂宽敞，冬暖夏凉，外墙是用黏土掺和小石子和碎瓦片垒砸而成，又厚又

---

① 见邵循恕：《先祖邵积诚公事略》，《文史资料选辑》（总146辑），中国文史出版社2001年版。
② 邵瑜：《燕山脚下》，载美国洛杉矶《世界日报》2007年9月9日世界副刊上，亦见邵瑜：《心恒先生轶事》。

结实,邵家四世同堂,数十人同住一起,与邵积诚的二胞兄一家住的庙巷(现称妙巷)相毗邻,后门可相通。在庙巷还有邵氏祠堂,据邵循正后来对妻儿的回忆,当年他在福州时,每年过旧历年(春节)都要在祠堂里聚集祭祖,非常热闹,他们家兄妹和堂兄弟姐妹们都要到那里,先燃放鞭炮,然后开启祠堂大门,将一些手指大小粗的糖馒头撒在地上,以防外鬼来抢祖宗的供食。他们同邻近来看热闹的小孩们便一拥而上,争着捡地上的小馒头吃,感到兴味无穷。等到正式祭祖时,大家便按辈分列队行礼上供,十分严肃恭敬。这个习俗一直牢固地铭记在他脑子里,这也是他儿时在家乡生活的童趣之一。

邵循正的父亲邵叔焕,是邵积诚的第三子,全闽大学堂毕业,自北洋政府至大陆解放,任小职员;母亲陈章贞,出身名门,望子成龙,对邵循正兄弟"母教甚严,督促无已时"①。邵循正四岁时由母亲启蒙识字,学做对子,读《四书》等。稍大,约十岁左右时,他同小他一岁的二弟循恪即被送到本地一位姓谢的老举人办的私塾里学习国学方面的知识,读经史、习诗文。这位谢老先生学识渊博,教学认真,培养了不少学生,为邵循正兄弟奠定了坚实的国学基础,也为邵循正以后学习文史提供了良好条件。

邵循正有五个弟弟、三个妹妹,一共九个同胞兄弟姐妹。他是老大哥,在家里保持着一副老成持重的样子,但小时候和弟弟们一样是淘气好玩的。他母亲要求他认真在家读书,希望他将来出人头地,给他做鞋时尺寸总要缩小点,让他不能久站和出去跑跳玩耍,而只好老老实实地坐着学习,因而他从小身体就是文弱的样子。

从1919年起,邵氏兄弟二人在谢老先生办的私塾念了四五年古书,1924年(民国十三年)二人又一起考入美国教会办的西式学校鹤龄英华中学(原名英华书院,今为福建师大附中)。这是福州一所很有名的新式中学,是一所私立的学校,学费昂贵,但学校规定学习成绩优秀的学生如能考上前三名可以免除学费。邵循正的父亲只是个普通职员,工资不多,而子女众多,为了培养子女成才,教育费用全靠典卖祖上留下的房产支付,这促使邵氏兄弟勤奋学习、争取上进,学习成绩总是名列前茅。邵循正、邵循恪二人考入英华中学后,在校期间一直是前三名,并因文史成绩优异超群,特准免修,只学外语(英文)和数理化,靠着他们聪明好学,只用两年时间就跳班学完中学六年的课程②,于1925年底同时提前毕业。两年的时间很短,尽管学习时间很紧,但他们在住校期间,课后常在宿舍唱唱福州的地方戏闽剧的曲

---

① 陈矩孙,《有关邵循正先生家世》,见戴学稷、徐如:《邵循正先生百年诞辰纪念文集》,福建社会科学院出版社2009年版。
② 据邵循正的表兄陈岱孙先生《往事偶记》,他于1915年秋到1918年初按该校规定经过考试以两年半时间读完中学毕业,转引自庄丽君主编:《世纪清华》,光明日报出版社1998年版,第120页。

调和打桥牌等，作为文娱活动和个人的一种业余爱好。

与邵循正两兄弟同时在英华书院学习的同学以后在国内各高校任教并保持联系者有郭舜平（福建师大）、陈云章、王赣愚（南开大学）、郭宣霖（江西大学）、施嘉钟（上海医学院）等。

邵循正从英华书院毕业时才十七岁，而他二弟循恪与他同班，也同时毕业，比他年小一岁。兄弟两人于次年（1926年）初一起考入福建协和大学。这也是美国教会在福州办的一所大学，位于靠近闽江口不远的魁岐，乘坐汽船大约一个小时可以到达，学生都住校。英华书院和协和大学都是教会学校，宗教气氛比较浓厚，曾有教师劝邵循正入教，他因为只敬祖宗不信神，而没有加入宗教团体，但他却阅读英文版的《圣经》，用以学习英语和了解西方的文化。他后来对女儿说，《圣经》的英文是非常好的，而且西方各国的文化、历史都与《圣经》不可分割。他认为现在西方人的思想、各国政治也还受《圣经》的影响，正像现代中国还受儒家孔孟学说影响一样。但他俩在协大只念了半年，1926年夏天清华学校的大学部在上海招生，他俩便从马尾乘船前往上海报名应试，结果双双都被录取了。他们投考清华的原因首先是因为清华当时已经是名牌学校，可以被选送出国留学，而且设立了大学部，招收高中毕业的学生；其次是清华使用庚款余额经费充足，可以免收学费，而协大要交为数不少的学费，这样就可以减少家庭一笔经济负担，节省下来为他们的弟、妹作为求学的费用[①]。

二、清华园里的七年学习生活
与赴欧留学深造后返国任教（1926～1937）

1926年秋，邵循正偕同他的胞弟循恪告别了福州家乡和亲人来到向往已久的清华园。

这又是一个中国命运的转折年代。这一年正是大革命国共合作北伐战争的关键岁月，"打倒列强、除军阀"的嘹亮歌声响彻大江南北，北伐军节节胜利，张作霖把持的北洋政府虽还占有北京城，但已日暮途穷。第二年，蒋介石集团背叛了革命，大肆屠杀共产党人，独吞胜利果实，定都南京组建国民政府，改名北京为北平。1928年8月，控制北京的奉系军阀被赶出北京。随着北洋政府的覆灭，清华学校

---
① 本部分主要参考邵瑜的回忆文章《心恒先生轶事》。

开始为国民政府所控制。

清华学校筹办大学的拟议提出于1916年7月周诒春任校长时,经过多年的酝酿与形势的推动,到1925年5月才正式成立大学部,开始招收第一届大学普通科一年级学生。普通科不分系,修业期限也不明确,为两年或三年,第二年(1926年)为与国内一般大学相一致,取消了不分系的普通科,规定学制为四年,全校设立了十七个系,学生毕业授予学士学位,成为四年一贯制的正规大学。这批第一届的学生成为清华大学第一批毕业生,到1929年毕业,称为1929级,也叫"第一级";而1926年入校的学生到1930年毕业,称为1930级,也叫"第二级"。邵循正兄弟1926年进入清华,恰逢其时,正是清华步入正规大学之始。而在全校17个系中能开出课程的只有11个系,他俩选择的政治学系与中国文学系、西洋文学系、历史学系、经济学系以及理工农五六个系都在其中[1]。同大学部各系一起设立的还有研究院,是与清华大学同负盛名的另一个部分。邵循正兄弟在大学毕业后分别进入清华研究院的历史和国际政治法部门进行专门研究。

入学初期,邵循正兄弟俩的生活起初还由家庭负担,但很快他们就以勤工俭学、半工半读的方式解决了。二人分别为《京报》撰文写诗,以稿费供自己生活的主要费用,而且为随后来京读大学的三弟循恰和大妹幼章提供了平时零用钱及买书报、文具的费用。邵循正才思敏捷,当时年不满二十,就为《京报》写了两年社论,每日一篇。邵循恪则是每日一诗,也是激情满怀,很有才气[2]。

为加紧控制清华大学,除在校名上冠以"国立"二字,表示由中央政府直接管辖外,南京国民政府于1928年8月17日,在取得美国驻华公使同意后,任命罗家伦为国立清华大学校长。9月18日,罗家伦穿着少将军服,来清华"宣誓"就职,声称"受命党国"来"长清华";接着,来校出席孙中山诞辰纪念会的国民政府权要人物白崇禧,更公开提出"此次罗校长来长清华,能使清华有希望,使清华党化,使诸君变为本党忠实的同志"[3]。而深受西化教育熏陶的罗家伦,入校后洋气十足,开茶话会还叫他夫人在门口与学生们一一握手。学生中大部分人对其如此西化的做派很不习惯,邵循正回忆说,第二天就有人在墙报上写了感想:"与校长夫人握手有触电之感。"[4]由于罗家伦进清华后在校内实行党化教育和他的个人专权作风,引起了具有自由主义精神的清华教师们的反感;在学生中所实施的党化统制的军事管理

---

[1] 清华大学校史编写组:《清华大学校史稿》,第三章,中华书局1981年版,第49页。
[2] 邵瑜:《心恒先生轶事》。
[3] 转引自《清华大学校史稿》,中华书局1981年版,第94~95页。
[4] 邵瑜:《心恒先生轶事》。

毛子水　姚从吾　钱　穆　郑天挺　向　达
雷海宗　张荫麟　吴　晗　**邵循正**　孙毓棠

和训练，也受到抵制和阻力；罗的市侩政客表现更令师生们鄙夷和厌恶，因而不到两年时间校内便掀起了"驱罗"运动。接着又发生两起"校长风波"，先是拒绝以晋系军阀阎锡山为背景的乔万选，后来又赶走蒋介石派来的吴南轩作为清华继任的校长。此后一度出现11个月无校长的局面，直到1931年底梅贻琦到任后，学校局势才趋于稳定。此后日寇侵华，学生爱国救亡运动汹涌澎湃，但到"七七"事变前学校建设发展仍得到长足的进步，因而这个阶段成为清华校史上的"黄金时代"。

从1926年秋到1933年秋的七年时间内，邵循正兄弟都在清华园内，虽经历多次学潮和学生爱国救亡运动，他们虽不能无动于衷，但却能抓紧时间，坚持学习，刻苦钻研，学习成绩都很优秀。在其大学期间，政治学系系主任先后为余日宣、吴之椿，教师先后有钱端升、浦薛风、王化成、胡道维以及美国人克尔文莱特等。1926年建系之初，教师少，课程不多，1928年后课程偏重于"公法"方面，其次为"政治思想"。邵循正主修国际法和国际关系，这对他以后改学中国近代史中的对外关系提供了有利的条件。大学毕业后，政治系增设政治学研究所，教师也陆续增多了①。他因考虑到各系研究所一般选一名学生出国留学，便改学历史，不与其弟争名额，当年即考入清华研究院历史研究所。这个研究所也在当年刚成立，其弟循恪则留在政治学系进入该系新设立的研究所攻读。

其间，1930年他两兄弟在政治系毕业后，因想找工作，曾去南京参加过一次文官的考试，但都没有被录取。他们兄弟在清华是有名的高材生，这种考试大概主要靠关系，成绩好坏无关紧要②。也幸亏没有考上，否则他们便不会再继续在清华读研究院了，也使中国少了两个杰出的史学和国际法的专家了。

从1930年至1933年，邵循正在历史研究所主要攻读中国近代史。当时蒋廷黻于1929年由罗家伦找他来担任历史系主任并讲授中国近代外交史，因而便自然地成为邵循正的专业导师。此外的教师有孔繁霱、刘崇鋐、雷海宗、陈寅恪（与中文系合聘）和白俄人噶邦福，多数是研究外国史和中国古代史的专家。

蒋廷黻对邵循正的才学很赏识。他想在清华组织一些青年学生分别进行各方面的专门研究，于是安排邵循正进行中法外交关系的研究。但蒋廷黻实际上不是一个真正为科学和教育事业献身的学者，而是一个别有用心的政客，在当时被人称为"政治历史家"③，一直为帝国主义侵华罪恶辩护和与国民政府头目蒋介石对外妥协政策相呼应。蒋廷黻在他所编辑的《近代中国外交史资料辑要》里宣称，"我的

---

① 清华大学校史编写组：《清华大学校史稿》，中华书局1981年版，第219～220页。
② 邵瑜：《心恒先生轶事》。
③ 清华大学校史编写组：《清华大学校史稿》，中华书局1981年版，第176页。

动机全在要历史化中国外交史、学术化中国外交史"[1]，而实际上他却把中国近代政治和外交史与中国政治现实与外交活动紧密挂钩。当时"九一八"事变刚发生，国难当头，蒋廷黻于1931年10月即在《清华学报》第6卷第3期发表《琦善与鸦片战争》一文，竭力赞扬琦善对英国侵略妥协求和，贬低林则徐坚决抗英的爱国行动，支持蒋介石对外来侵略的不抵抗主义。此后蒋廷黻与胡适等创办《独立评论》，鼓吹"现代化的战争需要有长期准备"，反对中国共产党和中国人民要求抵抗日本侵略的主张，赞同蒋介石"抗日必先剿共"、"安内始能攘外"的谬论，因此获得蒋介石的注意和赏识，并于1933年夏约他到牯岭会晤。自此时起到1934年初短短半年间，蒋介石与蒋廷黻单独谈话达四次之多。这年7月蒋廷黻又奉蒋介石之命赴欧洲考察，先后到苏联、英、德等国窥探这些国家的意向，1935年9月回国，两月后即被任命为行政院政务处处长，此后便离开清华，成为蒋介石的御用文人、外交上的代言人，1936年10月出任驻苏大使，1938年初离职返国，当年5月又出任行政院政务处长，直至抗战胜利后被任命为国民党政府常驻联合国首席代表，后来成为台湾国民党驻美"大使"，1965年退休病死[2]。

蒋廷黻1930年代初高唱对日妥协投降外交主张之时，邵循正正在他的"指导"之下准备和撰写研究生毕业论文《中法越南关系始末》，但邵循正并没有接受蒋廷黻那套危害中国国家和中华民族利益的极端错误的政治观点，而是根据大量中外的原始资料，按照历史事实真相秉笔直书，有力地揭露了法国对华办理交涉的人员为了达到其政府侵略越南和中国的目的，不惜采用各种卑劣手法来骗取缺乏国际外交经验的中方官员承认既成的事实，并从国际公法的角度驳斥了法国官员为其侵略中国和侵占越南进行辩护的谬论。

值得一提的是这篇论文定稿之前，邵循正曾多次拜访和请教当时住在北京的中法战争亲历者和见证人陈宝琛老人。邵循正的祖父邵积诚的姻亲陈宝琛在1884年甲申中法战争爆发时，曾被清政府授命为南洋会办大臣，参与中法交涉，亲身见闻了有关事件，熟悉朝廷内外各种关系，并关心时局之进展，是当时极为难得的仅存的"活材料"。因而邵循正认为陈宝琛的经历和见闻也是第一手的原始资料，所以特地数次走访求益，以验证和补充论文的内容，这表明了邵循正求真务实做学问的精神。当时陈宝琛已88岁高龄，他的孙子陈絜（矩孙）正在燕京大学求学。陈絜记叙此事说，老人"穷一日之功，读完全稿"，随后因病卧床，"循正兄来视疾，遂在

---

[1] 蒋廷黻编：《近代中国外交史资料辑要》，上卷，《自序》，商务印书馆版1931年版。
[2] 蒋廷黻的言论和经历见《蒋廷黻选集》，台湾传记文学出版社1971年版。

病榻前言谈甚久,自是两日,老人怅触前尘,说甲申往事,不绝于口……循正兄时来问业,一年而稿成"①。邵循正以后对女儿说起此事时,认为请教陈宝琛老人"大有帮助"②。

《中法越南关系始末》全文约20万字,内容包括"绪论"和八章正文。"绪论"分上、中、下,分别介绍法、中、越三方的历史背景。第一章法国之观望时期(1874~1879);第二章中法之和平交涉;第三章中法之明交暗战;第四章中法之乍和乍战;第五章海疆之骚扰(包含侵扰闽台、基隆之战、马江之役等);第六章北圻战争之再起;第七章各国之调停;第八章巴黎和约。正文末附中外(法、英)文举要和索引。作为研究生的毕业论文,这是个鸿篇巨著,也是这个领域学术研究的力作,在论文答辩会通过后即由清华大学研究院毕业论文丛刊以单行本印行,成为邵循正成名之作,至今仍为学术界所推崇。2000年河北教育出版社以其列入"二十世纪中国史学名著"重新出版,2002年进行第二次印刷。

邵循正在清华大学和研究院七年期间勤奋求学、安分守己,他在政治上不是一个活跃人物,但是非分明,富有正义感。在北洋政府统治、国共合作时期,曾有一次军警于夜晚按"黑名单"入校内宿舍抓革命学生,邵循正他们事先获知消息,赶紧凑钱掩护同宿舍一位不同系的革命学生邢必信及其同在"黑名单"上的未婚妻事先逃走,新中国成立后到20世纪60年代初才确知他俩都是共产党员。在罗家伦来后的几次赶校长学潮中,邵循正也都是持同情态度的,但他和任何党派没有接触,没有任何政治色彩。

1934年初,邵循正由清华选派去欧洲留学深造,目的是为了学习蒙古史,因清华历史系需要开这门课程。他胞弟循恪也以优秀成绩毕业,被选派到美国留学,攻读国际法。两兄弟同由上海乘轮船分赴欧、美,父母特地从福州到上海为他俩送行。同胞两兄弟同时都以公费出国留学深造很是难得,一时传为佳话。

蒙古史是一种国际性的专门学问,它需要通晓多种语言,邵循正当时已掌握中、英、法、俄四种语言。他到欧洲第一年在法国巴黎法兰西学院东方语言学院,师从法国汉学家伯希和,但其间伯希和到中国来了相当一段时间,邵循正主要是按伯希和订的计划,自己看书、学习、做研究。蒙古史涉及的范围广泛,他选修了波斯文、意大利文,又很快地学会了用西欧比较语言学对音的方法研究西亚历史、蒙古历史,并迅速掌握了古波斯文,这使伯希和深为惊讶和赞叹。"伯氏曾在中国学

---

① 陈矩孙1984年10月致戴学稷信,转引自戴学稷:《永远怀念的师表——纪念邵循正先生百年诞辰》,见戴学稷、徐如:《邵循正先生百年诞辰纪念文集》,福建社会科学院出版社2009年版,第129~130页。

② 邵瑜:《心恒先生轶事》。

人面前"对邵循正"学业精进赞誉不置",所以在邵循正"返国前已蜚声国内学术界"①。在巴黎,邵循正遇到好几位到法国学习的中国留学生,包括研究历史的韩儒林、王重民等,其中韩儒林也是跟伯希和学蒙古史的,是他的同行,以后长期在南京大学任教并担任历史系主任("文化大革命"前夕曾被国家教育部任命为内蒙古大学副校长,到任后不久,又被造反派"勒令"回南大接受"批斗")。韩儒林后来对来南大工作的邵循正在北大指导过的在职研究生蔡少卿说:"你的老师绝顶聪明,伯希和教我们对音研究法,他一下就掌握了。他的波斯文也学得很好,英、法文尤其熟练,还懂得其他多种文字。"②次年(1935年),邵循正又转入德国柏林大学继续研究,查找蒙古史有关资料,并学习德文。由于忙于学习和埋头研究,他很少出外游览观光,仅仅逛了一趟柏林动物园。在柏林期间,他经常同生物学家后来也在西南联大任教解放后被选为中国科学院学部委员(院士)的李继侗在一起。

邵循正是位认真做学问的学者,不重视学位与头衔。在欧洲留学了两年,他掌握了研究蒙古史的基本资料与方法,于1936年夏回国,并不在乎许多人都追求的博士学衔。到了北京,他开始在清华大学任教,被聘为讲师,在历史系从事蒙古史、元史和中国近代史等课程的教学与科学研究。回国当年,他就发表了两篇研究蒙古史的学术论文:《有明初叶与帖木儿帝国之关系》(清华大学《社会科学》第2卷第1期,1936年10月)、《〈元史〉剌失德丁〈集史·蒙古帝室世系〉所记世祖后妃考》(《清华学报》,1936年11月4日)③。

在邵循正留欧期间,1935年11月,他的母亲得了癌症,从福州老家到北平协和医院治病,并把最小的两个弟弟和一个小妹妹都带来了,主要依靠他刚从燕京大学毕业在香山慈幼院工作的大妹幼章照料。邵循正回来后便负担起全家大部分人的生活,在西单盔头作租房子一起住。母亲的病好了,便为邵循正操办婚事。这宗婚事由双方家长以半包办半自由的方式进行(实际由双方家长做主),对方郑家原籍也是福州的,上一代就有姻亲关系。双方先相亲,确定了就订婚,通过邵循正的信由女方父亲看过和口授回信近一年,使相互有所了解,而于1937年4月举行婚礼。这时邵循正27周岁半,新娘郑逊比他小两岁,曾就读于上海中西女校,是一位娴静的知书达礼的知识女性,熟谙英文并精于女红和家政,以后伴随着邵循正一生,相濡以

---

① 参见张寄谦:《邵循正学术成就探源》,载《近代史研究》1994年第6期;方龄贵:《记邵循正先生》,原载《学林往事》,2000年版;戴学稷、徐如:《邵循正先生百年诞辰纪念文集》,福建社会科学院出版社2009年版,第75页。

② 蔡少卿:《我研究中国近代史和秘密社会的的历程——纪念恩师邵循正先生对我的指导和关怀》,见《邵循正先生百年诞辰纪念文集》,福建社会科学院出版社2009年版,第168页。

③ 据《邵循正历史论文集》,北京大学出版社1985年版。第二篇所引出处疑有误。

沫,甘苦与共,对邵循正的生活和事业帮助很大,尤其在邵循正晚年患病期间更是照顾得无微不至。邵夫人于1992年9月1日在京逝世,终年82岁。

邵循正的婚礼简单而隆重,1937年4月底在北平欧美同学会举行,由双方家长主婚,证婚人是清华大学校长梅贻琦,司仪叶公超,伴郎王信忠,他们都是清华的教师和学友,伴娘是新娘的七妹,由叶公超的女儿充花童,是个纯西式的礼仪。此前邵循正的三弟循怡已留美学成归来,出席了他的婚礼宴席①。

婚后才两个多月就爆发了"七七"事变,北平岌岌可危,人心惶惶。清华南迁时,邵循正与清华师生分别自海路和陆路赶往长沙,接着又迁云南,经历了长途跋涉,最后在昆明西南联大度过八年岁月,直到抗战胜利后一年始复员回北平。

三、随清华南迁在西南联大的教学科研生活与赴英、比等国讲学访问(1937~1946)

抗战爆发后,1937年8月南京国民政府决定平津三所高校北大、清华、南开南迁,到湖南长沙组建临时大学,以三校校长蒋梦麟、梅贻琦、张伯苓为临大筹委会常委。消息传出,三校的师生纷纷设法逃离已沦陷的平、津,分别由铁路或海上南撤。邵循正带着新婚三个月的妻子郑逊想先到天津再从海路南行。往天津的火车上挤满了人,水泄不通,走走停停,一天一夜才到了天津。他们意识到,如此逃难般地撤退,路途漫长,困难很多,便临时决定:郑逊留下回北平娘家居住,邵循正一人随学校大队人马由天津往湖南,等生活安顿好了再回来接她。邵循正一路辗转换乘到达长沙,因校舍不够,包括历史系在内的文学院各系借用湘南衡山的一所圣经书院(中学)上课,他随着赶到那里。这所以文学院师生为主的临大分校坐落在南岳衡山的半山腰,环境倒很幽静,于当年11月19日开学。他们在这里只上了两个月课,随后因南京失陷、武汉告急,1938年1月20日南岳分校结束,文学院师生迁返长沙,长沙临大决定西迁至昆明。全校近千名师生于1938年2月中旬分水、陆两路出发。水路一大批人员约500人包括女同学和身体较差的师生由粤汉铁路南下到广州,经香港乘船到越南海防转乘滇越铁路火车至昆明;陆路则由200多名师生组成旅行团,分成两个大队三个中队,实行军事化管理,由11名教师即闻一多、曾昭抡、黄

---

① 邵瑜:《心恒先生轶事》。

钰生、李继侗、袁复礼、许继通、李嘉言、王钟山、毛应斗、郭海峰、吴征镒组成辅导团同行。他们徒步穿越湘黔滇三省，行程1671公里，前赴昆明。邵循正体质较弱，跟随大队人马走的是水路。走陆路的湘黔滇步行团，一路上克服了许多困难，带着一身的风尘与疲劳，历时68天，实际行程1663.6公里，于4月28日到达昆明①，完成了中国近现代史上有着特殊意义的"文化长征"，途中的经历与所见所闻，收获丰富。而南下广州走水路的大批人马，在广州和香港因候车等船耽搁多日，也于4月方抵海防，换乘滇越铁路火车到达昆明，途中也是历尽艰辛，经受磨炼。另外有十余名教师包括陈岱孙、冯友兰、朱自清、钱穆、郑昕等则是从长沙乘车经桂林、柳州、南宁，由镇南关（今友谊关）进入越南河内转乘滇越铁路火车赴滇的，他们于3月中旬就抵达了昆明②。

到云南后校本部设在昆明，理工二学院都在昆明上课，文、法二学院初期在离昆明东南300多公里的蒙自县，所以邵循正先是在蒙自分校进行教学的。

日寇的大肆侵华迫使中国文化教育单位向西南大迁徙。由北大、清华、南开三校组建的长沙临时大学1938年4月迁到昆明后，正式定名为国立西南联合大学。学校在两次向南迁移的过程中物质上受到重大损失，但不断的搬迁折腾却使三校的师生得到精神上的大丰收。邵循正作为一名清华的青年教师经历了其中的全部过程，他在精神上的收获同样是丰富的，磨砺了意志，增强了仇恨侵略者和爱国主义观念。他的女儿对此写道："父亲随学校从天津去了山东，然后由陆路去湖南，在长沙临时大学工作了半年，又从长沙往西南走，1938年到达昆明……一路上时而上课，时而走路，除了行李还带着书，颠沛流离，还夹着跑警报、躲轰炸。"她体会到"父亲这次从北京到昆明，历时一年多，跋山涉水，大概把祖先两次搬迁的艰辛（指邵氏家族于唐末自北方迁河南、宋明时又南迁经江西到福州的两三次大迁徙）都体验到了"③。

1938年5月初西南联大正式开学上课，开始了紧张的战时教学，蒙自分校的文、法学院各系也于5月5日开始上课，7月31日开始学期考试，8月初放暑假，实际上只上了三个月课，然后就全部搬到昆明，与校本部及所有院系一起，一直到抗战胜利后1946年复员北迁，前后八年。

日寇侵华战争在不断扩张，西南联大在炮火纷飞、血腥遍野的神州大地上要寻到一片安静的土地为国育才也不容易，即使在远离战线前沿的祖国的大西南昆明，

---

① 西南联合大学北京校友会编：《国立西南联合大学校史》，北京大学出版社1996年版，第488页。
② 以上参阅《国立西南联合大学校史》，北京大学出版社1996年版，第25~31页；赵新林、张国龙：《西南联大：战火的洗礼》，上海教育出版社2000年版，第20~28页。
③ 引自邵瑜的回忆文章《心恒先生轶事》。

毛子水　姚从吾　钱　穆　郑天挺　向　达
雷海宗　张荫麟　吴　晗　**邵循正**　孙毓棠

从1938年9月以后便不断遭到敌机的频繁轰炸和侵扰，加上战时物资供应紧张，设备和物质条件简陋，特别是科学仪器和图书资料奇缺，给教学和科学研究工作增加了诸多困难，然而西南联大却坦然面对这些严酷的现实，艰苦奋斗，为国家培养了大量的优秀人才。在这种环境中，全校师生更加勤奋地工作和学习，为祖国的文化科教事业做出了突出的贡献。

联大的历史学系主要由北大和清华两校的历史系合并而成（南开在战前未专设历史系），系主任由刘崇鋐、雷海宗先后轮流担任，教授先后有姚从吾、郑天挺、毛准、钱穆、向达、皮名举、傅斯年、刘崇鋐、雷海宗、噶邦福（白俄人）、王信忠、邵循正、张荫麟、吴晗、孙毓棠、王庸、蔡维藩、陈寅恪（兼任中文系）等十七八名。其中陈寅恪、钱穆、张荫麟、皮名举等离开得早，傅斯年并未在历史系开课，有时候有人请假外出，实际上平时在系的教师仅包括邵循正在内约十名教授。

邵循正1936年回国时清华聘任他为讲师，两年后西南联大成立刚一年即1939年6月，清华第二次聘委会即通过聘任他为教授①，时年尚不满三十周岁，在系里是比较年轻的教授，与过去他的许多老师、前辈成为同事。

在联大时期，邵循正先后在历史系开讲了不少门课程，其中必修课有中国近代史（每周6学时）、断代史——元史（6学时），选修课有专门史——中国近代外交史（6学时）、史学名著选读——西方学者中国史地论文选读（6学时）、波斯文西域史料选读（2学时）、专史研究——蒙古史研究（4~6学时）②。

这里要提到的是邵循正参加抗战史料的征辑工作的事。这项工作是为现代史及时保存积累原始资料提供学术研究并揭露敌寇侵略暴行罪证的一件极有意义的事。据报道，1939年元旦，即"七七"事变后一年多，在各方有识之士的建议下，西迁的国立北平图书馆和西南联大就在昆明联合成立了全国性的征辑抗战史料的机构"中日战事史料征辑会"，由该馆副馆长袁同礼、西南联大文学院院长冯友兰担任正副主席，傅斯年、顾颉刚、刘崇鋐、姚从吾、陈寅恪、钱端升六人为委员，另有一些联大教授学者分别担任中、英、法、德、俄、日等文字的编辑，其中有郑天挺、钱穆、叶公超、蔡文侯、雷海宗、吴达元、邵循正、刘泽宗、皮名举、冯文潜、王信忠、傅恩龄等，他们多为历史、外语等系教授，另有工作人员10名，负责中文、日文和西文采访、资料整理编纂。北平图书馆方面负采访搜集之责，西南联大方面则负整理编纂之责，经费则由两家分担。

---

① 清华大学校史研究室编：《清华大学史料选编》第三卷（上），清华大学出版社1991年版，第59页。
② 西南联合大学北京校友会编：《国立西南联合大学校史》，北京大学出版社1996年版，第150~152页。

抗战史料征辑的内容很是广泛，"不仅限于战事，即政治、经济、交通、教育各方面亦均注意，采访之范围不限于本国，即敌国以及中立国之出版品，凡与此次战事有关者亦均搜集"。在短短四个月内共采访、订购、征集到中文、日文及西文书籍、报刊2193种。他们把这些搜集到的资料编辑为《中日战事大事日记》、《大事日历长篇》、《每日战况详表》、《战局转移地图》、《中日战事简明一览表》、《新出战事书籍提要》等和《中日战争纪事长篇》、《暴日侵华与国际舆论》（第一辑）、《战时中国国际关系史料汇编》、《西文中日关系书目》、《中日关系汇编》。其中所编部分史料还上溯至"九一八"事变，史料特别重视中共领导的抗战游击队及西北战况等，真实地反映出抗战中的有价值的史料，成果颇为可观①。

邵循正参与了这项资料征辑工作，编辑其中他擅长的较为熟悉的有关工作，表现了他作为一个正直的知识分子的爱国热忱和一名执著的史学工作者的责任感。

科学研究方面，邵循正继他回国之初即1936年下半年发表两篇关于蒙古史的论文后，虽经一年内两次迁校千里奔波，仍对蒙古史的研究锲而不舍，怀有深厚的兴趣。前述他所讲授的课程基本属于两大范畴：蒙元史和中国近代史。他的学生回忆，在西南联大期间，"值得注意的是：（邵师）凡所著述或所作学术讲演，竟全然是蒙元史方面的"②。在著述中特别应当提到的是他对布劳舍（E.Blochet）刊本剌失德丁（亦译作拉施特）《史集》的翻译笺释。这是一项大工程，不仅需要有深厚的功底，而且还得耗费大量的精力和时间。邵循正想将《史集》全书进行译释，原先曾译出的《部族志》手稿已丢失，在联大时着手译出其中《忽必烈汗纪》部分，成《剌失德丁〈史集·忽必烈汗纪〉译释（上）》（后在1947年《清华学报》第14卷第1期发表）。"此文虽仅完成上部，为未竟之稿，但译释中纠正了布劳舍书中的某些失误，并多所创获"③。其实此文的下部和《史集》中的《蒙哥汗纪》和《铁木耳合罕本纪》等，邵循正也进行了译释，但都未完成，只留下"残稿"（后于1985年都编入北京大学出版社出版的《邵循正历史论文集》中）。

邵循正在联大除讲课外还应校中一些学术团体之邀作过多次学术讲演，其中有的由本人或其学生记录整理成文，有的发表在1940年代国内某些报刊上，有的以后发现收辑于1985年出版的《邵循正历史论文集》，如《元代的文学与社会》、《释

---

① 王勇则：《七七事变后中国史学界的一次全国性抗战行动》，由王汝丰教授提供。
② 方龄贵：《记邵循正先生》，见戴学稷、徐如：《邵循正先生百年诞辰纪念文集》，福建社会科学院出版社2009年版，第73页。
③ 方龄贵：《记邵循正先生》，见戴学稷、徐如：《邵循正先生百年诞辰纪念文集》，福建社会科学院出版社2009年版，第73页。据方云说，他"曾获读原稿"，并指出此稿"后在1947年《清华学报》第14卷第1期发表"，但北大出版社1985年收入此文时标其出处"原载《清华学报》1936年11月4日"，似不确。

Narigai、Nacigai》、《语言与历史——附论〈马可波罗游记〉的史料价值》等篇。前一篇说明文学与历史的关系,以元曲为例,强调文学作品的时代性,"希望读历史的人对以往文学作品应了解其时代性,利用它作活的史料看"①。后两篇都是评论著名的《马可波罗游记》的,尤其最后一篇是他利用在联大学术讲演讲述他研究中的深刻体会,根据蒙古语和西亚的一些语言如波斯文、突厥语的原文与元代汉语、汉语读音的对音,举出实例,指出《游记》的错误,很有说服力,借以说明语言学对史料利用和史料评价特别是具有国际性的学术研究如蒙古史研究的重要性,因而"甚得好评","从语言与历史的关系上,对一个久悬未决的问题,做出了明确的论断……为众所推服"②。

在联大,邵循正将主要精力倾注于蒙古史的研究和讲解上并获得卓著效果。邵循正在联大指导过的研究生,以后长期在高校从事蒙元史教学与研究,也成为著名的蒙元史和民族史的专家方龄贵(1918~)对邵循正所以能对蒙古史做出突出的成就,认为关键在于他"熟谙中西有关典籍,尤邃于语言对音之学,掌握了英语、法语、德语、日语、突厥语,通晓蒙古文、波斯文、女真文、满文,故而得心应手,运用自如,视野广阔,登高望远;对蒙元史研究,每多发覆探微,匡误正失,提出一些新观点、新看法,类为前人所未及,受到学术界的重视"③。这在当时邵循正为联大历史系学生讲授蒙古史研究、元史、西方学者对中国史地之研究等课程中都有充分的体现④。另一位在西南联大后期入学,以后长期在北京大学历史系任教,对邵循正的学术事业研究有素的张寄谦教授也评论说:"邵循正在蒙古史的研究中,能直接把蒙古史研究资料(《元朝秘史》)、波斯文资料(剌失德丁《史集》)与汉文资料(《元史》)和法、德、英等欧西诸国学者的研究成果糅合参证,旁征博引,融合贯通,得心应手,这是许多中外前人,甚至当代研究者所未能具有的功力。"张寄谦教授指出,在抗日战争时期,位于西南边陲昆明的"西南联合大学进行蒙古史研究是缺乏条件的,但他还是努力写作……"⑤

邵循正在联大令人印象尤深的一次学术讲演是"元遗山与耶律楚材"。作为听众的方龄贵记述道:"那是在联大借用昆华中学北院的一间大教室里进行的。我本来已

---

① 《邵循正历史论文集》,北京大学出版社1985年版,第105页。
② 西南联合大学北京校友会编:《国立西南联合大学校史》,北京大学出版社1996年版,第149页;方龄贵:《记邵循正先生》,见戴学稷、徐如:《邵循正先生百年诞辰纪念文集》,福建社会科学院出版社2009年版,第71页。
③ 方龄贵:《记邵循正先生》,见戴学稷、徐如:《邵循正先生百年诞辰纪念文集》,福建社会科学院出版社2009年版,第69页。
④ 方龄贵:《记邵循正先生》,见戴学稷、徐如:《邵循正先生百年诞辰纪念文集》,福建社会科学院出版社2009年版,第69页,并见孔令仁:《追忆恩师邵循正》,见戴学稷、徐如:《邵循正先生百年诞辰纪念文集》,第43页,福建社会科学院出版社2009年版。
⑤ 张寄谦:《二十世纪中国史学名著:邵循正著〈中法越南关系始末〉前言》,河北教育出版社2000年版。

作了笔录的准备，不料中途停电，教室里一片漆黑，过了一刻电还不来，邵师只好摸着黑讲下去，娓娓道来，依然讲得有声有色，条理井然，直到讲演近结束时，电灯才又亮了起来，听讲的师生为之动容，赞叹不已。但一次十分精彩的讲演，却因此未能笔录整理传世。"①虽然如此，这次"邵循正摸黑讲元史"的动人故事却在学术界盛传开来，到新中国成立后1950年代的清华、北大历史系学生中都耳熟能详。一位新中国成立初先后在清华、北大学习，毕业后留在北大历史系工作过的学者根据他在校听说的补充了一些具体情节说，当时联大的许多知名教授如姚从吾、毛子水、吴宓等都到场听讲，当停电时，邵循正"即脱离讲稿，摸黑继续讲下去，而且仍然旁征博引，仿佛还在看着讲稿讲，且内容无甚遗漏。当快讲完时，电灯复亮，全场掌声雷动。主持讲座的罗常培先生即席赋诗一首，盛赞邵先生的才华"②。

　　1938年夏，联大文、法学院自蒙自迁到昆明。生活稍为安定了，于是有家人还留在北方的教师纷纷返去接眷属。这年暑期，邵循正与要去上海的福建同乡又是同系教授郑天挺一路同行，8月23日由昆明出发，乘火车到海防坐海轮先到香港再换船北上，到上海已是9月10日，途中花了19天时间。而邵循正还须在上海候船继续北上，等到9月21日才搭上"顺天"号轮船赴天津转车至北平，仅单程路上就用了一个多月③。到北平后邵循正也不能多停留，便偕同妻子匆匆到天津再乘船南行。

　　他们在天津乘上的是艘法国船，直到海防，但经香港时要停留几天补给养。上船时日本宪兵查得很严，邵氏夫妇着装考究，邵循正西装笔挺，夫人也穿了很讲究的衣服，随身带了一条狗，装扮成法国洋行的雇员，还不时与法国船长用法语交谈，日本兵就不多查问而顺利成行了。船停靠香港时，他们曾上岸购物访友，到海防住旅馆时，邵夫人郑逊夜间摸黑下楼不慎摔了一跤，晕倒在地，后苏醒，幸无大碍。随后他们即乘火车赶往昆明回联大。邵循正接来妻子后在昆明原唐继尧的"唐家花园"的花房租借房子住，由妻子自己做饭，单独立户，经常自制糕点接待联大的同事友好，其中常客多是单身汉，如王宪钧、徐毓枬、许宝騄、龚祥瑞、吴晗等。昆明四季如春，号称"春城"，花木繁盛，邵循在紧张的教学和学术研究之余，得以与妻子相伴到公园赏花观景，调剂一下生活。但邵夫人原有十二指肠溃疡，在昆明住了一年后胃病大犯。昆明当时医疗条件很差，1940年夏，邵循正送她到海防上船北返，因开学上课在即，也无法陪她一路同行，幸而途中平安，顺利回

---

① 方龄贵：《记邵循正先生》，见戴学稷、徐如：《邵循正先生百年诞辰纪念文集》，福建社会科学院出版社2009年版，第75页。
② 周承恩：《我所了解的邵循正先生》，《百年潮》2010年第5期，原载戴学稷、徐如：《邵循正先生百年诞辰纪念文集》，福建社会科学院出版社2009年版。
③ 郑克晟：《忆邵循正师与郑天挺先生》，系根据其父郑天挺日记转录而成。

到北平。邵循正原拟于一年后接她再去昆明，但因日本发动太平洋战争，水路也断了而未能实现，从此两人一别七年。送走了妻子，邵循正退了花房的房子，而与留美回国后原在武汉大学任教这时也在联大清华政治系当教授的二弟邵循恪搬到一家关闭了的剧院同住一起[1]，以便生活上互相照顾。

邵循恪1934年赴美留学，获芝加哥大学博士学位。学成归国后正是抗战初期，敌机疯狂轰炸，使其深受刺激，常有被炸后民众惨状幻觉，但不影响正常教学，讲课很受学生欢迎，在联大政治学系中他是与张奚若、钱端升等"给学生印象最深的几位教授"之一。《国立西南联合大学校史》中有一段关于他的简况介绍，说"他在西南联大政治学系开过中国外交史、中国近代外交史两门必修课程，也给研究生开过国际公法判例、国际与殖民行政等专题课。他在讲授100多年来帝国主义武装侵略、清政府极端腐败及处理外交事务的极端无知与无能等历史时，回顾了中华民族遭受的命运，激发了学生对帝国主义的憎恨，对祖国未来的深切关心。这门课程不仅传授了历史知识，而且渗透着强烈的爱国主义精神"[2]。

西南联大教授们的生活都很清苦，住房或宿舍很简陋。一位当时联大的研究生追忆说："时邵师住昆明北门街唐家花园内剧场改造的宿舍……所谓的宿舍，其实不过把剧场两厢的包厢看台用木板分隔成单间就是了。不过这个剧场隔成的宿舍，倒真堪称群星灿烂之所。记得在这里住过的名教授，除邵师和他的令弟邵循恪外，还有大名鼎鼎的朱自清、陈岱孙、李继侗、陈省身、金岳霖、陈福田、王宪钧、沈同，以及美籍教授温德、英籍教授白英、德籍教授米士。"[3]据一位去过邵循正住处的女学生回忆："原来他的住房是在园子里旧戏楼舞台后面的一间小阁楼上，楼道漆黑，楼梯又窄又陡，走起来支呦支呦地响……这真是一间斗室。""下楼的那一刻，我感到一阵心酸。其实当时教师们的生活很坏已是人所共知的事实。但若非亲见，就没有这么深切的感触。"[4]从邵循正的宿舍来看，就可知联大教授们的一般情况了。

在联大前期，邵循正基本上不参加政治活动和有关的群众集会。他对国民党没有好感，对共产党未接触而缺乏了解。他在相当长一段时间内担任教授会的书记，保持着无党派不左不右的中间立场，但对国家的前途和命运深为关切，也敢于表明自己的政治立场。有一次在驻昆明邱清泉部的军官与联大教授座谈时事会上，他在

---

[1] 本节事实根据邵瑜《心恒先生轶事》、郑克晟《忆邵循正师与郑天挺先生》。
[2] 《国立西南联合大学校史》，北京大学出版社1996年版，第276～278页。
[3] 方龄贵：《记邵循正先生》，见戴学稷、徐如：《邵循正先生百年诞辰纪念文集》，福建社会科学院出版社2009年版，第69页。
[4] 孔令仁：《追忆恩师邵循正》，见戴学稷、徐如：《邵循正先生百年诞辰纪念文集》，福建社会科学院出版社2009年版，第43～44页。

发言中主张国共联合、共同抗日①。抗战后期，当全国战场上我国与敌寇由相持阶段进入全国反攻阶段，在重庆的国民党政府当局为争夺胜利果实，加紧了对蒋统区的反动统治，但在云南，由于是属于龙云地方派系势力所掌握，由龙云任省长的地方当局政治态度比较开明，仍保持原先相当宽松的政治环境，民主气氛也较为浓厚，一些民主党派进步人士，其中如联大教授闻一多、吴晗等经常参加爱国学生的群众集会，宣传民主主张，反对专制独裁政治，深受学生们爱戴。邵循正与吴晗是清华的前后同学，但那时二人很少接触，1940年吴晗到联大任历史系教授后二人在同系教书成为同事，才逐渐熟悉起来而成为知交。吴晗的思想主张和积极行动对他产生了一定的影响。另一方面在大环境上，自皖南事变后国民党政府的所作所为，也促使他和联大的许多教授思想有了不小的变化。他们目睹当局在政治上独裁专制，贪污腐化，特务横行，经济上，不少国民党官僚大发国难财，物价暴涨，民不聊生，尤其是国军在前线上屡战屡败，纷纷溃退，大片国土沦丧，山河破碎。这一切使他们忧心如焚，对政府当局失去信心。在这种情况下，邵循正开始走出了书斋和讲堂，参加了一些议论时局的政治性集会。

此前，随着日军向印度支那半岛扩张，东南亚形势严峻，直接影响到中国的云南地区。1942年6月，邵循正曾应昆明广播电台之邀，作"中国与越南"的学术讲座。

1943年12月25日，被国民党政府命名为"民族复兴节"（纪念蒋介石西安事变返回南京），放假一天，"下午，国民党联大区党部举行时事座谈会，陈雪屏主持，发言者有周炳琳、蔡维藩、邵循正、孙毓棠、雷海宗等"②。各人发言内容不详，但这几位发言者都是联大有名的教授，分属于经济系、历史系和师院史地系，这也是作为联大校史中第四编近百页的《西南联合大学大事记》中第一次记录邵循正参加此类集会并发表意见。

1944年5月，为纪念"五四"运动25周年，联大校园内出现了新的爱国民主运动热潮，掀开了历史新的一页。3日晚，历史学会举办晚会，闻讯而来的达数百人，教室窗外都站满了人，大雨淋湿了衣服也不肯离去。应邀发言的教授有张奚若、周炳琳、闻一多、雷海宗、沈有鼎、吴晗等，"同学们也慷慨激昂，纷纷发言，表达了对时局的焦虑和对现状的不满"，"会场气氛之热烈，情绪之激动，热情之高涨，为几年来所未见"③。5月4日，校园里更是热闹异常，"民主墙"上壁报琳琅满目。上午新校舍举行国民月会，请周炳琳教授作"五四"运动的专题讲演，下午举行春

---

① 邵瑜：《心恒先生轶事》。
② 南联合大学北京校友会编：《国立西南联合大学校史》，北京大学出版社1996年版，第534页。
③ 南联合大学北京校友会编：《国立西南联合大学校史》，北京大学出版社1996年版，第450~451页。

史学大家的风范
毛子水　姚从吾　钱　穆　郑天挺　向　达
雷海宗　张荫麟　吴　晗　**邵循正**　孙毓棠

季运动会，晚上有营火会和文艺晚会。晚会邀请联大国文系的多位名教授讲演，因到会人数太多会场容纳不了，几经周折，改于5月8日晚增加讲题和主讲人，在图书馆前草坪上举行，当时盛况空前，参加者达3000多人，连不少外校的学生和市民也踊跃前来听讲。

历史学会举办的纪念"五四"晚会与国文学会主持的文艺晚会演讲会，大大激起了联大师生的爱国民主热潮。从此，民主运动更加高涨，师生们联合起来共同战斗，终于迎来了抗战胜利前及其后出现的新局面。

身在联大校园中，邵循正自然深受感染。不久，抗战七周年来到，就在7月7日晚间，由联大壁报协会联合云南大学、中法大学、英语专科学校三校的学生自治会在云大至公堂共同举办"纪念抗战七周年"时事座谈会。云南大学校长熊庆来首先代表本校致词，随后邵循正、蔡维藩、潘光旦、闻一多、吴晗、罗隆基等人和云大的一些教授先后发言。他们分别从政治、军事、经济、文教等方面检讨抗战七年来的种种情况，然后转入政治问题的讨论。这次座谈会实际是大规模的时事和政局的讨论会，参加人数达两千多，"是皖南事变以来，昆明市大学生的第一次大规模的联合集会"[①]。而就在这一年（1944年），邵循正在《中央日报》发表了一篇"星期论文"，题为《论觇国》，从国际局势及日本政治、经济、军事、民心向背等方面进行分析，认为日本已出现了必败的前兆[②]。这是他在昆明写的难得一见的惟一一篇政论性文章。联系到一两年前他在与郑天挺等诸多教授的聚餐会上众人多猜测可能在1944年某个时候，惟有他预测到可能于1945年10月左右抗战取得最后胜利一事[③]，说明他所以能有这些看法不是偶然的，而是有可靠客观依据的。

此后，昆明市的各大专院校师生进一步联合和组织起来，并与云南各界人士和团体共同发起在12月25日举行纪念云南护国起义29周年大会。参加者数千人，会后举行盛大的游行，一路高呼"废除一党专政！""组织民主的联合政府！"有些市民和行人也加入到游行的行列。

进入1945年，世界反法西斯战争临近尾声，我国的抗日战争也显现出胜利的曙光，联大的学生们更加关心国内外时局的进展，基督教女青年会从3月7日起，每晚举办国际问题系统讲演，先后应邀担任主讲人者有曾昭抡、刘崇铉、王赣愚、雷海宗、蔡维藩、伍启元、邵循正、冯至、孙毓棠、吴晗等[④]。此时，邵循正作为中国近

---
① 西南联合大学北京校友会编：《国立西南联合大学校史》，北京大学出版社1996年版，第454页。
② 方龄贵：《记邵循正先生》，见戴学稷、徐如：《邵循正先生百年诞辰纪念文集》，福建社会科学院出版社2009年版，第76页。
③ 郑克晟：《忆邵循正师与郑天挺先生》。
④ 西南联合大学北京校友会编：《国立西南联合大学校史》，北京大学出版社1996年版，第545页。

代对外关系史专家,已把历史研究与现实政治、外交关系密切联系起来了。

西南联大历史系1943级毕业合影(前排右第二人为邵循正先生,时为该系教授)

1945年8月15日,日本天皇正式宣布无条件投降,抗战胜利了,举国欢腾。正当邵循正准备与师生们动身返回北平时,却收到英国大英文化委员会的邀请和聘书,邀请他到牛津大学为访问教授讲学一年,同时被邀请聘任的有同校的孙毓棠、洪谦、沈有鼎。8月23日,经教育部核准,他们一行四人赴英[①],这也是西南联大结束前的一件盛事。邵循正与孙、洪、沈分属于历史系、师院史地系、外文、哲学等系,四人年龄相仿,均出生于20世纪头十年,其中最年少者为孙毓棠才34岁,年稍长者为沈有鼎也不过37岁,都属于未及"不惑"之年的年轻教授,不仅学有专长,而且已在大学里任教多年,在国内外享有盛誉。

邵循正一行四人赴英访问时,同行者尚有以前受邀而未成行的陈寅恪教授。他们四人到英国后就开始在牛津大学分别进行讲学和访问,陈寅恪则先住院治疗眼疾。

这时,第二次世界大战刚结束几个月,人们对残酷的战争感到厌恶,迫切关心世界的前途。一次在瑞亭大学由英国社会学研究会主办了以"文明往哪里去?"为总议题的研讨会,会上有关于国际政治前途问题的讨论。这个议题的主讲人有两位,一为美国康乃尔大学英籍教授喀特林(George Catlin),一即中国清华大学教授邵循正。邵循正这次讲演,据潘光旦《政学罪言》中"文明往何处去?"一节

[①] 西南联合大学北京校友会编:《国立西南联合大学校史》,北京大学出版社1996年版,第551页。

（观察社1948年版）①介绍，主要谈到"他认为中国人自历史上继承下来的解决矛盾的办法是不愿求诸太亟，采取直接干涉或暴力抑制，而是让时间不断推移后，使矛盾势力逐渐消磨去一部分，然后因势利导，觅取一个自然而直接的解决。至于世界局势，邵循正认为，目前英美的民主政治与苏联的共产政治所形成的一种两极性的对峙，是险象环生的。但我们未尝不可期待对方自动地作一番修正，使对峙局势减少其尖锐的程度。另外，我们也未尝不可促使其产生一个中立的带圈，或者产生更多的极点，使世界形成一个多极的而不是两极的系统，例如法国在欧洲、中国在亚洲，都可以形成一个中立的极点"②。

上述邵循正的一番话，以他谙熟中国古今情况，通晓欧洲西方国家朝野政局的学识，显示了他作为一位中外关系史专家独到的预见性：二战以后迄今60余年，曾有过长时期的"冷战"局面，美国的霸权主义到处干预其他国家的内政，发生诸多的局部地区的战争等，更由于第三世界的出现，苏联的解体、中国的和平崛起，近年来"金砖四国"等新兴国家的兴起，形成了多极世界而使美国的单边主义行不通，也没有发生第三次世界大战，在各种力量相互抵消下，发生世界大战的可能性正在趋向减少，目前总的趋势是和平和发展，各国越来越多地通过外交谈判，用对话消除对抗、解除争端，谋求互利互惠、生产建设，促进建立一个和谐的世界。

邵循正还应邀在BBC广播电台作过一次讲演，反响很好。除了在英国外，他还去欧洲大陆讲学。1946年春曾去比利时布鲁塞尔大学两次，讲《中国文化的连续性》，宣讲中国古代文明的延续与发展。他还到奥地利维也纳大学作过短期讲学。

1946年秋，当访问一年期满邵循正正准备回国时，临行前他收到美国哈佛大学的邀请信，请他去哈佛做五年客座教授。邵循正在此国内时局大变动的时候，对国事、家事都放不下心，果断地谢绝了哈佛的邀请，匆匆地回到祖国和母校清华③。

---

① 转引自张寄谦：《邵循正史学成就探源》，载《近代史研究》1994年第6期。惟该文研讨会时间作1945年7月26日～8月2日，而邵循正于抗战胜利后始接到英国邀请书，8月23日教育部方予以核准，到英国时间当更晚，讲演日期应稍晚些。此处疑有误。
② 以上文字照录自张寄谦文，见《近代史研究》1994年第6期第178页。
③ 邵瑜：《心恒先生轶事》。

四、访欧归来在清华北大教书育人、科研工作与社会活动（1946~1965）

1946年秋，邵循正回到了北平，清华大学续聘他为历史系教授，安排他家住在复原后新盖的教授宿舍清华园内胜因院6号。

邵循正回来得正是时候。1946年5月西南联大正式结束，三校的院系随原校复员，自5月起分批北上。清华师生于1946年8~10月间全部回到北平清华园。这年10月10日清华大学开学，11月5日第一学期上课。

但是，这时清华历史、哲学等系由于教员少、学生也少，出现了不景气。"一部分教授于复员前休假出国'讲学'、'研究'或做官，因此开出的课程不如联大时期齐全"。邵循正的归来，自是清华所迫切需求的。据《清华大学校史稿》记述：其时历史系吴晗讲中国通史"颇受学生欢迎"，刘崇鋐的西洋通史、邵循正的中国近代史，因讲课者"治学态度严谨，讲述透彻，也是学生爱学的课"[①]。事实说明，邵循正未接受哈佛大学的邀请即回清华的决定，顺应了祖国教育事业的迫切需要和对他的召唤，因而是完全正确的。

复员之初，清华学校当局曾力图重整旗鼓，恢复战前清华旧观和旧传统，但是现实却粉碎了他们的这些梦幻。1946年夏，清华师生北上之日，正是国民党50万"国军"在安徽、江苏八百里战线上向苏皖解放区大举进攻，宣告全国内战开始之时。清华复员开学的第二天（10月11日）也正是蒋介石集团宣布召开"国大"、彻底撕毁政协决议、全面抛掉与中共和各民主党派力量"和平团结"承诺的日子。而清华正式上课的时候，内战的硝烟已弥漫全国了。加以继1946年12月"沈崇事件"之后美国兵在华蹂躏人权的暴行时有发生，而物价高涨、法币贬值、饥饿迫害、失业失学正在严重地威胁着广大的人民群众和青年学子们，因而抗暴行、反饥饿、反内战的抗争和怒潮便随之发生，成为全国性的群众运动。这些现实情况不可避免地要干扰到校园内正常教学、科研秩序，影响到师生们的生活和思想情绪，成为1946~1948年人们最主要的问题。

可以说明问题的是邵瑜的一段记载，她说，解放前物价飞涨，她父亲发了工资

[①] 以上见清华大学校史编写组编著：《清华大学校史稿》，中华书局1981年版，第447页。

"就得飞跑回家"，把钱交给她母亲，以便立刻出去抢购东西，"先把粮食和煤买了，再买油盐酱醋，剩下的全买了肥皂、煤油、火柴、线"，"每天要买菜买别的东西时就用这些东西去换，不是用钱去买。父亲也说过，那几年教员生活都很苦，又打内战，大家都很难过下去了，全国各大学都卷入反饥饿反内战的运动，像父亲这样一向不参加政治运动的教授，也参加了部分运动。1947年夏，他在反对国民党反动派企图镇压学生的座谈会上曾为学生辩护，说学生搞运动是有原因的。那时他还没有和共产党接触过，只是凭知识分子的良心和做老师的爱心来说这些话。他也在反饥饿反内战的宣言上签过名。我问过他为什么这么做？他的回答很简单：'饿极了嘛！'我想他的意思是'官逼民反'吧！"①

当时，邵循正还同时在北大兼课，北大历史系主任郑天挺聘请他给学生讲授中国近代史，需经常城外、城里两头跑。业余时间，他则与系内外同事打扑克牌、下围棋，经常的牌友有朱自清、浦江清、吴晗等人。

1948年9月上旬起，人民解放军在各个战场上取得决定性胜利，华北面临解放前夕，北平也在争取和平解放的谈判中，为断绝北平国民党守军外逃及其对外联系，解放军开始围城。清华位于城外西郊，于12月中首先获得解放，12月15日解放军进驻海淀。一个月后，傅作义接受中共的协议，北平城获得和平解放。

北平围城期间，首先获得解放的清华园师生开始与人民解放军接触。见到这支与国民党军队截然不同的纪律严明和有着爱护人民群众的优良作风的军队，师生们都深受感动。围城前夕，邵循正的夫人正好带着女儿进城回娘家，来不及回清华园。北平城和平解放后，他们全家相聚时，邵循正与她们和时在北大的几位友人王铁崖、龚祥瑞、楼邦彦、袁家骅等交谈，把解放军进清华后的表现——解放军在清华礼堂和师生们见面，开会后又分出自己的口粮小米接济清华师生、大家如何感动的情景进行讲述。其兴奋之情溢于言表，与他平时沉默寡语、极少畅谈详叙形成鲜明的对比。他女儿写道："这是父亲第一次接触到共产党和解放军。"她深切地体会到 "像他这样知识分子是习惯用自己的脑子去考虑问题的。宣传呀，说教呀，对他起不了太大作用。经过一个月亲眼目睹解放军在清华的所作所为，国民党20多年对他灌输的共产党共产共妻、杀人放火之类的宣传，彻底土崩瓦解了。1947～1949年这两年间，他经历了一场巨变，亲眼看到两个党、两种军队。事实教育了他，使他决定抛弃国民党，选择共产党。以后几十年间，虽然有过数度坎坷，但我深知他

---

① 邵瑜：《心恒先生轶事》。

对这一选择是至死无悔的"①。

这真是知父莫若女！这里，还必须追溯到此前不久邵循正的一次重要抉择。

1948年下半年，当解放军在山东、东北等战场上节节胜利，华北、平津战役正在开展时，国民党当局和蒋介石眼见北平岌岌可危，曾一再派遣要员到北平"劝说"许多著名教授、专家、学者南撤和到台湾去。北大、清华的一些名教授，包括邵循正平日极为熟悉的前辈、同系教授又是福州老乡刘崇铉等都被拉拢飞往台湾，也有美国的大学邀邵循正去任教讲学，他都不为所动。作为一个富有正义感的爱国学者、正直的教育家，专制独裁的蒋家王朝在大陆22年的统治，其残害人民的倒行逆施给邵循正留下的印象太深刻了。他不愿跟随腐败卖国的旧政权以求苟全，而想留在大陆，参与将从战乱废墟中诞生的新中国的从头建设，为祖国培养人才。特别是在这个时候，邵循正认为不能离开遭受多年战乱破坏的祖国，到支持蒋政权、侵略过中国的国家去仰洋人的鼻息。邵循正还劝他在清华的老师陈寅恪南下后不要离开大陆去台湾——陈最后走到广州，留在中山大学任教，直到病逝。

邵循正这次在去留问题上的认识，是他以后在中国共产党领导下忠诚于新中国教育事业的重要思想基础。他的这个认识很明确也很坚定，一直没有后悔过。他女儿回忆说："'文革'中，有一天我问父亲：'临解放时，国民党要你去台湾，抗战胜利后，哈佛大学要你去美国，你都没有去。现在，你挨批、挨斗、挨打、抄家、劳改，你后不后悔？'父亲说：'不后悔。国民党贪污腐败，是个没有前途的政府，我不愿意给这样的政府作殉葬品。得人心者得天下，失人心者失天下。国民党早就失去了工人农民的民心；杀李公朴、闻一多，失去了知识分子的民心；发行金圆券，搜刮民脂民膏，又失去了民族资产阶级的民心，他们还剩下了什么？怎么会不失天下？……历史上改朝换代，都和政府腐败有关，外族入侵不容易征服中国人，内部蛀虫却能把大厦蛀塌。我一辈子研究中国历史，我的根必须扎在中国的土地上。不但中国历史，任何有关中国的学科，像中文、中国哲学、中国艺术、中国经济等，离开中国这块土地就只能像花盆里的植物，没有多大发展空间。'"②这充分地说明了邵循正当时的抉择是经过深思熟虑的，因而虽经过许多挫折和坎坷，他都不会有所动摇，特别是新中国成立后他认识了中国共产党和接触了马克思主义理论，更加坚定了他的这个信念。

新中国的成立及所涌现的蓬勃新气象，给邵循正带来信心与希望，他继续在清

---

① 邵瑜：《心恒先生轶事》。
② 邵瑜：《心恒先生轶事》。

华大学任历史系教授并在城里的北大兼课。

新中国成立初期,清华历史系主任是吴晗。邵、吴二人在西南联大后期成为至交,复员后他们是近邻,两家来往频繁,关系更加亲密。吴夫人身体不好,新中国成立前物价一日数涨,每月发工资后邵夫人总要帮她一起"抢购"物品。1948年,吴晗夫妇到河北解放区,北平解放后吴晗作为军代表接管北大、清华。新中国成立后吴晗身兼数职,任北京市副市长兼任清华历史系主任,1950年吴晗辞去系主任职务。

邵循正曾一度主持过历史系的工作,兼任历史系主任,但他主要还是从事教学与科学研究。他在清华与北大兼课讲授的主要课程是中国近代史。1951到1952年之间,他跟随清华部分师生到苏北参加土改运动,生平第一次与农民群众直接相处、工作生活了好几月,经受了锻炼,但因体弱,回北京后体检时发现感染了肺结核,经过半年的治疗才逐渐康复。

由于邵循正在史学研究方面的精湛学识专长和在海内外拥有的卓著声誉,在新中国,他备受中国共产党和人民政府的重视,他也满怀热情地积极参加史学界的有关活动。早在北平解放之初,1949年7月,他就参与了以老一辈革命家、马克思主义史学家徐特立、吴玉章、郭沫若、范文澜等为领头人,由国内知名史学家组成的"中国新史学研究会"的发起筹备工作,是50位发起人之一[①]。

筹备会成立后,随即决定组织人力整理中国近代史历史文献资料,编辑出版自鸦片战争至北洋军阀统治时期的《中国近代史资料丛刊》共12种,当时组成了总编辑委员会,邵循正是11位委员之一[②],随后分头进行搜集编辑的实际工作。

1951年7月,全国史学工作者代表会议在北京举行,成立了已筹备完成的"中国新史学研究会",正式定名为"中国史学会"。郭沫若当选为理事会主席,吴玉章、范文澜为副主席,向达为秘书长,郑振铎为副秘书长,选举产生了43名理事、7名常务理事,邵循正是理事和7名常务理事之一[③]。《中国近代史资料丛刊》随即由中国史学会负责主编,总编委仍由原来的11人组成。

1952年,全国各大行政区高校按中央指示进行院系调整。在北京,清华、燕京两校的文、理院系大都并入北京大学,经三校院系合并后的新北大作为综合性大学迁进燕园。这样,邵循正作为历史系教授从清华园迁住新北大的燕南园。

北大历史系教师队伍力量雄厚,系主任为翦伯赞,副主任是周一良,共设七

---

① 名单见《进步日报》1949年7月2日,收辑入中国史学会秘书处编:《中国史学会五十年》,海燕出版社2004年版,第4页。
② 11位总编辑委员是徐特立、范文澜、翦伯赞、陈垣、郑振铎、向达、胡绳、吕振羽、华岗、邵循正、白寿彝。
③ 43名理事会名单见《中国史学会五十年》,海燕出版社2004年版,第17页。常务理事7人为:白寿彝、邵循正、陈垣、吴晗、翁独健、向达、翦伯赞。

个教研室,即中国古代史、中国近代史、世界古代史、世界近代史、亚洲史(后为亚非史)、国际关系史和考古教研室,主任分别为邓广铭、邵循正、齐思和、杨人楩、周一良(兼)、王铁崖和苏秉琦(兼任中国科学院考古研究所研究员),他们都是各自专业的专家、名教授。系内各教研室的著名教授还有向达、张政烺、余逊、陈芳芝等多位专家。另外还有三校历史系原先选拔留下来的讲师、助教也都很优秀,阵容可谓强大。

中国近代史教研室研究年代范围当时包含自1840年至1949年,以1919年"五四"运动为界再细分为近代、现代两部分。教研室成员有陈庆华、荣天琳、夏自强、张寄谦等讲师、助教数名和资料室工作人员张注洪等。邵循正带领这些年轻一辈的教师,主要致力于中国近代史及其辅助课程如中国近代史史料学等的教学与科学研究,并适当参加一些有关的社会学术活动。新中国成立以前尤其是抗战时期,邵循正在西南联大主要致于蒙古史研究,新中国成立以后,由于现实需要,中国近代史成为大学里历史系重要的专业基础课,分量也大为加重,需要建立新的全面和完整的讲授体系。

邵循正在西南联大曾指导过蒙元史研究生方龄贵、助教王履常,清华复员后至新中国成立初指导过沈自敏、丁名楠、贾维诚、余绳武。此时他们已成为各自专业和单位的专家和骨干。1952年起,邵循正开始在北大招收、培养中国近代史的研究生。当年招收一名(李时岳,南京大学历史系毕业),1954年招收5名(张磊、吴乾兑、徐如均毕业于北大历史系;赵清、何玉畴均毕业于四川大学历史系)研究生,接受一名进修生(戴学稷,复旦大学历史系助教)和一名外国留学生(金英淑,朝鲜女干部),同时又指导在北大经济系进修中国近代经济史的年轻女教师(孔令仁,山东大学历史系)。1955年又招收两名中国近代史的研究生(田钰、王天奖,均为北大历史系应届毕业生)。50年代后期邵循正还接受一名进修生(范启龙,福建师院历史系青年教师),在此期间他还给本系三年级学生讲授中国近代史基础课。这几年他教学任务之繁重,在当时计算工作量不仅为全系之冠,而且在全校文科教授中也是"首屈一指,负担最重的"。他"勇于承担任务,往往超负荷工作,他的工作态度是令人感动的"①。

进入20世纪60年代,上述研究生、进修生都已毕业或完成进修任务离校,他又先后招收了两名中国近代史研究生(赵春晨、蔡少卿)和一名留学生(玛丽安·巴

---

① 引自夏自强:《忆邵循正先生》,《百年潮》2010年第5期,原载于戴学稷、徐如:《邵循正先生百年诞辰纪念文集》,福建社会科学院出版社2009年版,原题为《深切怀念心恒先生》。

斯蒂，法国女学者）。那时，"四清"、"文化大革命"政治运动接踵而来，他已不可能安静坐下来读书搞研究了，加之因哮喘病时有发作，大大影响了他的精力，政治运动的冲击，更严重干扰了正常教学的进行。

中国近代史跨越时间虽只有短短80年（1840～1919），但内容丰富，与现当代现实关系十分密切，邵循正对50～60年代10余名研究生、进修生专门开讲了中国近代史史料学等辅助课程，并请校内外专家向达、张政烺、严中平、孙毓棠等教授分别为他们开设古代史文献和近代经济史专题讲座。在研究课题上，他针对各人的实际情况加以引导，既有政治、对外关系方面的，如"辛亥革命时期两湖地区的革命运动"、"辛亥革命时期的中外关系"、"两次鸦片战争时期广东人民的反侵略斗争"等，又有经济、实业方面的，如清政府办洋务的研究"张之洞与汉阳铁厂"、"清末的路矿问题交涉"等；既有上层政、经重要人物及其主张与实践，如"孙中山的三民主义"、"薛福成研究"、"鸦片战争后的抚夷派黄恩彤"，又有涉及基层人民群众的，如"辛亥革命前后的农民阶级和工人阶级"、"辛亥革命前后的工人运动"、"中国秘密结社会党的研究"等。此外他还指导具有地方特色的一些课题研究。

邵循正采取启发式教育方法引导他的学生们专心致志刻苦钻研，要求他们学会坐冷板凳，重视第一手史料，对原始资料、档案、日记等要系统阅读，从中发现问题和新内容，要善于利用工具书学会查索需要史实和有关材料，要求他们所写的文章要内容充实、有新资料，要还历史以真相，并有新观点，经得起推敲，不要急于发表。他教导他的研究生要严戒"飘"[1]，要踏实研究，切勿漂浮急躁。他最关心的是如何帮助他们学会独立工作，掌握治学的科学方法，学好外语，"多进书库，博览群书"，教他们用"滚雪球"的方法积累知识、做学问。他说："读书就像滚雪球，越滚越大。一开始先抓一把雪捏紧，雪球才能越滚越大，否则滚不起来。做学问一定要把基础打扎实，练好基本功。先选一本名著，反复熟读、深思，背下来，以后再读有关的书，知识就会在脑子里分门别类地储存起来，越积越多，学问越做越大。基本功不扎实做不好学问。""邵先生还讲了'查门牌'做札记和摘录卡片的方法"[2]。他殷切地希望他所培养的学生个个都成为具有真才实学的人才，能为国家建设和学术研究做出应有的贡献。而他的学生们也没有辜负他的期盼，离校后按照他的教导，经过努力，很快成为所在单位、地区的学科骨干和学术带头人。

---

[1] 赵春晨：《怀念邵循正师》。
[2] 田钰：《忆北大怀念恩师邵循正先生——兼忆陈庆华先生》。又见王敦书：《缅怀恩师终生难忘——纪念邵循正先生百年诞辰》。

新中国成立后，在新形势的要求和推动下，邵循正认真学习马克思主义理论，并运用到实际教学中去。他在清华和北大历史系讲授中国近代史的基础课，运用刚刚学习到的马克思主义的立场、观点、方法，解说和分析从鸦片战争到"五四"运动前80年的历史事实，虽因身体较弱，讲话声音较低，又常被咳嗽而咽了下半句，但讲解得精辟而深刻，内容丰富充实。由于他有着深厚的业务根底，对史实、史料都很熟悉，所以能够抓住问题的要点而运用自如。一位20世纪50年代还是年轻教师、与他合作过的同事回忆道："和他相识以后，给我的一个突出印象，不论是授课还是写文章，他善于提出典型材料来阐明问题。他不是罗列许多材料，令人如坠五里云雾，而是善于选出典型材料，让我们直接进入主旨，一目了然。"①另一位50年代听过他讲授中国近代史课的学生至今仍清晰地回忆起她的感受：以1870年"天津教案"和"望海楼事件"为例加以说明"'望海楼事件'是'天津教案'的导火线，邵先生不是就事论事地讲述事件经过，正如张寄谦先生所说：'他把国际形势和变化与国内斗争结合起来，把外交和政治结合起来'（引自张寄谦《〈邵循正历史论文集〉代序》），使这堂课讲得十分激动人心，使我至今难忘……邵先生讲述此事经过……激愤之情形于言表，使在课堂听课的我，也不禁热泪盈眶，至今不忘。"②

除在北大任教外，邵循正还受聘为中国科学院历史研究所第三所（后改称中国社会科学院近代史研究所）研究员，1952年起受范文澜所长的委托，担任该所第三组（对外关系史即帝国主义侵华史组）组长，1953年后又兼任第二组（政治史组）组长职务。因是兼职，所里不要求他天天上班，他大约一两个月不定期来所指导组里研究人员研究工作，介绍有关中外史料和推荐国外出版的中外关系史新著，解答疑难问题，并审阅他们所编写的研究成果。1958年由科学出版社出版的《帝国主义侵华史》第一卷，即是近代史所第三组集体编写完成最后由他审定的。此书问世后受到各方重视，在社会上产生了重大影响，以后又由人民出版社重印③。

在此期间，他遵循历史唯物主义和"古为今用"的原则、精神，从1950年开始，连续发表了五六篇关于反对美帝侵华、揭露帝国主义利用一些传教士进行侵略活动罪行的文章。他以确凿的史料证明南沙、西沙群岛历来属于中国，以维护我南海诸群岛的神圣领土主权的论述，配合抗美援朝、反帝爱国运动、维护世界和平的斗争。他还撰写对中国近代史研究中产生恶劣影响的帝国主义和买办资产阶级观点

---

① 田钰：《忆北大怀念恩师邵循正先生——兼忆陈庆华先生》。
② 萧良琼：《听邵循正先生讲授中国近代史——以天津教案为例》。
③ 以上参见张振鹍：《我们的组长邵先生——邵先生在近代史所》。

的论著进行批判性的评论。1956年5月上旬，北大举行校庆58周年科学讨论会，邵循正在5月5日历史学分会第一次会上作题为"消除中国近代史研究中的帝国主义影响和买办资产阶级观点"的学术报告，举出大量事实表明，从五四运动以来，国内的买办资产阶级即已和国外帝国主义根株相连，沆瀣一气，他们对于中国的近代历史进行了肆无忌惮的歪曲和污蔑，以达到其反对中国人民解放斗争的目的。报告着重指出屡在中国各港口和海关税务局任职的美国人马士（H.B.Morse）所编写的《中华帝国国际关系》一书的流毒，并揭露了一些美国学者变本加厉地歪曲中国近代历史的事实。报告继而指出，国内买办资产阶级研究中国近代史的人物，诸如胡适、蒋廷黻、郭廷以、张忠绂等的观点，实际上是继承马士等人的说法，与帝国主义相酬唱，达到出卖祖国的目的。报告最后也批判了当时在场的南京大学历史系教授陈恭禄解放前所写的《中国近代史》一书的反动观点。陈恭禄对此表示诚恳的接受，在随后的讨论阶段做了简短的自我批评[①]。这是一场很重要的学术报告，较全面地清算了新中国成立前帝国主义、买办资产阶级在中国近代史研究中的流毒，显示了邵循正一贯的爱国主义立场与反帝爱国的主张。同年12月，他又在马士（1855～1933）编著的《中华帝国对外关系史》（三卷本）中译本序言中指出，这部书在旧中国"一向被中外资产阶级学者奉为圭臬之作"，它为帝国主义侵华辩护的立场是"极为鲜明的"，书中的许多谬论"在很长一个时期中曾经严重毒害了中国的思想界"，并进一步点明了"这部书的另外一个作用，是替美帝国主义宣传辩护"的，它曾经长期地成为美国大学中"风行的课本"，提醒读者注意[②]。

邵循正通过自己半生的经历，由衷地拥护中国共产党的领导，热爱社会主义祖国。新中国成立后，他政治热情高涨，积极参加各项政治斗争和社会活动。他加入中国民主同盟，当选为民盟中央科教委员，出任中国人民政治协商会议全国委员会第三、四届委员，并当选为北京市史学会副会长，与会长吴晗一同主持北京市史学界的学术活动、集会及有关工作。1954年，全国性的历史科学第一个专业学术刊物《历史研究》创刊后，他一连在第二、三、四期发表了三篇文章：《一九〇五年四月中国工人阶级反抗帝国主义资本家的斗争》、《一八四五年洋布畅销对闽南土布江浙棉布的影响》和《辛亥革命前五十年间外国侵略者和中国买办军阀官僚势力的关系》。第一篇根据当年《时报》和《字林西报》的报道，提供了1905年中国民主革命高潮时上海产业工人阶级反抗外国资本家的自发斗争；第二篇根据清朝地方官

---

① 见《历史研究》1956年第7期第62页"学术动态报道"。

② 邵循正：《〈中华帝国对外关系史〉（第一卷）中译本序言》，三联书店1957年版。

吏的奏折,说明鸦片战争后沿海东南地区遭受西方资本主义国家输入商品的影响。两篇文章篇幅不长,但提到的问题很值得研究;第三篇则是一篇很有分量的学术论文,深刻地分析了西方列强与清朝统治者、各派系军阀官僚买办势力的复杂关系,为争夺侵华利权的斗争而最后选定了袁世凯作为他们的共同代表的过程。文章发表后对学术界产生了很大的影响。他还先后应邀在中国文联和全国政协学习委员会主办的中国近代史讲座上为文艺工作者、作家们以及知名的各民主党派、统战人士负责讲授甲午中日战争、戊戌变法等专题,编写讲义,提供有关的历史资料。

1955年,高教部委托北京大学文史系科拟定全国综合性大学相关系科包括历史系中国近代史在内的教学大纲。作为中国近代史教研室主任,邵循正十分重视这项工作,他亲自草拟大纲,在青年教师陈庆华、夏自强等协助下,经教研室讨论确定后,于1956年1月寒假期间邀请武汉大学、南京大学、山东大学的本专业知名专家姚薇元、王栻、郑鹤声三位教授到北大进行讨论修改,虚心征求和听取他们的意见,最后拟定一份反映当时学术水平、切合教学实际的中国近代史教学大纲,提交到1956年7月5日~14日暑假高教部在北京召集的全国综合大学文史教学大纲审订会议进行讨论审定。全国综合大学历史系中国近代史教师代表参加其中国近代史的教学大纲的审订会议,邵循正主持了这次会议。经过会议审订产生的中国近代史的教学大纲定名为《中国史——半殖民地半封建社会时代教学大纲》,成为以后全国许多高校,特别是综合大学历史系共同采用作为讲授基础课"中国近代史"和编写这个课程教材的主要依据[①]。

邵循正十分重视史料的搜集、整理与利用,他"强调治史的基础在史料,没有史料这个基础,学术的研究就是空中楼阁"[②]。新中国成立初,中国史学会成立后决定主编的《中国近代史资料丛刊》12种。他作为11名总编委之一,分工负责主持编辑《中法战争》、《(甲午)中日战争》两套丛刊各7册,于1955年、1956年先后出版发行,总字数达837余万字(以前有报道误为580万字),都由他亲自执笔写了叙例,详细介绍了其主要内容的选材、编写方法等。之后,他又主持编校了由中华书局出版的《近代史料笔记丛刊》。他选校其中的两种:梁廷枏著《夷氛闻记》、柯悟迟著《漏网喁鱼集》。他在书前详细说明、介绍作者生平和该书的史料价值,主要内

---

① 关于这次审订会议参看《综合大学文史教学大纲审订会简况》,载《历史研究》1956年第9期。根据这份教学大纲编写教材的有林增平编著的《中国近代史》上下两册,61万字,于1958年由湖南人民出版社正式出版发行,"文化大革命"后再版重印,先后印行四次,累计发行量11.5万部,销行全国,流行面很广。

② 王汝丰:《燕园比邻 受教情深——怀念邵循正先生》,见戴学稷、徐如编:《邵循正先生百年诞辰纪念文集(续集)》,2010年福州,自印本,第99页。

容均亲自校注，订正流传了多年的旧刻本的错误和讹字。两书都在1959年出版。《夷氛闻记》系该书作者记载鸦片战争亲自经历及所见所闻的第一手史料，史料价值较高，但新中国成立前多年一直为封建阶级和资产阶级所轻蔑和贬低。邵循正在书前校注本书的长序中首先肯定"作者对于鸦片战争的叙述基本上是合乎事实的"，旗帜鲜明地表示赞同林则徐等抵抗派和抗英将士的反侵略斗争，反对投降派琦善、耆英、余保纯等人对英国侵略者奴颜婢膝的态度和卖国主张，特别对旧中国著名的"清史权威"孟森以前在这本书的旧刻本跋语中为英国侵略者辩护，诋毁广东人民的正义反抗的错误观点进行了严正的批评，体现了他作为新中国一位正直的史学工作者所应有的民族自尊心和爱国主义立场。《漏网喁鱼集》系记述太平军在江南一带的亲身见闻，也是很重要的第一手史料。作者柯悟迟是常熟人，书中所记夹杂着地方方言，为审慎和准确理解，他特地请史学同行、常熟籍学者祁龙威"将书中一些专词和方言作若干条注解"①，充分显示了他在工作上一丝不苟的认真严肃态度。接着，他又带领陈庆华和杨济安等人整理编辑《盛宣怀未刊信稿》（中华书局1960年4月出版）、《义和团运动史料丛编》第一、二辑（中华书局1964年5月出版）。

为适应社会广大读者学习祖国历史的需要，从20世纪50年代初起，邵循正与古代史专家翦伯赞、中共党史专家胡华合作编写了《中国历史概要》（人民出版社1956年2月第1版），内容包含古代、近代、现代三部分，邵循正担任近代部分编写工作。这是一本简明通俗、深入浅出的历史读物，出版后很受读者欢迎，被译成多种文字发行国外。其后，在以北大历史系主任翦伯赞为主编的《中国史纲要》的编写中，邵循正又主持该书的近代部分，与陈庆华合写。该书1964年7月由人民出版社出版后销行全国，为各高校历史系所广泛采用。

20世纪60年代的前期即"四清"、"文革"前的四五年间，邵循正在中国近代史的研究由以政治、对外关系史为重点，扩大到社会和经济领域，研究得更全面和深入了。1961年一年，他先后发表三篇很有分量的论文：《太平天国革命后江南的土地关系和阶级关系——关于具体说明农民战争作用的一些问题》（《光明日报》1961年2月2日）、《秘密会社、宗教和农民战争》（《北京大学学报》，人文科学版，1961年第3期）、《辛亥革命时期资产阶级革命派和农民的关系问题》（《北京大学学报》，人文科学版，1961年第6期）。三篇论文都以占旧中国总人口80%以上的农民为主体，分别研讨农民战争对打击封建经济的作用；秘密会社、宗教与农民

---

① 王汝丰：《燕园比邻 受教情深——怀念邵循正先生》，并见《关于〈漏网喁鱼集〉的一些说明》，《邵循正历史论文集》，北京大学出版社1985年版，第241页。

战争的关系与实际影响,孙中山为首的革命党人对农民的认识及其合作关系的发展变化与结局。这最后一篇是他参加新中国成立后第一次全国大规模学术盛会"辛亥革命50周年纪念学术研讨会"的重要论文。文章以充实的论据,说明辛亥革命之所以失败在于资产阶级革命派不能正确认识、团结与发动农民。该文给与会众多学者留下深刻的印象。

此后,他的研究更深入到近代经济史领域,特别注重于洋务运动及其中一些有关人物与中国资本主义发展关系的问题。他于1963年至1964年连续发表了《洋务运动和中国资本主义发展关系的问题——从募集商人资金到官僚私人企业》(《新观察》1963年3月号)、《关于洋务派民用企业的性质和道路——论官督商办》(《新观察》1964年1月号)和《论郑观应》(《光明日报》1964年4月22日、5月6日)三篇发人思考的学术论文,引起人们的广泛兴趣。这时,他已能较熟练地用马克思主义理论,紧密结合史料,善于抓住问题的实质,较深刻地予以阐发,并乐于与人们作进一步的研究探讨。与此同时,1962~1964年,他用这些研究心得为历史系高年级学生开设了两个专门研究讲座:"洋务派和中国资本主义发展的关系"和"晚清政治研究",并请中国社会科学院经济研究所的专家严中平、汪敬虞来校就相关问题讲演,进行商榷和交流。此后不久,1964年秋冬之际,当时就读于北大历史系的毛泽东的女儿李讷说:"毛主席也读过邵先生《论郑观应》等几篇文章,认为一位资产阶级教授能写出这样好的文章真不容易。"①

新中国成立这些年以来,邵循正以主要精力从事于中国近代史的教学与科学研究工作,但间或也参加蒙古史的学术活动并尽其所能热情地培养蒙古史研究人才。1950年代中期,他曾与韩儒林、翁独健两次风尘仆仆地出国赴莫斯科、乌兰巴托参加中蒙苏三国学者联合编写多卷本《蒙古通史》的国际学术会议,又于1960年代初期两次到内蒙古自治区首府呼和浩特,分别参加内蒙古大学等单位于1960年1月举行的历史科学讨论会和成吉思汗诞辰800周年纪念学术讨论会。后者于1962年6月举行,他为会议提供了《成吉思汗生年问题》的重要论文,并在会上作了学术报告。原先学术界对此问题颇有分歧,经过他确切有力的论证,认为成吉思汗确实生于1162年,可谓一锤定音,结束争议。

在培养蒙古史研究后继人才上,邵循正也十分注意和尽力。新中国成立初期,毕业于北大史学研究部,掌握蒙古文、阿拉伯文、法文、八思巴文等多种文字的蔡

---

① 蔡少卿:《我研究中国近代史和秘密社会的过程》,见戴学稷、徐taylor:《邵循正先生百年诞辰纪念文集》,福建社会科学院出版社2009年版,第160页。

史学大家的风范
毛子水　姚从吾　钱　穆　郑天挺　向　达
雷海宗　张荫麟　吴　晗　**邵循正**　孙毓棠

美彪，曾多次向邵循正求教有关蒙古史和元史的问题，邵都乐于悉心给予指导，使他得益颇多。蔡自称是邵的学生（据周清澍介绍和蔡少卿文，见《邵循正先生百年诞辰纪念文集》）。1954年毕业于北大历史系本科、1957年毕业于北大历史系亚洲史（印度史）的研究生周清澍，在支援内蒙古大学后因工作需要改学蒙古史，就利用与邵循正接近的机会，向邵学习蒙古史，也得到他无保留的指导。1956年毕业于北大历史系留校任教的周良霄，因协助两位蒙古国留学生学习中国历史，成为邵循正指导蒙古史的助教、"蒙元史学的关门弟子"，邵循正对他"给予了喂独食的着意培养"[1]。此外，同样具有语言天赋、掌握多种文字，于1953年毕业于北大历史系并留校任教的张广达，也深受邵循正的赏识，在蒙古史研究上予以他许多指导。这四位50年代期间先后毕业、工作的青年学者，由于邵循正的关心和指导，并经过自身的努力钻研，都已成为蒙古史研究学术领域的知名专家，不管他们在名义上是否为邵的"及门弟子"，事实上他们的成就都凝结着邵循正的一番心血。最后值得一提的是，新中国成立初，他发现本系学生殷叙彝外文基础好，其他条件也都不错，认为宜于培养为蒙古史研究后继人才，特向北大历史系里推荐殷叙彝留校当助教，系领导也十分支持他，但殷叙彝在1954年毕业分配时却因中央编译局指名要他，虽经再三顶回也没有成功[2]。由此说明邵循正注意物色和重视优秀人才的一贯态度。他可谓是为国乐育英才而不遗余力。

除了教学、科研、社会活动和培育人才，他对家庭教育也很重视。

邵循正仅有一个女儿邵瑜，出生于1948年初。邵瑜出生时邵循正已近不惑之年，当然对她格外疼爱，但他同夫人郑逊并不因此而加以娇惯。如同教导学生一样，他采用启发的方式对她加以引导，培养她的自觉性，使她习惯于独立思考，具有自强自立的意识和较强的独立生活的能力。夫妻两人配合得很好，女儿童稚时，一个教她背唐诗，一个教她唱歌谣；稍大些，夫人同她一起"看图识字"，读《小朋友》，邵循正教她文史知识，从《三国演义》、《唐诗》到《古文观止》、《史记》等开始进行启蒙讲解，然后诱导她自己看懂和理解。他们不讲妖魔鬼神，对宗教和寺庙里的菩萨也进行科学的解释。母亲更教女儿以家政和手工工艺，从做饭到织补、纳鞋底、做衣服都要求严格，不合格重新来。母亲还以身作则，言传身教，使女儿明白应诚信做人，不能占别人便宜。在这样的家教下，女儿知道自力更生、勤俭持家，生活上的事须靠自己动手。到"文化大革命"时，她在山西下乡插队四

---

[1] 周良霄：《永恒的怀念》，见戴学稷、徐如：《邵循正先生百年诞辰纪念文集》，福建社会科学院出版社2009年版，第98页。
[2] 殷叙彝：《带着遗憾的怀念》，见戴学稷、徐如：《邵循正先生百年诞辰纪念文集》，福建社会科学院出版社2009年版，第57页。

年便没有大的困难,到80年代初结婚后,她与先生曹昌汉到美国留学。她先生自己装配电视机,一时买不起西服,她便为他花20元买衣料,自己做成西服。在政治和宗教信仰上,邵循正也是有指导地让她自己考虑,自主选择,而一点都不勉强她,总的要求是让她做一个有独立人格和坚强意志的人①。

五、在"文化大革命"冲击下与疾病斗争,标点《二十四史》坚持工作到最后赍志而没(1966~1973)

正当邵循正教学和科研工作步入黄金时代大有可为之际,以"阶级斗争为纲"的政治大风暴从中央到地方、由北京到全国席卷而来。风暴打乱了人们生产生活的正常秩序,学校里也不可能维持原来的教学与科研,学生们响应号召"闹革命",大批"封、资、修",大破"四旧"。老教师大多困惑得不知所措,知名的教授大多被打成"资产阶级反动学术权威",与被打倒的"走资本主义道路的当权派"(简称"走资派")一起作为"牛鬼蛇神"被关到"牛棚"里去。邵循正是著名的历史学专家,当然也不能逃脱这种命运。

其实,与全国各地一样,北京大学从1964年起就开始"阶级斗争天天讲、月月讲、年年讲",原来脱帽加冕成为劳动人民的知识分子,一下子又突然变回为资产阶级知识分子。1964~1965年,北京大学历史系师生分期分批被组织到农村参加社会主义教育运动(即"四清"运动)。

邵循正因1957年丁则良自沉未名湖事件深夜赶去了解、料理而受风寒,得了呼吸道的痼疾,以后发展为过敏性哮喘,而且越来越容易发病,遇上玉米开花、花粉传播、新刷油漆、农药化学品等刺激就会哮喘不止,病由季节性变为全年经常性的。1965年10月,他从小汤山疗养院刚回来,便争取参加系里的下乡"四清",但下去不久便因发病而让他回家治疗。

"文化大革命"的导火线和突破口,是1965年11月10日姚文元在上海《文汇报》发表的文章《评新编历史剧〈海瑞罢官〉》。这是江青授意姚文元炮制并发表的。《海瑞罢官》的剧作者吴晗时任北京副市长,是位研究明史的著名专家,他应京剧名演员马连良的要求,于1960年写成现代京剧《海瑞罢官》且已公演多年。这

---
① 详见邵瑜:《心恒先生轶事》"独生女"和"信仰"两部分。

时对《海瑞罢官》连同邓拓、廖沫沙三人写成的《三家村札记》、《燕山夜话》的批判成为"文化大革命"的开场锣鼓。

　　吴晗是邵循正的挚友。他与邵循正同庚，是清华大学的先后同学，又是西南联大历史系的同事，一个研究蒙古史、元史，一个研究明史，在学术上互相切磋，业余时又都喜打桥牌，交往密切。1943年吴晗在西南联大任教时参加中国民主同盟，主张爱国民主，反对蒋政权的专制独裁，与闻一多等经常参与爱国的学生运动，深受学生们爱戴，抗战胜利复员后他又在清华与邵循正共事，是一位爱国的进步学者。他们在长期的相处共事中彼此相知甚深，可以说是无话不谈的至交。邵循正曾力劝吴晗不要写现代京剧，说他不懂京剧艺术，枉费精力，不如专心研究明史，多写学术著作，两人因此而争吵得很厉害。《海瑞罢官》演出时，吴晗曾送票来请邵循正全家去看。邵循正对古典京剧很有欣赏能力，对吴晗编的这个京剧却一点也不予肯定。当姚文元的评《海瑞罢官》的文章一发表，他就为吴晗感到不安。原先在吴晗1950年当上北京市副市长后，邵循正从来不让家里人去吴家，连自己也不因私事去城里找过他。这时邵循正却马上进城去吴晗家里看望。邵循正觉得问题很严重。吴晗家有人监守，进去要登记。虽然明知道会有风险，吴晗也一直不让他去，但由于对好友的高度关切，他一连去了三次，可谓患难见真情。这样邵循正每去一次，就被内部通报一次并记录在案。因而邵循正在"文化大革命"中就首先以"吴晗密友"的罪名被红卫兵审问，勒令"交代"，但以后他仍一直都密切注意关于吴晗的消息。1969年吴被迫害致死，邵循正沉默了半天，难过得掉了眼泪，还让家人打听吴晗的两个子女的下落。邵循正的女儿说，她只见过父亲落过两次眼泪，另一次是"文化大革命"初期向达教授因病医院不给治疗而死去。

　　"文化大革命"开始时，邵循正正在北京医院住院治疗，8月中出院回家，当时住在中关园第三公寓。从1966年9月到1968年夏，邵循正一共被抄家三次，连手稿、图书、存款都被查抄或封存。家里三口人，每人每月仅给12.5元生活费。他同系里一些老教授一起被监督劳动，受审查，熬过农药，拔过草，割过稻，甚至干过给四层楼学生宿舍换瓦等劳动，但以他带病的羸弱身躯，这些劳动对他来说都是很吃力的。当时一位年轻的教师干部回忆道："1968年初冬，当时我们都在'黑帮大院'，那天组织到蔚秀园稻田收割稻子。邵先生生病初愈，也赶来参加劳动，他没有下田，在田边收拢割下的稻穗。他穿了一件师母为他新做的黑棉上衣，他体弱，尽力捆扎稻秆，就抱在胸口来回搬运。以至把新棉衣搞得都是泥浆。我很想去帮他，无奈监管人员看得很紧，十分无奈。这个场面，我一直印在脑海里，那孱弱的身躯,真是摇摇欲坠,而他仍在乏力地支撑着。"①

当时北大的副校长、历史系主任、老一辈著名的马克思主义史学家翦伯赞,因反对给吴晗乱扣政治大帽子,被加以反对"文化大革命"的罪名而批斗,以后又被逼供交代抗战时刘少奇与蒋介石的关系问题而于1968年12月与夫人戴淑婉双双被迫害至死。在这以前,系里"造反派"因争占宿舍,1967年翦伯赞夫妇被勒令搬出居住多年的燕东园28号,而要邵循正三口之家限期一天内迁至其中一小部分的房屋里(实际只有一间半)居住,因此给邵家造成极大的折腾。邵循正当时被集中在"牛棚"里,而邵夫人和女儿因房屋塞满了书、物,无法安身,不得不到亲戚家挤在一起。邵循正的住处此后由中关园第三公寓搬来,局促于燕东园翦宅的一隅。

"文化大革命"时,邵循正的父母都还健在,父亲在福州,由他二妹亚章照顾。过去邵循正每月必定先给他父亲寄去50元生活费,1966年9月他被抄家后,一家三口每人每月只给12.5元生活费,便无法再给他父亲汇钱了。为此,他着急地让他女儿找在京的弟弟们商量。他三弟循恺在外贸部工作,尽管自己也在被批,但马上主动地接替这项任务。邵循正弟妹众多,众弟妹对他都很尊重,彼此间友爱互助,孝敬父母,形成了一个亲密和睦的孝悌大家庭。他母亲与他因病提前退休的二弟循恺生活在一起,住在南池子附近,"文化大革命"前邵循正经常去看望他们。"文化大革命"开始后,邵循正被集中在"牛棚"和"黑帮大院"里,自然没有这个自由,1968年11月被释放回来后,又因经常犯病和身体虚弱而挤不上公共汽车。有一次在上公共汽车时邵循正被挤掉了眼镜,摔坏了。1970年母亲病逝,邵循正获知后立刻赶进城里,并要求在他被封存的工资存款中取出了300元作为办理善后费用(幸得当时主管者批准),以对养育他的父母尽了自己的一份责任。过去在弟妹们求学上进以及生活困难时,邵循正也都尽力帮助。抗战期间,四弟循恺从清华大学一毕业,邵循正便把自己手中的外汇和三弟循恺从美国留学带回的一部分外汇凑合一起给循恺作为路费赴美留学。循恺到美国后,以学习成绩优异而获得全额的奖学金,以后获得芝加哥大学经济学博士学位,于新中国成立初期回国,到中山大学任教,1957年后调海南岛的海口师专。后面的两个弟弟循忏、循恕也都在邵循正兄姐们的经济援助下毕业于燕京大学。

邵家一门多俊杰。邵循正自己学贯中西,是著名的史学专家,清华、西南联大、北大等校名教授。二弟循恪留美获国际法博士学位,是国际关系、外交史研究专家,先后在武大、西南联大、清华任教,新中国成立后调近代史研究所国际关系、帝

---

① 夏自强:《忆邵循正先生》,《百年潮》2010年第5期第70页。

国主义侵华史组工作,目的是为了尽其所长,可惜因病不能正常工作而提前退休。三弟循怡留美,在哥伦比亚大学获法学硕士学位,回国后先在银行部门工作,后调外贸单位,先后就职于中国银行总管理处研究室、政务院财经委员会、外交部中国联合国代表团、中国国际贸促会,他将当时国际通行法律和国际惯例介绍到国内,为我国涉外法律制度的建设打下了基础。1959年1月贸促会成立了中国海事仲裁委员会,受理国内外海事争议案件,作为常设机构,他是该机构的第一任负责人,是资深的仲裁员、国际仲裁专家、著名的外贸法律专家、贸促会法律事务部的副部长,于2007年去世。大妹幼章燕大毕业后先在香山慈幼院工作,以后一直在协和医院病案室工作,业务熟练。二妹亚章一直在福州担任中学教师到退休。三妹同章新中国成立前去台湾找工作杳无音讯,不知下落。总的看来,邵循正的兄弟姐妹们从小在家庭,特别是在他们孟母式的母亲严格要求下,从做人立身到求学上进等方面讲求忠信孝悌,正直为人,勤奋努力于事业,洁身自好地生活,继承了中华民族的优秀文化传统,其中邵循正是大哥,对弟妹们起了很重要的带头示范作用。他们六个弟兄,四个出国留学深造都不迷恋于西方的花花世界,而是勤奋地学习取得优良的成绩,按期回国,为祖国服务。他们热爱祖国,也爱家庭,尤其是在新中国或为文教建设培养了许多优秀人才,或为国家经济建设在外贸、商业、科委、医疗等领域工作,都尽心尽力,做出许多贡献。这样的家庭是极为难能可贵和值得称道的。

在"文化大革命"进入到"清理阶级队伍"阶段时,平时大家认为没有什么问题的人,一下子突然变成了"特务"、"叛徒",被抓了起来。邵循正告诉妻儿说,假如他遭遇到这种突然情况也不必慌张,因为他从来没有做过什么坏事,问题总能说清楚的,要家里人"相信群众、相信党",事情总会弄明白的。他女儿认为,"我觉得他虽然没来得及亲眼看到('文化大革命'结束后拨乱反正),但是他早已预感到被'文化大革命'颠倒的黑白会再颠倒回来的。他的身体是虚弱的,但信念是坚强的,对未来一直抱着希望"[①]。

邵循正对培养专业人才极为认真和要求严格,1963年秋他招收一名中国近代史的研究生赵春晨,学习期限三年,以后又接受本教研室助教蔡少卿为在职研究生,但当时他常发病,而"四清"、"文革"接踵而来,因而对他们未能很好指导,为此,他甚觉内疚,虽在被批斗和监督劳动中,仍耿耿于怀,惦记在心。1968年11月,赵春晨已毕业分配离校。邵循正经系里监改组红卫兵宣告审查结果没有问题可以离开"黑帮大院"回家,一出来他就打听,问道:"我的研究生赵春晨也不知分到

---

① 邵瑜:《心恒先生轶事》。

哪里去了？"①

"文化大革命"时，因毛泽东要看《二十四史》，须标点印成大字本。据说当时由毛泽东点名一些著名教授专家参加标点，北大教授邵循正、邓广铭均名列其中，事情由周恩来总理出面安排，因此邵循正在"文革"中曾两次参加《二十四史》的标点工作，负责《元史》的部分。第一次是1967年6月，让他从"牛棚"里出来到中华书局上班，平时住在那里，周末回家，每月补贴生活费150元，但到11月，北大两大造反派冲突大起，他和邓广铭又被从中华书局揪回来关在"黑帮大院"，批斗、劳动、交代问题。第二次是70年代初开始的，但他这时因住处燕东园附近的北大制药厂排放的有害气体刺激又犯了哮喘病，经常需要吸氧，最后只好又住上小汤山疗养院而把标点的任务带到了那里。这时他女儿邵瑜已去山西汾阳插队下乡锻炼，他需要的许多参考图书资料的借借还还，只能由每周两次去探望他的夫人郑逊女士来完成。郑逊女士连带着洗换的衣服和食、用的物品，每次往返五六个小时车程，艰难地来来去去。邵瑜到1972年冬办了手续调回来，接替了这项借书还书带书的工作。这样，他在疗养院一边治疗，一边工作，早上5点钟就起来开始工作，上午治疗后接着干，下午晚上还继续工作。医生劝他不要太累，动员邵夫人劝他注意休息，他总是当面答应，事后还照旧干，也全不顾医生的劝告②。1972年，有一次同教研室的王汝丰陪同校系方面的负责人王学珍、徐华民去疗养院看望他，一进病房就为眼前的景象愣住了，"只见邵先生坐在床边一个矮凳子上，床上摊了一摊书……正在以床为桌，伏身在那里标点元史"，都不禁为他的精神所感动。大家劝他耐心疗养，把工作放一放。他却解释说："待不住，时间紧……桌子太小，书放不下，这样方便。"③

1973年春他出院了，《元史》标点也到最后阶段，3～4月间他要求到中华书局去住，家里人劝他在家住一切都方便些，他坚持说，《元史》标点已近结束，有些问题要统一，大家一起工作好商量。去中华书局以前，他还让女儿把他以前写的有关资本主义发展的文章收集起来，等他标点完《元史》回来整理一下，再写十来篇论文出一本文集。

果真，中华书局的环境和生活条件对于他易发哮喘的病弱身体很不合适。本来地处闹市空气就不很新鲜，中华书局为了接待这些专家，宿舍的家具都油漆一新，对于哮喘病的敏感者更起了刺激作用。入住以后他就昼夜咳喘不停，但他仍然坚持

---

① 赵春晨：《怀念邵循正师》，载戴学稷、徐如：《邵循正先生百年诞辰纪念文集》，福建社会科学院出版社2009年版，第152页。
② 邵瑜：《心恒先生轶事》。
③ 王汝丰：《燕园比邻　受教情深——怀念邵循正先生》。

工作。和他同住一室的是他的学生周良霄,看他"喘到最厉害时甚至全身抽搐,躺在床上缩作一团,喷药雾只能短暂的缓解,不到几分钟又恶性发作起来。尽管如此,只要暂时有点缓解,他就立刻操起笔来,伏案工作。夜深人静的时候则往往比白天喘得更厉害,几乎是彻夜不得停止和休息。对于这种情况,他自己好像已习以为常,并不介意了……整整一个多星期,我总是和衣而睡,在疲乏沉睡中惊醒后,赶紧起身为他捶背,倒口热水"①。就在此后的一天,上午他还去近代史所,与早期在西南联大和清华的学生丁名楠等交谈甚欢,中午在中华书局的食堂里吃了韭菜馅饺子,结果引发哮喘大作,中华书局的工作人员赶紧送他去协和医院治疗,但因协和不是他的合同医院,不能接受而只好改送北大校医院。邵循正的妻女得知情况后赶到校医院,邵还安慰她们没关系。当时北大校医院老医生挨批斗,年轻医生造反,没人看病,虽允许邵夫人陪住照顾,但没有氧气袋,找不到护士。邵循正日夜不停地咳,不能躺下,近一周不能睡觉,没有特效药,没有氧气袋,就这么拖着。4月26日,医院通知家属"病危",北大历史系许师谦到校医院看望,找寻医生,好久才找到,但耽误时间太久了,病人已昏迷了,医生也救不醒,只好转送北医三院,转院后输氧、输液都不济于事,医生认为有急救药但须13级以上干部才能用,病人是教师,须系里开证明折合干部级别,紧急中只能先用药再补办手续。结果药送到口中,病人已没有知觉,正在弥留状态中。晚上11时,北大校革委会主任、军宣队领导、8341部队的副政委王连龙来了,对医生说:"一定要尽力抢救,我们需要他。"但是为时已晚,太迟了!要在一个星期以前能得到这样的关照,就有很大的希望,要是刚送协和医院就得到及时的治疗,这种病就一定可以得到缓解,继续延长生命,而这时病人因拖延多日得不到治疗,已心力交瘁,衰竭到了极点。

北医三院的医生倒是竭其所能,尽心尽力地用尽各种办法抢救。邵循正在27日上午有过一次短暂的清醒,邵夫人问他有什么话要说。此时他已无法思考,只说"想不起来了",便再度昏迷。以后医生决定给他动手术,直接往气管输氧,但仍未能奏效。到中午时分,邵循正的心脏停止了跳动②。

一代学人,一位具有真才实学、业务精湛的史学专家,忠诚于人民教育事业,深得学生爱戴的好老师走完了他仅仅六十四载的人生。噩耗传开,人们无限哀痛。

追悼大会于1973年4月29日在北京八宝山革命公墓举行。据报道:全国政协、民盟中央、北京市革委会科教组、中国科学院、中国历史博物馆、北京大学等单位负

---

① 周良霄:《永恒的怀念》,见戴学稷、徐如:《邵循正先生百年诞辰纪念文集》,福建社会科学院出版社2009年版。
② 邵瑜:《心恒先生轶事》。

责同志胡愈之、黄辛白、周培源、张学书、郭宗林、刘大年、黎澍、陈乔，邵循正生前友好白寿彝、翁独健、陈岱孙、魏建功、王铁崖、赵迺搏、林庚、汤佩松等以及北大历史系师生代表都参加了追悼大会，人数达上千人[①]。

邵循正的骨灰原存放在八宝山革命公墓骨灰堂，20世纪90年代邵夫人去世后，他们的女儿邵瑜按照邵循正的生前遗愿，在西山脚下福田公墓买了一块墓地，将父母的骨灰合葬在一起。邵循正魂归3000年前他的老祖宗召公的封地。

六、结束语

邵循正出身于中落的官宦之家，幼受封建社会儒学教养之熏陶，长受新式学堂西方资本主义文化的教育影响。由于他好学深思，善于独立思考、刻苦钻研，汲取了中国传统文化的优良部分和西方资本主义先进文明的营养，造就了他成为学贯中西、博古通今的专家学者。他以自己所学所得贡献给祖国的教育事业，毕生致力于学术研究，服务高等学校，培养了无数文教事业的建设干部，为相关专业造就了许多优秀的专门人才。

邵循正为人正直，讲求诚信，埋头实干，淡泊名利。他热爱祖国，反对帝国主义侵略中国，八年抗战，他坚守在西南联大教学岗位，他厌恶蒋政权的专制独裁和腐败统治，在现实教育下，从不问政治到趋向进步，在新中国成立前夕，毅然作出了留下来的抉择。新中国成立，他40岁开始认真学习马克思主义，而且运用到教学实践中，不仅内容丰富充实，而且讲解得深刻透彻。他与吴晗结为至交，可称之为"生死之交"，吴晗对他的政治进步予以不少的帮助。在"文化大革命"初吴晗被拘禁最困难时他不避嫌疑，三次冒着政治风险前往探望，因而构成他被审查的最大罪名——吴晗的"密友"。他同样敬佩从旧学者转变为革命史学专家的前辈学者范文澜，从而要求改造自己，努力学习毛泽东著作。他的案头长期放着一本刘少奇的《论共产党员的修养》，认为是一本写得很好的书，而自己距离这个标准还很远。他告诉女儿说，信仰是一种奉献而不是索取，自己还做不到这一点。从新旧的对比中，他衷心拥护中国共产党的领导，因而积极参加政治活动，并作为共产党的忠诚

[①] 《新北大》1973年5月12日《全国政协委员、北京大学教授邵循正先生逝世》；《北京日报》1973年5月20日《邵循正先生逝世》；邵瑜的回忆。并参见王汝丰、周清澍的纪念文章。

朋友加入民主同盟，虽然"文化大革命"中的种种现象令他困惑，他自己也挨批斗、被监督劳动，几经坎坷，但他深信中国共产党是可以依赖的，此信念他至死不渝。

他治学严谨，学风朴实，撰文讲课能抓住要点，不罗列现象而论述得明白透彻，使读者和听讲者得到教益。他研究历史要求真实，还历史以原貌，十分重视原始资料，重视史料的编辑、整理和利用，认为史料是学术研究的基础。他亲自主持多种和大量的史料编纂、校注工作，整理出版了许多有价值的史料书籍提供给社会和学术界以便学术研究。他终生献身教育事业，执著敬业、诲人不倦、乐育英才，不仅传授知识，而且言传身教，教导学生以做人的基本准则与治学的方法和要领，因而使受教的专业人才都成为所在单位和专业领域的骨干和学术带头人，对国家和社会做出了应有的贡献。

因而邵循正不仅仅是一位国内外著名的史学专家，是一位热爱祖国拥护社会主义事业的学者，而且还是位好老师，忠诚于人民教育的教育家。他的一生虽然只有六十四个春秋，但他在学术研究和教育事业上对国家和民族做出了不少贡献。

然而，作为中国现当代的蒙古史、元史、中国近代史的大师，他毕竟走得太早了！他想要做的事很还多，最后却赍志而没，在粉碎"四人帮"以后改革开放三十年的大好形势下，人们期盼他在学术研究和培养新人方面继续做出贡献也不可能实现了。大家都为之不胜惋惜，深深地怀念着他。

他是位精神高尚的人，爱国、敬业、求实、创新。他值得人们敬重、永远怀念和学习！他朴实而伟大，他的事迹将永垂史册！

安静是一卷读不尽的书：
经济史及中外交通史家孙毓棠传略

赵堃均

孙毓棠（1911~1985），江苏无锡人，1933年毕业于清华大学历史系，早年活跃于新诗界，在话剧界亦有相当大的影响力。在学术方面，曾先后任教于河北省立女子师范大学史地系、西南联合大学师范学院史地系，抗战结束后应邀赴牛津大学、哈佛大学任研究员，归国后先在清华大学历史系任教，院系调整后转赴中国科学院经济研究所、历史研究所任研究员直至去世。专长领域是汉魏六朝隋唐经济史、中国近代经济史及中外交通史。著有诗集《宝马与渔夫》、中国古代经济史论文集《抗戈集》，并编有《中国近代工业史资料》（第一辑）。

孙毓棠

一、"我们要写这新时代的诗"——孙毓棠的前半生

（一）诗人孙毓棠

多年以后，当人们回忆起孙毓棠时，他们想到的是一个在经济史及中外交通史上有极大贡献的历史学家。但如果让孙毓棠自己回忆自己的一生，那么，他首先想到的肯定是他在清华学校的那段时光。在那里，虽然他也研究历史，但人们对他的印象并不是"历史学家孙毓棠"，而是"诗人孙毓棠"。

无论文风或是交游，孙毓棠都可以算做是"新月派"。新月派兴起于20世纪20年代中后期，代表人物是徐志摩、闻一多、朱湘。这些诗人们强调"理性节制情感"及讲求诗歌形式的格律化，以"和谐"、"均齐"为其美学准则，具体表现便

毛子水　姚从吾　钱　穆　郑天挺　向　达
雷海宗　张荫麟　吴　晗　邵循正　**孙毓棠**

是闻一多在《律诗底研究》、《诗的格律》等文中所提出的"三美"原则：音乐美、绘画美、建筑美。所谓"音乐美"是对文字格律、节奏的要求；"色彩美"是要求用字必须具有直观的色彩及美感；而"建筑美"则要求当把诗写到纸上时能够排印成整齐的形式①。孙毓棠的诗深受此美学准则影响②，他本人与闻一多等人交情亦极为深厚，因此也难怪后人将之视为新月派诗人了。

孙毓棠在20世纪30年代投入文艺写作，文学史将此一时期的新月派称为晚期新月派。此时，随着革命失败，蒋介石以党领政压制了人民民主，导致"社会现实的黑暗与知识分子精神的幻灭。如果说中国诗歌会的诗人在投身于现实反抗斗争中，摆脱了个人精神危机，并进而用自己的诗歌服务于革命的需要；后期新月派、现代派诗人则'从乌烟瘴气的现实社会中逃避过来'，回到自我内心世界，回到诗的艺术世界中……正是回到内心世界，后期新月派特别强调抒情诗的创造"③。孙毓棠此时期的诗作大抵不超出这样的特征与情感，请看他的诗《死海》：

> 我甘心愿意作一片死海，
> 四周有荒山围在我当中；
> 荒山只要高，用不着隽秀，
> 好阻挡住东西南北的风。
> 荒山只要高，能遮住太阳
> 让昏黑永远蒙盖这海面。
> 这里也不要星光和月光，
> 更不要鲨鱼，搭巢的海燕；
> 最好容许我永远的安静，
> 用不着流云留几朵依恋；
> 不要澜卷起银光的笑，
> 催促着鸥鸟去迎接春天。
> 我甘心愿意作一片死海，
> 万物都不来惹我的忧愁；
> 我也不向万物要求欢喜，
> 同情，安慰——我都不愿接收。

---

① 钱理群：《中国现代文学三十年》，北京大学出版社1998年版，第150～158页。
② 孙毓棠亦在《旧诗与新诗的节奏问题》（收入孙毓棠编著：《传记与文学》，正中书局1943年版）一文中直接强调了这些艺术准则。
③ 钱理群：《中国现代文学三十年》，北京大学出版社1998年版，第400～401页。

这样我可以享受我自己
永久的青春和永久的老；
安静是一卷读不尽的书，
帮助我灵魂向天地祈祷。
等铜笛招呼最后的裁判，
那时世界不成一个世界，
上帝会点头笑：只有这片
可怜的死海算没有罪孽。①

但孙毓棠并不仅是躲在象牙塔里抒发感情、追求纯粹美的诗人，他同时也关心着时势及国家命运。1933年，当孙毓棠尚未从清华学校毕业时，因目睹"九一八"之后东北沦陷、日本继续将势力延伸到长城一带，深有所感，于是便翻译了美国著名中国问题专家拉铁摩尔（Owen Lattimore）的一篇时论文章《日本占据长城的历史意义》，以提醒国人必须正视日本侵略的野心及国家濒危的现状。

在这样的时代关怀下，当1937年4月11日孙毓棠在《大公报》上发表了他在文学史上最受人瞩目的长诗《宝马》时，也就不令人意外了。《宝马》描述的故事发生于汉武帝时期，汉武帝为了求得大宛国的汗血宝马，先派使臣去要求贸易却受辱，于是本着"犯我强汉者虽远必诛"的精神，任命李广利为贰师将军，率领大军讨伐大宛。诗中极言国内动员及前线兵士盛大的规模，经过艰苦的跋涉与战斗，最终斩杀了污辱汉朝使臣的大宛王及与汉为敌的诸部落蛮人，使西域各国从此臣服于汉朝，亦使国内百姓共同高歌太平盛世的到来。

这部作品和孙毓棠之前的作品无论是形式或是主题，都有很大的不同。这正是因为他目睹国家当时的处境，基于其一贯的爱国心，经过多年的酝酿，才写下了这首长诗。正如孙毓棠自己说的：

已往的中国对我是一个美丽的憧憬，愈接近古人言行的纪录，愈使我认识我们祖先创业的艰难，功绩的伟大，气魄的雄浑，精神的焕发。俯览山川的隽秀，仰瞻几千年文华的绚烂，才自知生为中国人应该是一件多么光荣值得自慰的事。四千年来不知出现过多少英雄豪杰，产生过多少惊心动魄的故事。回想到这些，仿佛觉得中国人不应该弄到今天这样萎靡飘

---

① 孙毓棠：《死海》，《宝马》，上海古籍出版社1989年版，第72~74页。

摇，失掉了自信。这或许是因为除了很少数以外，国人大半忘掉了自己的祖先，才弄到今日国中的精神界成了一片荒土。①

后来，孙毓棠写的诗少了，这固然可能是出于个人兴趣的转变，但时代文风由现代主义转向写实主义的抗战诗，也或许是个原因。正如孙毓棠在观察到时代变化后所留下来的一段话：

> 我们要写这新时代的诗，但我们写诗的思路不习惯，表现的技术不习惯。叫一个写读个人抒情诗的人骤然一变而改为写读抗战诗，正如叫拜伦一变而改写T．S．Eliot的诗一样，也许不是绝对不可能，但一起首总不容易。两年以来以新环境为题材的抗战诗，作者也作了，读者也读了，但却在习惯上觉得不像诗，至少仿佛不像平日所喜欢的好诗。你要愣叫作者读者都承认这些东西一定是好诗，正如你愣把北极的白熊放在赤道线上，叫他自己承认是热带动物一样。②

虽然《宝马》等作品完成于孙毓棠说了这话之后，但后来的孙毓棠主要精力也不再放到新诗创作之上了；他没有停止创作，但数量却远远不能和之前相比。这个

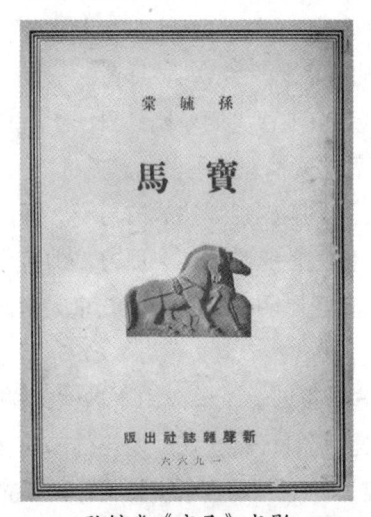

孙毓棠《宝马》书影

---

① 孙毓棠：《我怎样写"宝马"》，《大公报》文艺副刊，1937年5月16日。
② 孙毓棠：《读抗战诗》，《大公报》文艺副刊，1936年6月14日。

转变的真实原因众说纷纭，但真正答案只有孙毓棠自己才知道了。

（二）戏剧家孙毓棠

如果说孙毓棠是个享有盛名的诗人，战前的文艺界虽然也能同意；但到了抗战期间，再提到孙毓棠时，人们大概会把他归类到戏剧——而非新诗——那一类了。

孙毓棠在学生时代就对戏剧有所涉猎。早在进入清华大学之始，他便参加了话剧排演的活动，直至即将毕业的1933年4月24日。时为清华大学中国文学系系主任的朱自清在不经意的情况下，看到孙毓棠排演的话剧《罪》后，在自己的日记中大为赞许。

《罪》是曹禺翻译的戏剧，而提到孙毓棠与戏剧，自然不能不提曹禺。曹禺，本名万家宝，湖北潜江人，1910年生于天津，1928年进入南开大学政治系学习，在此与孙毓棠结识，成为莫逆之交。后来，由于两人对南开大学的环境不满意，于是相约参加清华大学的转学考。1930年秋，两人如愿考入清华大学，曹禺考入西洋文学系，孙毓棠则进了历史系。曹禺之前就已经有过戏剧方面的经验，进了清华大学后，两位好朋友常相处在一起，这其中自然包含了许多剧本创作、导演及共同演出的经验。

从清华毕业后，孙毓棠暂别了曹禺，先在天津河北省立女子师范学院任史地系讲师，之后又前往东京帝国大学文学部大学生院进修。即使是在日本留学期间，孙毓棠也没放下他对戏剧的爱好。1937年5月底，一个艺名为凤子（原名封季壬，1912～1996年）的女演员演出了曹禺的戏剧《日出》。这次观赏，让孙毓棠对凤子留下了印象，也为两人日后的爱情埋下了种子。

抗战爆发后，孙毓棠为了响应祖国抗战的号召，毅然放弃在日本的学业，回到国内。如同当时多数人一样，孙毓棠去了大后方。他首先到了长沙的国立长沙临时大学，随着武汉的沦陷又转迁昆明，进入了由北京大学、清华大学、南开大学联合成立的西南联合大学。

在昆明，孙毓棠又一次遇见了凤子。由于曹禺的关系，加上孙毓棠本身的才气，两人关系进展得很快。那时，凤子在广西担任国防艺术社的艺术指导。国防艺术社正欲公演话剧《前夜》，她利用这个机会将孙毓棠推荐给该剧导演，让孙毓棠在其中饰演一个角色。通过这次合作的机会，两人的情感更进一步发展，在不久之后的1938年初，两人便结婚了。婚后，两人十分恩爱，羡杀了许多人。

当时，由于时代需要，许多文艺界人士采取文艺创作的手段宣扬爱国思想，戏

毛子水 姚从吾 钱 穆 郑天挺 向 达
雷海宗 张荫麟 吴 晗 邵循正 **孙毓棠**

剧是其中一项。正如孙毓棠自己后来所说的：

> 艺术家不应该仅仅沉湎于自我创造的享受，他更该认清除了艺术本身之外，他还负有社会教育的责任。在这方面，演员比其他艺术家更该有深刻的认识，因为他天天都在和几千观众共同生活着。领导社会以高尚的娱乐，给戏剧建立崇高水准，使社会得到较高的艺术欣赏能力，和对于人生较深的了解，这些都是演员的重要职责。①

因此，此时孙毓棠虽然已成了教员，但当西南联大的学生们在1938年底创办联大剧团的时候，他自然不会袖手旁观。除了多方面的协助之外，他和闻一多、陈铨等三人更是担起了联大剧团指导老师的职务。这个剧团成立之初，在1939年4月18日公演了陈铨的话剧《祖国》，颇受好评。这部戏的导演是孙毓棠，他和凤子也同时在戏中扮演了角色。此后，联大剧团在孙毓棠的指导下有着相当不错的表现。

在推广戏剧的时候，孙毓棠和凤子自然不会忘记他们的老朋友——曹禺。此时，曹禺在重庆的国立戏剧学校担任教务主任，已是有名的剧作家，之前的作品《雷雨》、《日初》取得了很大的成功。1937年时，曹禺完成了新作《原野》，首先在上海公演，但公演不到一星期，因日军进犯上海，不得不停演，也因此没有吸引人们的注意。其后，由于剧情复杂且非抗战题材（这是一则荒村野寨里的复仇故事），所以也没多作演出。1939年夏，在凤子、闻一多和吴铁翼以国防艺术剧社的名义邀请下，曹禺在1939年7月13日飞抵昆明。8月16日，《原野》和另一部抗战题材的作品《黑字二十八》开始在昆明新滇大戏院公演，场场爆满，原计划演出9天，但在观众热烈要求下数次加演，直到9月17日方谢幕。这样的情况，反映并加强了当时人们对日抗战的决心及对日寇复仇的渴望。

虽然有着这么多共同的兴趣及经历，但孙毓棠和凤子的婚姻没有维系太久。据凤子晚年的回忆说："离婚的丈夫是位学者，也喜好文艺，甚至上台演过戏，但性格上我们差距很大。他希望有一个安定的家，他也同意我演戏，但只是'玩耍'，绝不可以'下海'。他为了要做研究工作，把自己反锁在屋里，希望我最好一天不回家。当时我年轻，抗战初期，我想参加演剧队，不甘于业余玩耍。"②于是，1939年秋天，凤子不声不响地离开昆明，去了重庆。两年后，两人协议离婚。后来，凤

---

① 孙毓棠：《谈明星》，《月刊》第一卷第2期第98页，上海1945年12月。
② 凤子：《迎接金婚》，转引自张彦林：《凤子与诗人孙毓棠》，《新文学史料》2009年第1期。

子嫁给知名的翻译家美国人沙博理，孙毓棠则娶了清华大学经济学系1946级的学生王务灼，这是后话，按下不表。

1941年8月2日，孙毓棠再一次担任导演，率领姜桂侬、汪灼峰、劳元干、李文伟、高小文等演员在昆明大戏院以"捐款劳军"的名义演出了陈铨的以谍报故事为主题的话剧《野玫瑰》，演出持续至同月8日，颇受好评。但与之前的演出不同，《野玫瑰》无论是公演前或是公演后，都引起了轩然大波，为了厘清这起事件，势必得从当时的政治局势说起。

1941年皖南事变后，国共两党连表面上的合作都已无法维持，这样的情况加上国民党内部派系斗争导致了联大剧团的分裂：以中共地下学生党员为主的学生成立了联大戏剧研究社，以国民党青年团为主的汪雨等人成立了青年剧社，而与云南当局关系密切的翟国瑾等人则成立了国民剧团。

《野玫瑰》是陈铨最新的作品，此时他的另一部作品《黄鹤楼》已经公演，反应不错。新成立的青年剧社为了打响名号，决定演出《野玫瑰》。但同样也是新成立的国民剧团也不愿意放过这个机会，也想争取这个剧本的演出权，因此发生了一则闹剧。据国民剧团的翟国瑾回忆，"经设计委员会数次商讨之后，乃采取人海战术，大家一起涌至陈教授寓所，请他将剧本手稿拿出来给大家瞧瞧。然后又在一阵乱哄哄的局面中，乘其无备，由一位同学将剧本揣起来，先行告别，余下的人再陆续散去。写文章的人大都有点迷糊，直到我们已经赶写了油印本，前去通知他时，他才知道自己的作品已经'出版'了"①。

国民剧社抢到了公演权后，决定找孙毓棠任导演。孙毓棠以已经答应了三民主义青年团支持的青年剧社的另一部定在同一个档期上演的话剧《权与死》为由婉拒，但因为陈铨的缘故，他最终接下了这项任务。

《野玫瑰》是成功的，它除了昆明外，也在广西、四川、甘肃等省演出，是当时大后方最受欢迎的话剧，并获重庆政府颁发的文学类三等奖（是年缺一等、二等奖）。然而此时，重庆文艺界左派却收到了来自周恩来及中共南方局的直接命令，对这部剧本展开了抵制与围剿②。

1942年3月5日，《野玫瑰》在重庆公演，相当卖座。但3月20日的演出结束后，其中主要演员陶金、秦怡及重庆演出场的导演苏怡却在谢幕时突然向观众宣布实施罢演，同时《新华日报》也开始专文批判这部戏剧。在庞大的舆论压力下，重庆当

---

① 翟国瑾：《忆一次多灾多难的话剧演出》，《云南文史资料选辑》第34辑，第481~482页。
② 张颖：《雾重庆的文艺斗争》，《思情日月长：文艺家的挚友周恩来》，中国戏剧出版社1987年版，第50页。

局只得宣布禁演本剧，因此本排定3月30日再度演出的《野玫瑰》未能重演，作者陈铨也受到有关部门的约谈。

左翼文人之所以大肆批判这部剧作，一方面是因为陈铨被当时人视为"战国策派"的代表人物之一。所谓战国策派，在思想上倾向于国家主义，认为国家重于个人，这一点在当时来看无可厚非；但因为在思想上受到尼采唯意志主义很大的影响，在许多方面不但与左翼文人的马列主义世界观抵触，而且有时甚至近似于法西斯主义（尽管陈铨本人曾明言反对希特勒的做法）。另一方面，皖南事变后，国共两党关系紧张，在政治层面上开始明刀明枪地进行斗争，在话语权力的场域也开始争夺地盘。因此，本人是国民党党员，作品又受到重庆当局力捧的陈铨，自然成为左翼文人的箭靶。

批判过后，《野玫瑰》消失了一段时间。隔年年底，《野玫瑰》恢复公演，仍是场场爆满，却未再听到来自左翼文人的批判声浪，这是后话，按下不表。

（三）国民党党员孙毓棠

从《野玫瑰》事件中，我们可以看到当时大后方复杂的政治情况，这是谁也无法避开的，即使是整天关在象牙塔里的学者也不例外——而且事实上孙毓棠也不是这种人，他不但参加政治事务，甚至还是国民党西南联大区党部的候补执行委员（正式执委7人，候补执委5人）。

既然孙毓棠曾经担任过国民党西南联大区党部的候补执行委员，为了更加了解他的活动，这一节势必首先得介绍西南联大的国民党组织。1939年，由于政治需要，国民党开始在各大学里设置党部。多数情况下，各党部成立之初，便出现了以陈立夫、陈果夫兄弟为首的CC系，及以抗战期间担任国民党组织部长的朱家骅、以复兴社人马为骨干的三民主义青年团之间争夺地盘的情形。然而，西南联大在该区党部负责人、历史系教授姚从吾的协调下，党团之间的矛盾暂时得到控制；又由于抗战之初，作为领导中国进行抗战的"领袖"蒋介石声望很高，知识分子又为了表达自己与政府一致抗战的决心，于是，根据统计，当时西南联大约有接近一半的教授加入国民党[①]。孙毓棠就是在这样的情况下入了国民党，而且也曾经积极地活动过。例如，根据《闻一多年谱》中引用当年的研究生何善周的回忆，孙毓棠也曾经试图发展闻一多入党，只是没有成功。

1943年起，中共地下党在西南联大的活动开始增加，出现了许多社团、墙报、

---

① 王奇生：《战时大学校园中的国民党》，《历史研究》2006年第4期。

但在姚从吾的怀柔政策下，并未酿成直接冲突。1944年豫湘桂会战国军的溃败，加上5月4日即将到来①，使得联大学生欲以此为契机，以文艺晚会的名义广邀教授进行演说（主题是"五四以来新文艺成就的回顾"），利用纪念五四的名义表达对当局的不满。姚从吾顺应这股趋势，主动举办"五四"纪念晚会（因下雨延至5月8日），并且增派了孙毓棠及闻家驷加入原本由学生组织的文艺晚会中演讲。孙毓棠的演讲主题是他多年来所关注的戏剧方面的问题。

后来，随着朱家骅转任教育部长离开组织工作，国民党中央对西南联大党部及团部的支持减少，到了1945年国民党六大，西南联大的党团组织遭到撤销，从此国共斗争及国民党内的派系斗争呈现表面化、白热化，但这已是后话。

抗战结束，大后方的人们开始准备回家乡，后方的各种临时学校、机构也开始准备复员。1945年9月，在闻一多的推荐下，孙毓棠接到了英国牛津大学的邀请，决定赴英进行研究。身为孙毓棠多年的好友，闻一多刻了一枚图章，作为赠别礼物，图章边上写着：

>悉与毓棠为忘年交者十有余年，抗战以还，居恒相约，非抗战结束不出国门一步。顷者强虏屈膝，胜利来晚也。而毓棠亦适以牛津之邀而果得挟胜利以远游异域。信乎必国家有光荣而后个人乃有光荣也。承命作印，因附数言以志欣慰之情，非徒以为惜别之纪念而已也。卅四年九月十一日一多于昆明之西仓坡寓庐。②

隔年，闻一多被暗杀。这一别，竟成永别。

（四）教授孙毓棠

孙毓棠前往牛津大学担任客座教授，讲授的自然并非新诗或戏剧，而是他的本行——历史。由于资料不足，我们无法确定他在牛津大学开授什么课程，但估计是中国古代史方面的课程，因为他在西南联大时主讲的就是此一领域。虽然在战前孙毓棠曾在河北女师开设西洋上古史及中古史课程，并且为了课程所需很认真地翻译

---

① 许多二手研究及当事人回忆皆指主要原因是国民党当局擅自将青年节由5月4日改为3月29日，延安当局于1939年宣布5月4日为青年节，故在左翼学生心中五四是青年节无疑，但南京/重庆当局是否有过这样的命令？若有自然没问题，但如果没有，那么何来"擅改"之说？由于主客观因素，笔者暂时无力考证这个问题，谨此附注，供读者参考。

② 闻黎明，《闻一多刻孙毓棠名章里的往事》，《文汇报》2005年7月22日。

了一些资料以便学生阅读①，但这不是孙毓棠的兴趣。孙毓棠的志业与专长是中国古代史，于是到了西南联大后，他讲授的基本上是中国古代史了。

根据西南联大现存资料，在二十七学年度（1938年）伊始，孙毓棠就已经和西南联大有过接触，西南联大校方同意将他聘为师范学院史地系教授而列入《国立西南联合大学各院系教职员录》的名录之中，级别是教员②。1939年2月，孙毓棠正式向西南联大校方报到③，但因为当时该学期已经开始，课程安排早已确定，故孙毓棠直至8月才开始授课。在廿八学年度（1939～1940年），也就是孙毓棠在西南联大的第一年，他讲授了历史学系的"两汉社会"课程及师范学院的"中学史地教材教学法研究"等两门课程④。

在西南联大的6年间，孙毓棠共负责承担了15门课程⑤，见下页表。

年度	开课对象	课程名称
1939～1940	历史学系	两汉社会
	师范学院进修班史地科	中学史地教材教法研究
1940～1941	师范学院史地学系	中国上古史（迄汉末）
1941～1942	师范学院史地学系	中国中古史（汉末迄五代）
	历史学系	中国社会经济史（迄六朝）
1942～1943	法商、师范二院新生	中国通史(乙)
	历史学系	中国社会经济史（辽明代）
	历史学系	史籍名著（《晋书》）
1943～1944	全校新生	民族主义
	法商、师范二院新生	中国通史(乙)
	历史学系	魏晋南北朝史
1944～1945	法商、师范二院新生	中国通史(乙)
	历史学系	魏晋南北朝史
	师范学院史地学系	中国中古史（汉末迄五代）
	师范学院晋修班文史地组	中国通史

从这张列表中可以看出，当孙毓棠初入西南联大时，讲授的是他原本最为熟悉的并为此写过长篇叙事诗《宝马》的时代——汉代。但他不以此满足，随着时间的演进，他也把自己的专业领域拓展到魏晋南北朝。从研究视角来看，他的第一门课程"两汉社会"已经隐约表明其讨论的是社会史问题，其后他两度开设社会经济史

---

① 例如刊载于该校期刊《女师学院期刊》第3卷第1、2期的两篇希腊史论文翻译。
② 《国立西南联合大学各院系教职员录》，北京大学等编：《国立西南联合大学史料》第4辑，云南教育出版社1998年版，第79页。
③ 《国立西南联合大学三十一年度教员名册》，北京大学等编：《国立西南联合大学史料》第4辑，云南教育出版社1998年版，第128页。
④ 《国立西南联合大学各院系必修选修学程表（1939年度至1940年度）》，北京大学等编：《国立西南联合大学史料》第3辑，云南教育出版社1998年版，第180、200页。
⑤ 据《国立西南联合大学史料》第3辑整理。

课程，则再次表明了他的研究兴趣在于社会经济史。这样的选题兴趣及课程安排自然影响了他的研究工作，而其教学又必然是他的研究工作的成果展现，于是我们在下一节中可以看到，民国时期孙毓棠的研究重心是中国古代（特别是南北朝之前）社会经济史。

附带一提，孙毓棠除了教授历史方面的课程外，从表中亦可看出他也负责了国民党"党义"课程中的"民族主义"一门。他之所以负担起这项工作，自然和他的政治身份有关。

教学的质量基于研究工作的确实进行。对于孙毓棠的研究成果，除了下一节的具体介绍外，我们尚可由另一个侧面看到一些端倪：以教员身份进入西南联大的孙毓棠在1940年升任为专任讲师，1942年升为副教授，1945年抗战胜利后获得清华大学的教授聘书，同时受英国牛津大学的邀请前往担任客座教授[1]。短短6年内由教员升为教授，这反映了孙毓棠在从事文艺及党政活动的同时，也没有忽略其本行——学术研究；这反映了他产出的学术果实之丰硕，及学术界同仁对孙毓棠研究成果之肯定。这一切，自然要归因于他认真严谨的学术态度——虽然孙毓棠以这样废寝忘食的研究态度吓走了妻子，但他却因为这样的态度在当时大师云集的学术界闯出了一片天。

二、"别忘掉把锄头锄进大地的，是我们"
——孙毓棠的学术关怀与研究

教学上孙毓棠的专长是中国古代史及古代社会经济史，而我们如果翻开孙毓棠战前的研究著作，也可以看出他这样的关注方向。孙毓棠选择了这个研究领域，自然是有原因的。接下来主要介绍的是他选择这个领域的原因，以及他所取得的成就。

关于为什么要研究古代社会经济史问题，孙毓棠在《中国古代社会经济论丛》一书的序言中，有着这样的自述："研究中国社会经济史，目的有二：其一在说明我们中国几千年来经过如何的演化，始构成今日的社会经济组织；其二是说明历代文化的背景，及历史文化盛衰嬗变之社会经济的原因。前者问题比较复杂，固然是笔者私衷所抱的志愿，但目前尚不敢信口雌黄。本书中这几篇论文都只以后者为目的。"[2]

---

[1] 据《国立西南联合大学史料》第4辑整理。
[2] 孙毓棠：《中国古代社会经济论丛》第一辑，云南全省经济委员会1943年，第1页。

这段话表现出的看待历史的方式，实已包含了某些马克思主义、唯物主义历史学的元素；正是马克思主义、唯物主义历史学的召唤，使得孙毓棠选择了这样的研究领域。于是要了解孙毓棠的选择，首先必须回顾马克思主义史学在中国的发展。

20世纪20年代末期，马克思主义史学在中国开始盛行，其标志是"中国社会性质论战"。这个论战的背景是1927年国民党右转导致革命失败，此后"当对于革命急速失败的最初的震惊过去之后，中国知识分子一方面转向支持左派的思想运动诸如无产阶级文学运动，另一方面，更重要的是转向对于革命失败原因的探究"。对革命失败原因的探究，导向了马克思主义的问学方式，因为"对于中国问题的马克思主义解决方案，预设了社会现象和政治现象融合于一个结构性的整体中，与此时的思想风潮的总体更为合拍"①。

这场论争的具体内容是争辩中国究竟属于什么阶段的社会，但因为中国社会在历史阶段中的位置直接影响了社会主义革命的实践，因此它并不是单纯的学术辩论，而是一场范围及于上海及莫斯科之间的政治斗争。这个论争的参加者可以分成三派：以陶希圣为代表的新生命派，以王学文等人为代表的中共中央的新思潮派，集结在《动力》周围的托派学者严灵峰等人。论争的主题是中国当时的社会究竟是资本主义社会还是封建社会，同时也讨论了帝国主义在当时中国社会中的影响及将来革命的对象。由于论争过程很长，各派学者提出的论据很多，这里不具引，仅列一表简单介绍这三派的论点②。

	新生命派	新思潮派	托派
代表人及其背景	陶希圣（国民党左派）	王学文、潘东周（中共中央）	严灵峰、任曙（托派）
中国社会性质	资本主义；秦汉以后商业资本是经济重心	封建主义；前资本主义式的生产；实物地租反映地主封建式剥削	资本主义；货币地租可视为地主对农民的剩余价值的剥削
封建阶段何时结束	战国时代	至今仍处封建阶段	帝国主义入侵之时
帝国主义角色		阻碍中国资本主义	与中国资产阶级勾结
必须采取的手段		土地革命，团结民族资本家革地主及帝国主义的命	城市革命，打倒资产阶级（不存在所谓"民族资产阶级"）

① 德里克著，翁贺凯译：《革命与历史：中国马克思主义历史学的起源，1919～1937》，江苏人民出版社2005年版，第30页。
② 整理自李泽厚，《中国现代思想史论》，东方出版中心1987年版，第65～76页。

尽管这三派观点不同，但皆采纳了马克思主义的历史学理论，不只是近代史，郭沫若、侯外庐等人的古史研究也开始采纳了这种方法，可见马克思主义历史学的影响。

在这个时代开始历史学研究的孙毓棠，心中自然也装着这样的意识。正是在这样的问题意识下，他展开了自己的研究。他的《中国古代社会经济发展之趋势》一文在很大程度上目的便是阐发他这方面的观点。他将中国古代史追溯到商代，并指出："商人的生产组织已杳不可考。虽有奴隶，但决非以奴隶为主要生产的劳动者。贵族与庶民虽有阶级之分，但封建的色彩恐还不甚浓厚。"①也就是说，如果以马克思主义的阶段论来为中国社会分期，商代已是奴隶社会和封建社会的过渡时期。此后，"自元前一千年至元前五百年（春秋末叶）是中国的封建时代"②。此一时期社会的特征是土地分封、农业劳动组织（井田制）、自给自足的农业经济及以礼为中心强调阶级的秩序。这样的封建社会，到了春秋以后便只剩下空壳，其内核已被掏空。在这样的情况下，人们开始进行独立自由的思考与活动，随之引起的经济快速发展，尽管封建残余势力（儒家）仍力图抵抗，但终于挡不住新社会的出现。这种转型到了汉武帝时大体完成，"从此以后，中国的社会便凝固成了一个新形态，这新形态的社会是从封建社会渐次崩溃以来，动荡了三百余年的长时间，才得完全成熟又稳定下来；并且从此成了两千年来中国社会坚定的基础。这稳定以后的新社会，因其有种种特色，我想可以暂名之为两汉形态的社会"③。

本着经济基础决定上层建筑的理论前提，孙毓棠接着把眼光放到这个社会生产的主体——农民。这样的研究路径，一方面是马克思主义史学的研究框架的设计，另一方面也是倾向于接受马克思的人心中那份对人——特别是对为社会结构所压迫的人——的尊重及情感所造成的必然结果。如果说诗人的心是柔软的，那么孙毓棠想必对生活在社会底层的农民有着相当的同情，因此他曾经以农民的口吻如此地呐喊：

> 其实我们也只想作个人，
> 天堂本不是我们的需要；
> 只要你明白天天是我们
> 举这千斤的锄，只要你知道
> 是我们把锄头锄进的大地，

---

① 孙毓棠：《中国古代社会经济发展之趋势》，《中国古代社会经济论丛》第一辑，云南全省经济委员会1943年，第1页。
② 孙毓棠：《中国古代社会经济发展之趋势》，《中国古代社会经济论丛》第一辑，云南全省经济委员会1943年，第2页。
③ 孙毓棠：《中国古代社会经济发展之趋势》，《中国古代社会经济论丛》第一辑，云南全省经济委员会1943年，第8~9页。

毛子水　姚从吾　钱　穆　郑天挺　向　达
雷海宗　张荫麟　吴　晗　邵循正　**孙毓棠**

这话该不假，长天作证人；
你去告诉世界，风，别忘掉
把锄头锄进大地的，是我们。
是我们站在天地的中间，
把汗把泪珠润湿的泥土；
泥土的甜，香，只有我们知道，
但我们尝不着香甜的五谷。①

情感归情感，在学术研究上，学者们仍必须以实证的态度进行研究。在《战国时代的农业与农民》一文中，孙毓棠开篇说："在封建时代农业劳动组织下，农民很早就感到苦与不合理，这在《诗经》中已表露得很清楚。"②在这样的体制下，农民的生活与耕作完全没有自由，而且毫无保障。这样不合理的制度，到了春秋以后开始改变，税亩制的出现使得农民由农奴变成佃农，并且获得了成为自耕农的可能；同时，由于封建贵族地位上升，其采邑内农民的地位也随之上升。至此，只要农民能负担起赋税徭役，那么他便可以说是自由的。虽然此时成了小自耕农的农民的生活仍然不算安逸，但已然远胜于封建采邑制度下的农奴。然而，因为政治黑暗和战争频繁，农民的生计也受到影响，出现了许多大地主。这些大地主成了此时文化与经济的主要活动者——他们投身政治导致君主专制政权的出现，他们投身经济促进了工商业及货币经济的发达，他们这样的行动促进了国君的尚贤主义，从而打破了封建的阶级观念。因为这样的变化，人从封建阶级的束缚中解放出来，得以发挥自己的能力，从而导致了这个时期各式各样的进步。透过对生产主体农民情况改变的描写，孙毓棠指出了农民的身份演变如何影响了社会的发展。而在《汉代的农民》一文中，孙毓棠继续把目光放在占人口大多数的农民身上，透过对汉代农民情况的描述，透过下层建筑决定上层建筑的理论，说明为什么中国在接下来两千年会形成人们以做官为最主要的理想，从而导致其他各种思想文化发展不足。孙毓棠指出，在汉代，小自耕农是社会的中坚，因为生产力不足以支撑徭役及赋税的负担，所以他们往往从事农村副业——主要是手工业。这样的生产活动有的已具备初级资本主义的性质，但多数仍只是农村手工业。但因为天灾的威胁、政治的黑暗及豪族的兼并，多数农民无法安于这种生存状况，在缺乏大资本以进行商业投资，而政府

---

① 孙毓棠：《农夫》，《文丛》（上海）1944年第5期，第813~818页。原诗共120行，受限于篇幅只引用最末3段。
② 孙毓棠：《战国时代的农业与农民》，《中国古代社会经济论丛》第一辑，云南全省经济委员会1943年，第15页。

又对一般人开放的情况下,他们因此以成为官员为首要的生存策略。终于"在这种实利的人生观里,很难产生高超的哲学思想和纯正的学术。西汉两百年表面上是个繁荣而太平的大时代,但是高级文化上的贡献并不惊人,这我们分析汉代农民生活时,多少也可以窥察到一点因果关系了"①。

在《汉末魏晋时代社会经济的大动荡》一文中,孙毓棠依然透过社会经济的分析,说明汉代灭亡及其后的动荡。"汉帝国的崩溃绝非一朝一夕之故,也不是一个人,或某部分人的过错。他们是汉中叶以来,多年社会经济与政治之病态演化的自然结果,源远流长,渐渐由衰颓而走向崩溃。我们可以说他是多年整个社会与文化的腐蚀。"②由此产生的骚乱造成了北方人口大量向南迁徙、人口减少、华北农业没落、工商业衰败及私人职业兵的出现。曹操稍微收拾了这种混乱局面,但亦产生了财富分配极端不均的现象,导致西晋时脆弱的社会结构终于无力对抗异族,导致五胡乱华,晋室南渡;南渡以后,南朝的社会经济组织依然是畸形病态的,这个问题直到隋唐以后才得到解决。

现存的孙毓棠关于中国古代社会经济史的研究只到南朝为止,距离他进行这些研究的目标还有一定距离。他当时所出的集子《中国古代社会经济论丛》后有"第一辑"字样,可见他的研究仍有后续。他在该书序言中也提及了写作第二辑的计划。然而这些都终未完成,因此,现今所存能见到的1949年之前的孙毓棠学术著作也只有这几篇论文。这或许是因为政治局势的动荡导致他无法专心致志地完成自己的研究计划,又或许是因为出国担任客座教授的缘故。总之,现存我们所能见到的文章,多是孙毓棠1949年回国以后所写成的。

三、"控弦抗戈,觇望风尘"——1949后的孙毓棠及其研究

1941年5月19日,毛泽东在延安整风运动中批评当时的学风说:"对于自己的历史一点不懂,或懂得甚少,不以为耻,反以为荣。特别重要的中国共产党的历史和鸦片战争以来的中国近百年史,真正懂得的很少。近百年的经济史,近百年的政治史,近百年的军事史,近百年的文化史,简直还没有人认真动手去研究。"因此,

---

① 孙毓棠:《汉代的农民》,《中国古代社会经济论丛》第一辑,云南全省经济委员会1943年,第43页。
② 孙毓棠:《汉末魏晋时代社会经济的大动荡》,《中国古代社会经济论丛》第一辑,云南全省经济委员会1943年,第87页。

毛子水　姚从吾　钱　穆　郑天挺　向　达
雷海宗　张荫麟　吴　晗　邵循正　**孙毓棠**

他号召"对于近百年的中国史，应聚集人材，分工合作地去做，克服无组织的状态。应先作经济史、政治史、军事史、文化史几个部门的分析的研究，然后才有可能作综合的研究"①。

1949年之后，回国后的孙毓棠虽然在清华大学教授的科目仍是古代史方面的课程（隋唐史）②，但在研究方法上他接受了毛泽东的号召，将研究的目光转移到中国近代史。在进行深入的研究之前，首先必须要接触史料、研读史料，史料是历史研究的基础，因此，这一时期他最重要的学术成就是整理史料，并且将之编辑成《中国近代工业史资料》一书。这部史料汇编收集了自中英鸦片战争到中日甲午战争（1840~1895年）之间的史料，十分详尽，影响很大。而他在全书的序言中，说明了他如何分类资料，以及他此时对中国社会经济史的看法。在全文开篇处，他指出："中国在鸦片战争后的一百年间是一个半殖民地半封建的社会。在这样的社会里面，由于外国资本主义帝国主义的侵入，和国内封建买办势力的继续统治，资本主义不能按照一般规律正常地、顺利地发展。"③

在这个总体趋势背后，包含着传统手工业的没落、帝国主义资本主义生产模式的进入、新式工业的出现、当时经济发展的情况、资本家及工人的兴起等方面，这也就是孙毓棠收集来的各种资料所呈现的历史细节。更详细地说，在本书的理论框架中，18、19世纪的中国社会，已到了封建时代的末期，农业和手工业是主要的生产模式，但随着鸦片战争，外国资本开始经营起现代工业，同时扶持买办阶级，使中国变成西方的商品市场和原料供给地，传统的生产模式破产，新的生产模式中的诸多特质开始传入。资本主义生产方式最早为清政府所采纳，首先用于"以武力巩固封建统治政权、维持封建社会秩序、镇压人民起义"④的军用工业之上，其次由于认识到金属是铸币及军用工业的基础，清政府为了统治需要而开始发展近代的采矿工业。然而，由于封建的管理模式已经跟不上时代，使得这些由清政府开办的新式工业必然失败，民族资本家便利用这个空隙兴起，成立了最早的民族工业。与此同时，由于帝国主义、清政府及民族资产阶级都雇用工人，于是中国的无产阶级也应运而生。正是在这一图景下，历史的发展指向了无产阶级革命。

孙毓棠在论述了这样的历史发展框架后，进一步讨论了细节的历史事实：他选择了帝国主义在中国的经济、金融事业作为他研究的焦点。这一时期他写了不少论

---

① 毛泽东：《改造我们的学习》，《毛泽东选集》第三卷。
② 任嘉尧：《老清华历史系的教授》，《社会科学报》2001年3月22日第4版。
③ 孙毓棠：《十九世纪中国近代工业的兴起与工业无产阶级的诞生》，《抗戈集》，中华书局1981年版，第1页。
④ 孙毓棠：《十九世纪中国近代工业的兴起与工业无产阶级的诞生》，《抗戈集》，中华书局1981年版，第17页。

文,后来收入《抗戈集》一书。该部论文集中收录了9篇论文,除了上述《中国近代工业史资料》的概论性质的序言外,另外8篇关注的都是外国资本在中国的活动,而除了《中日甲午战争前外国资本在中国经营的近代工业》一文外,另外7篇讨论的都是借款问题。借款问题是帝国主义介入中国的一种手段,他在《抗戈集》中依序论述了整个历史过程,以下简单介绍他的研究所得。

五口通商以后,英国开始在中国开设银行,目的自然是经济掠夺——英国商人自本国将纺织品运入印度销售,然后从印度运鸦片至中国,再将中国的茶、丝运回英国,这个过程中需要大量金钱,因此银行是这条经济掠夺链中重要的组成成分。19世纪80年代后,列强加快侵略的速度,为了其行动需要,他们也纷纷在中国开设银行。最终,孙毓棠指出,在研究中国近代史时,银行是不可忽略的重点,因为"资本帝国主义各国在华设立的银行,是他们多年对中国进行经济侵略活动的大本营"[1]。

以银行为中介的经济侵略可以面向民间,也可以面向政府。孙毓棠接下来讨论的便是列强透过银行对中国政府的侵略,其具体手段是借款,"有的为假此以控制中国财政,增强其在中国的政治势力;有的为要侵害中国的领土主权,垄断资源,把中国更深一步殖民地化;有的为在帝国主义列国互相矛盾斗争中,在中国争夺利权,克制敌手;有的为要支持或收买中国的反动势力,以反人民反革命,以维护帝国主义者在中国的特殊权益。其基本的目的则都在把'剩余'资本输出到半殖民地的中国,以奴役剥削中国劳动人民,获得在他们本国所榨取不到的超额利润"[2]。

在确立了银行、金融是重要的侵略手段后,孙毓棠开始把视角放到历史的细微处,以描述性的笔法说明了清末所发生的数次借款。孙毓棠首先简述了甲午战争前后6次重大的政治借款事件,随后以时间顺序,陆续讨论了甲午战后美国的铁路借款、日俄战争后列强在中国东北铁路投资的竞争、铁路借款问题、币制实业借款及海军借款等事件。从这一系列的标题可以看出,孙毓棠认为铁路是一项重大的问题,因此他特别引用列宁的话强调"铁路是资本主义工业中最主要的部门……资本主义的密网,却千丝万缕地把这种事业与一般生产资料私有制联系起来,把这种建筑事业变成为用来压迫依赖国里十万万民众和压迫'文明'国里资本雇佣奴隶的工具"[3],以指出铁路在当时历史发展过程中的重要性,同时也说明自己为什么要从这一点切入讨论借款如何作为侵略的工具。

---

[1] 孙毓棠:《中日甲午战争前资本主义各国在中国设立的银行》,《抗戈集》,中华书局1981年版,第151页。
[2] 孙毓棠:《中日甲午战争赔款的借款》,《抗戈集》,中华书局1981年版,第152页。
[3] 列宁:《帝国主义是资本主义底最高阶段》,转引自孙毓棠:《中日甲午战后美国资本与芦汉、津镇、粤汉诸铁路的借款》,《抗戈集》,中华书局1981年版,第172页。

毛子水　姚从吾　钱　穆　郑天挺　向　达
雷海宗　张荫麟　吴　晗　邵循正　**孙毓棠**

在《中日甲午战后美国资本与芦汉、津镇、粤汉诸铁路的借款》一文中，孙毓棠描述了清廷决定建设这些铁路的经过，和各国资本家透过买办争取中国政府向他们借款的过程。孙毓棠特别强调了美国透过容闳介入的情形，指出容闳是美国培养出来的"半洋人"，专门"替美国资本家们在中国出谋划策"，但这项行动因德国的介入而失败，使得美国放弃长江以北的芦汉（今京广铁路武汉以北段）、津镇（今津浦铁路）两铁路，将目光转向长江以南的粤汉铁路（今京广铁路武汉以南段），在大买办盛宣怀的协助下，美国终于取得粤汉铁路的控制权，从而"对侵入中国的兴趣日益浓厚，范围也日益扩大了。而粤汉铁路本身，几年以后便牵引出极复杂纠缠的问题，终于酿造出了包括美国在内的四国银行团，图谋在财政金融各方面彻底控制中国"①。

接下来的《日俄战争后日、美、沙俄在中国东北铁路投资的竞争》一文，孙毓棠把讨论的主轴放在美国透过"门户开放"政策试图介入中国东北的过程，美国与日本因此在该地产生了冲突而使得其介入受阻。1909年之后美国改采强硬政策，在日本、沙俄的反对下，美国不再以争取一条铁路的建筑权为目的，改而争取与英国合作，并提出"满洲铁路中立化案"，主张把中国东北的铁路置于一"公共的"机构之下，或是贷款予中国，让中国赎回铁路后再以债权人的身份介入管理，但这个计划在英、日、俄的共同反对下再度失败。这一失败使得美国将注意力转向南方的粤汉、川汉等铁路，美国不顾国际惯例及各国态度，强行要求清政府接受其借款。这种强硬手段引起湖广、四川一带士绅的不满，导致了拒款运动，最终导致了辛亥革命的爆发。

除了铁路借款，孙毓棠也提及了另外两种借款，一是"币制实业借款"，一是"海军借款"。

所谓"币制实业借款"，起因于1902年银价暴跌，中国外汇市场混乱，英、美、日等国为了确保庚子赔款，因而介入中国的币制问题，其中又以美国最为积极。美国代表精琪（Jeremiah W. Jenks）建议中国采行金汇兑本位制，并主张由美国派员总理币制事务及监督中国的财政、外债事务，同时开发中国东北的实业。这种做法在当时不为清政府接受，但到了宣统年间，由于国内外形势转变，当美国再一次提出时，清政府只得接受，使美国的资本主义、帝国主义图谋得以实现。

至于所谓"海军借款"，具体是指美国在1911年与清政府签订的条约，约定借款给清政府建立海军，但以后的中国海军必须接受美国军人的指导，同时军港、兵工

---

① 孙毓棠：《中日甲午战后美国资本与芦汉、津镇、粤汉诸铁路的借款》，《抗戈集》，中华书局1981年版，第189页。

厂等也交由美国人管理。中华民国成立后,美国声言民国政府有继承这份合同的义务,因此继续推动借款,同时也趁势取得了位于福建海上的三都澳军港,但旋因日本的反对而作罢。欧战过后,美国又再度提起这项计划,仍然不肯放弃当年的图谋。最终,孙毓棠如此作结:"美国多年喜欢用一句话做骗人的宣传:'美国对中国从来没有过领土野心。'这完全是撒谎!二十余年连续不断地攫占三都澳的企图,和控制中国全国军港、兵工厂和造船厂的计划,已足以把这句虚谎给揭穿了。"①

以上是对《抗戈集》的简单回顾。从上述回顾中可以看出孙毓棠讨论的焦点集中于美国的入侵,这样的选题或许与当时的政治情势有关,身为历史学家的孙毓棠希望藉由回顾历史来揭露美帝国主义的恶行并表达心中的民族主义情绪,这样的情绪,甚至可以在书名的"抗戈"二字中看出。"抗戈"二字,见于《后汉书·南匈奴列传》,原文如下:

> 其后匈奴争立,日逐来奔,愿修呼韩之好,以御北狄之冲,奉藩称臣,永为外扞。天子总揽辔策,和而纳焉。乃诏有司开北鄙,择肥美之地,量水草以处之,驰中郎之使,尽法度以临之,制衣裳,备文物,加玺绂之绶,正单于之名。于是匈奴分破,始有南北二庭焉。雠衅既深,互伺便隙,控弦抗戈,觇望风尘,云屯鸟散,更相驰突,至于陷溃创伤者,靡岁或宁,而汉之塞地晏然矣。

曾经研究过汉代边疆民族的孙毓棠,对这段史料必不陌生。从这里找出的"抗戈"二字,一方面表达了对帝国主义的"雠衅",另一方面也表达了当时与帝国主义势力剑拔弩张的对抗气氛。这段文字中有南北匈奴的互斗,影射着列强之间的利益争夺;有汉朝的经营,及最终"塞地晏然"。这样的说法虽然没有得到孙毓棠本人的承认,但观其一生的行止及行文的内容,这样的推测应是合理的。

事实上,孙毓棠对外用《抗戈集》中的中国近代经济史研究作为投向帝国主义阵营的匕首与投枪,对内他也用社会经济史的研究对地主阶级发动攻击。在《江南的永佃权与封建剥削:参观苏南土改的一点认识》一文中,他透过江南地区永佃权的研究,指出正是盛行于江南地区的永佃权证明了江南的社会仍是处于封建阶段的社会,永佃权便是封建地主在太平天国以后为了压迫佃农而发明的新手段,"和一般封建的定期与不定期租佃制度在本质上完全一样,都是以地租方式剥削农民剩

---

① 孙毓棠:《三都澳问题与所谓"海军借款"》,《抗戈集》,中华书局1981年版,第256页。

余劳动的全部,并侵占农民必要劳动的一定部分"①。由此证明,地主阶级是反动的,江南社会是封建的,土地改革是必要的。

然而,尽管孙毓棠在1949年后很努力地学习马列主义和毛泽东思想,但1957年"反右"斗争时,孙毓棠仍被划为右派;"文化大革命"开始后,他受到更强烈的冲击。这种待遇,对他的身体、心理都是极大的侵害,因而也影响了其学术研究工作。

四、"上帝许可你发这末一次的狂"——尾声:最后几年

"文化大革命"结束以后,孙毓棠恢复了工作。1979年,《中国史研究》该年第2期刊载了孙毓棠的论文《汉代的中国与埃及》。这标志着孙毓棠重新把研究重心放到古代史上,但研究的不再是社会经济史,而是中外关系史。在这篇文章中,孙毓棠指出,当时中国与埃及的人们已经互相认知彼此的存在,同时也有着相当的贸

---

① 孙毓棠:《江南的永佃权与封建剥削:参观苏南土改的一点认识》,《我们参观土地改革以后》〔北京:1951〕,第31页。

易往来。同一时间，孙毓棠还有一篇未发表的手稿《隋唐时期的中非交通关系》①，讨论的也是类似的主题。这两篇文章中包含了许多史籍中提及的地名所在地的问题，这种历史地理学的考证也是需要费一番工夫的。同一时期他也在中华书局所编的《文史》上发表过《条支》（1978年）、《安息与乌弋山离》（1979年）等历史地理学文章，由于内容多是细碎的考证，所以这里不多加介绍。总而言之，这样的努力，固然是孙毓棠重拾他对古代史的兴趣，但同时也反映出当时中国渴望再次走向世界的心理，标志着中国历史上一个新时代的到来。

1985年1月29日，孙毓棠编写《中国大百科全书》中国史卷秦汉分卷的同事吴树平收到了孙毓棠的一封信，信中写道："大百科出版社催得紧，秦汉卷的条目，我在逐条审读，有的看、改四五遍，很苦。不过，这个担子我是要挑到底的。"②当孙毓棠写下这封信时，他或许想起了他当年写的一首诗《舞》：

在这荒滩上，你尽管跳，
抖起你的双臂，急急的点着脚。
不要问这黄昏海上的湿风
怎样吹，落日的创伤多么红，
半天里僵死的月亮是多可怕，
星子的脸罩上忧愁的面纱。
你尽管跳，尽管跳得狂。
（你飞乱的发，旋风转着的衣裳）
别管咸的风把你怎样撕扯，
把眼泪埋藏在你自己的心窝，
教悲哀在胸里化成铁和铅，
也就只剩这一刻了啊天！
你尽管笑，笑这世界的苍老，
笑这云的酷冷，海的蛮，山的傲……
这时刻已容不得你再去想，
上帝许可你发这末一次的狂。
你不要憩，你也别说累，

---

① 刊于《孙毓棠学术论文集》，中华书局1995年版，第436～449页。
② 吴树平：《整理后记》，《孙毓棠学术论文集》，中华书局1995年版，第583页。

生命只剩了这一忽儿的美。
你尽管跳，不要等，反正是早晚
总会枯了海，烂了山，塌了这天；
那时你再合上眼永远去休息，
世界决不来，决不来惊扰你！①

1985年9月5日，孙毓棠病逝于北京协和医院，享年75岁。

---

① 孙毓棠：《舞》，《宝马》（1937），第117~119页。